最新财经系列丛书

李海波工作室

出纳实务新编

李海波　邢明德　等编著

立信会计出版社

图书在版编目(CIP)数据

出纳实务:新编/ 李海波等编著. —上海:立信会计出版社,2007.12(2021.7重印)
(最新财经系列丛书)
ISBN 978-7-5429-1948-9

Ⅰ.出… Ⅱ.李… Ⅲ.现金出纳管理—基本知识 Ⅳ.F23

中国版本图书馆 CIP 数据核字(2008)第 000165 号

责任编辑　陈　旻
封面设计　周崇文

出纳实务新编
CHUNA SHIWU XINBIAN

出版发行	立信会计出版社	
地　　址	上海市中山西路 2230 号	邮政编码　200235
电　　话	(021)64411389	传　　真　(021)64411325
网　　址	www.lixinaph.com	电子邮箱　lixinaph2019@126.com
网上书店	http://lixin.jd.com	http://lxkjcbs.tmall.com
经　　销	各地新华书店	
印　　刷	常熟市华顺印刷有限公司	
开　　本	890 毫米×1240 毫米　1/32	
印　　张	12.875	
字　　数	350 千字	
版　　次	2007 年 12 月第 1 版	
印　　次	2021 年 7 月第 7 次	
印　　数	16 801—17 900	
书　　号	ISBN 978-7-5429-1948-9/F	
定　　价	26.00 元	

如有印订差错,请与本社联系调换

前 言

在我国会计制度改革的进程中,为加强会计从业人员特别是出纳人员的职业道德建设,提高遵纪守法的观念,更好地了解和掌握财政部颁布的内部控制制度,及时更新和拓展会计专业知识,遵守企业会计准则,提高财务会计信息的质量,规范财务工作纪律,更好地为企业的经济工作服务,我们编写了《出纳实务新编》一书。

本书紧密围绕财政部颁布的内部会计控制制度,遵守企业会计准则,着重对现金、银行存款等货币资金的管理、使用和结算业务的核算以及会计处理进行了全面深入的阐释。既有会计基础知识的介绍,又有会计专业内容的说明;既有理论的阐述,又有会计实务的解析;既有会计原理的释义,又有出纳实务的演示;既概括了出纳基本业务,又引入了一些特殊会计业务,并将会计管理(会计信息、会计预测、会计控制、会计分析、会计检查、会计电算化)等内容涵盖其中。本书的主要特色表现为:内容新颖,反映了当前会计处理的新做法;理论表述准确,深入浅出,主要以出纳业务为例,内容详尽。在解析经济业务的过程中,以所编制的记账凭证反映会计分录的内容,阐明会计处理的流程和方法,倡导一种新的教材模式,便于财务人员详尽地了解会计实务,更有利于出纳人员正确处理出纳业务。会计凭证的填制,尤其是原始凭证的填制是出纳人员的基础工作,本书在有关结算业务的核算中,汇集了结算业务中使用的票据样张和结算实务的案例,有助于出纳人员加深感性的认知,有利于出纳业务的操作。

本书由我国著名会计学专家、中国注册会计师、兼任中国会计学会理事、中国审计学会理事、中国生产力学会常务理事、多次授予有突出贡献的优秀专家、曾受聘担任全国专科教育人才培养工作委员会副主任、享受国务院特殊津贴的专家李海波教授和会计学专家、学者邢明德编著。

总纂：李海波、邢明德。

参加本书编写的人员有：李海波、邢明德、宋本强、彭朋、任海峙、许燕、徐丽娜、张翠琼、李俊、周燕等。

本书以实用为主旨，力求做到系统、完整和通俗易懂地介绍出纳业务，是各类职业院校、会计、财务专业学生理想的、适用的专业基础课教材。同时也适合企业、事业、行政单位从事财务会计工作专业人员和企业管理人员研读、进修之用。

在本教材的编写过程中，得到了全国经济书店、立信会计出版社、全国生产力学会等有关同志的大力支持，在此对他(她)们致以诚挚的谢意。

限于作者的水平，疏漏之处在所难免，敬请专家、读者给予批评指正。

《出纳实务新编》编委会

目 录

第一章 总论 …………………………………………………… 1
  第一节 出纳工作概述 ………………………………………… 1
  第二节 出纳人员的工作权限与岗位责任 …………………… 3
  第三节 出纳人员的基本任务 ………………………………… 10
  第四节 出纳人员的职业道德 ………………………………… 11

第二章 出纳的会计基础 ……………………………………… 14
  第一节 会计的职能、特点与会计对象 ……………………… 14
  第二节 会计核算的基本前提和基础 ………………………… 17
  第三节 会计信息的质量要求和会计计量 …………………… 21
  第四节 会计核算方法 ………………………………………… 28
  第五节 会计科目与会计账户 ………………………………… 30
  第六节 复式记账法 …………………………………………… 41
  第七节 出纳的会计业务 ……………………………………… 48

第三章 现金的管理制度 ……………………………………… 69
  第一节 概述 …………………………………………………… 69
  第二节 现金的管理 …………………………………………… 70
  第三节 现金的内部控制制度 ………………………………… 75

第四章 现金业务的出纳处理 ………………………………… 79
  第一节 现金收入业务的处理 ………………………………… 79

第二节　现金付出业务的处理……………………………… 99
　第三节　现金保管业务的处理……………………………… 114
　第四节　识别人民币与反假币知识………………………… 122

第五章　银行存款的管理制度………………………………… 131
　第一节　银行存款控制要点与控制措施…………………… 131
　第二节　银行存款的管理…………………………………… 134
　第三节　银行存款收支业务的核算………………………… 144
　第四节　银行存款账单核对………………………………… 188

第六章　票据结算业务………………………………………… 193
　第一节　概述………………………………………………… 193
　第二节　支票结算业务的核算……………………………… 202
　第三节　银行本票业务的核算……………………………… 209
　第四节　银行汇票业务的核算……………………………… 221
　第五节　商业汇票业务的核算……………………………… 235

第七章　非票据结算业务……………………………………… 250
　第一节　汇兑结算业务的核算……………………………… 250
　第二节　托收承付结算业务的核算………………………… 259
　第三节　委托收款结算业务的核算………………………… 276
　第四节　信用卡结算业务的核算…………………………… 290

第八章　银行借款与票据贴现业务的核算…………………… 295
　第一节　短期借款…………………………………………… 295
　第二节　长期借款…………………………………………… 298
　第三节　银行借款的爽约…………………………………… 303
　第四节　票据贴现业务的核算……………………………… 305

第九章　纳税业务的核算 312
- 第一节　印花税业务的核算 312
- 第二节　增值税业务的核算 315
- 第三节　消费税业务的核算 329
- 第四节　城市维护建设税业务的核算 336
- 第五节　土地使用税业务的核算 338
- 第六节　车船税业务的核算 341
- 第七节　企业所得税业务的核算 344

第十章　会计管理 359
- 第一节　会计信息 359
- 第二节　会计预测 362
- 第三节　会计决策 367
- 第四节　会计控制 372
- 第五节　会计分析 383
- 第六节　会计检查 391
- 第七节　会计电算化 397

参考文献 401

第 一 章

总　　论

第一节　出纳工作概述

一、出纳的含义

会计自产生以来,经历了由低级到高级,由简单到复杂,由不完善到完善的发展过程。在这一发展过程中,出纳随着货币及货币兑换业的出现而产生。所谓出纳,是指支出和收入,在商品经济和货币交换的社会里,出纳通常特指一切货币资金的支出和收进。支出和收进的货币资金主要包括各个企事业单位的库存现金、银行存款和其他货币资金。凡是经办和管理货币资金收支业务的工作就是出纳工作,从事这一特定会计工作的人员就是出纳人员。习惯上所称的出纳具有出纳工作和出纳人员双重含义。

二、出纳的工作范围

根据现金管理制度和银行结算制度的有关规定,出纳的工作范围是办理现金、银行存款以及各种结算票据、有价证券的收入、付出、保管等业务。现金和各种结算票据、有价证券应放在出纳人员的保险柜中保管;银行存款由出纳人员办理收支结算手续。除此之外,出纳人员应负责现金日记账、银行存款日记账和记录有价证券的辅助账进行登记。出纳人员是既管钱又登账,但不能兼管稽核、会计档案保管和收入、支出、费用、债权债务账目的登记工作。

为了确保单位财务的安全,应建立内部控制、监督机制,无论单位规模大小,根据钱账分管的原则,最少应设一个会计岗位和一个出纳岗位,这两个岗位的工作不能由同一人承担。

三、出纳的特点

出纳是会计工作不可或缺的重要组成部分,除具有一般会计工作的本质属性外,由于它特定的工作岗位以及操作技术,还具有其自身的特点。

1. 政策性

现金、银行存款、其他货币资金及有价证券的变现能力都十分强,因而,要求出纳人员必须熟悉各种财经法规和银行结算规则,并有很强的守法意识,如现金收付必须根据《现金管理条例》办理,银行结算业务必须根据《支付结算办法》进行。此外,《中华人民共和国会计法》、《会计基础工作规范》、《会计人员职权条例》、《中华人民共和国发票管理办法》、税收管理制度和费用报销制度以及本单位的财务管理规定,对出纳工作都具有指导意义。

要认真做好出纳工作,还必须掌握有关财经法规。出纳人员应该了解和掌握的财经法规主要有:

(1)《中华人民共和国会计法》。

(2)《企业会计准则》和《企业财务通则》。

(3)《中华人民共和国外汇管理条例》。

(4)《现金管理条例》。

(5)《银行结算办法》。

(6)《中华人民共和国商业银行法》与《中华人民共和国票据法》。

(7)《出纳基本操作规范》。

(8)《会计工作人员规则》。

(9)《会计人员职权条例》。

(10)《会计档案管理办法》。

(11)《内部会计控制规范——基本规范(试行)》。

(12)《内部会计控制规范——货币资金(试行)》。

(13)《内部会计控制规范——采购与付款(试行)》。

(14)《内部会计控制规范——销售与收款(试行)》等等。

2. 专业性

出纳是会计工作的一个重要组成部分,有着专门的操作技术和工作规则。出纳人员应当具有扎实的会计专业基础知识和熟练的出纳工作技能。例如,填制和审核会计凭证,登记出纳账簿,办理报销费用,进行现金支付,签发与保管支票,进行银行支付结算方式下的会计处理以及使用电脑,使用和管理保险柜以及清点钞票等,都是一个出纳人员应该掌握的职业技术。

3. 时效性

出纳工作具有很强的时效性,职工工资的发放、相关税金的交纳、银行对账单与银行存款日记账的核对等都有严格的时间要求。出纳人员应具有时间观念,及时登记现金日记账与银行存款日记账,做到出纳账务日清日结,严格按照规定的时间签发票据等等。只有及时办理各项工作,才能保证出纳工作的质量。

4. 责任性

出纳工作担负着一个单位的货币资金的收付、存取活动,出纳人员对其经办的经济业务承担直接的经济责任,当出现现金短缺,又不能查实确切的原因时,应由出纳人员全额赔偿;当出纳人员因工作失误少收款项或多付款项,而不能追回时,应由出纳人员全额赔偿;因出纳人员工作疏忽造成的有关滞纳金及罚款,应由出纳人员全额赔偿。因此,出纳人员应将货币资金的安全放在第一位,防范各种资金短缺现象发生。

第二节 出纳人员的工作权限与岗位责任

一、出纳人员的工作权限

出纳人员的工作权限是指财政部相关法规赋予会计人员及时提供

真实可靠的会计信息、认真贯彻执行和维护国家财经制度和财经纪律、积极参与经营管理,尤其要重视和担负起参与货币资金定额管理的权力,以及在政策和法规的尺度内管好用好企业货币资金,努力提高经济效益等方面的职责要求。具体地说,我国出纳人员的工作权限可以概述为以下几方面:

(1) 出纳人员对发生的每一项有关现金、银行存款收付款的经济业务必须取得或填制原始凭证。

(2) 出纳人员填制的记账凭证应与现金、银行存款的收付无关。

(3) 出纳人员要严格审核原始凭证,对记载不正确、不完整、不符合规定的原始凭证,应退回补填更正。对伪造、涂改或经济业务不合法的凭证,应拒绝受理并及时报告领导处理。

(4) 出纳人员应根据审核无误的会计凭证登记现金日记账和银行存款日记账。

(5) 出纳人员必须按照规定编制相关报表,做到数字真实、计算准确、内容完整、说明清楚、报送及时。

(6) 出纳人员应按照国家和上级关于会计档案管理办法的规定和要求,妥善保管会计资料,防止丢失损坏。

(7) 出纳人员调动工作或离职,必须与接替人员办理交接手续,没有办理交接手续的不得离职。

《中华人民共和国会计法》规定:"会计人员调动工作或离职,必须与接管人员办理交接手续。一般会计人员办理交接手续,由会计机构负责人、会计主管人员监交。"出纳人员调动工作或离职时与接管人员办清交接手续是出纳人员的应尽职责,办理交接手续既能使出纳工作顺利衔接,又有利于企业账目清楚、财务清晰。

出纳人员在进行交接时要注意:一是原出纳人员与接管的出纳人员要办清手续;二是在交接过程中要有会计部门负责人、会计主管人员负责监督。交接工作要求进行库存现金、有价证券、印鉴、账册等的清理,原出纳人员应对登记的所有账簿进行结算、确认,做到账账核对、账款核对。交接清理后,应填写"现金出纳报告书"和"出纳移交清单",并将所有移交的票、款、物,编制详细的移交清单,按册向接管人员点清,然后由交、接、监督三方签字盖章确认。移交表作为会计档案入档管理。

出纳移交表主要包括"出纳移交清册"(见表1-1)、"现金出纳报告书"(见表1-2)、"现金(银行存款)日记账余额移交明细表"(见表1-3)和"现金、票证、物品移交明细表"(见表1-4)。

启用账簿时,应在账簿扉页上填写"账簿启用及接交表"(见表1-5),在一览表中包括机构名称、账簿名称、账簿编号、账簿页数、册数、启用日期、记账人员和单位主管人员姓名等。

表1-1

出纳移交清册

年　　月　　日

顺序号	会计资料名称	起止日期	起讫编号	张数	备注
合计					共计　　册(本)
移交人签章: 财务负责人签章: 　　　　年　月　日			接替人签章: 监交人签章: 　　　　年　月　日		

表 1-2

现金出纳报告书

年　　月　　日　　上午/下午　　时

项　　目	金　　额	备　　注
一、库存现金实有数额 　其中：1. 现金限额结存数 　　　　2. 代其他部门保管现金数 　　　　3. 代私人保管现金数 　　　　　⋮		
二、已收现金未入账		
三、已付现金未入账		
四、不合法单据抵充现金数		

单位负责人：　　　出纳员：　　　接替人：　　　监交人：

表 1-3

现金（银行存款）日记账余额移交明细表

年　　月　　日

会计科目	借或贷	金　额	核对材料的名称及张数	说　　明

移交人：　　　　　　接替人：　　　　　　监交人：

表 1-4

现金、票证、物品移交明细表

年　月　日

名　称	票证编号				

移交人：　　　　　　接替人：　　　　　　监交人：

表 1-5

账簿启用及接交表

机构名称								印　鉴	
账簿名称			（第　　册）						
账簿编号									
账簿页数	本账簿共计　　页			本账簿页数 检点人盖章					
启用日期	公元　　年　月　日								
经管人员	负责人		主办会计		复核		记账		
	姓名	盖章	姓名	盖章	姓名	盖章	姓名	盖章	
接交记录	经管人员				接管		交出		
	姓名		姓名		年月日	盖章	年月日	盖章	
备注									

二、出纳人员的岗位责任

为做好出纳工作,出纳人员必须全面掌握国家有关会计、财税、金融方面的法规和企业会计准则以及企业财经规章制度,要具备高超的业务技能和严谨的工作作风。尤其要熟悉、掌握并严格执行《现金管理条例》和《银行结算办法》。

出纳人员的岗位责任有以下几个方面。

1. 严格管理库存现金和银行存款

(1) 出纳人员应掌握每日库存现金金额,金额不能超过开户银行规定的限额,如有超出应及时将超出部分送存开户银行。出纳人员应对因超出库存现金限额而遭受的经济处分负责。

(2) 不准违反现金管理规定,从银行套取现金。

(3) 不准以"白条"抵充库存现金,不准任意挪用库存现金。

(4) 随时掌握银行存款余额,不得签发超出银行存款余额的空头支票。出纳人员应对开出空头支票发生的罚款承担经济责任。出纳人员不得将空白支票交给其他单位或个人签发。严格控制签发未填写支付金额的转账支票,如确有必要,必须签发不填写金额的空白转账支票时,须得到主管财务的企业领导、总会计师、会计部门主管人员的批准,并在签发的转账支票上填写签发日期、收款单位名称、款项用途和规定的支出期限及报销期限,并由领用部门的经手人在"支票领用登记簿"上签字,并注明支票的号码、收款单位名称及准予支付的限额。出纳人员应及时收回并注销逾期未用的空白支票。

(5) 不准出借出租银行存款账户。

2. 负责办理现金收支业务和银行结算业务

(1) 出纳人员复核根据会计审核人员签章的收、付款凭证,与原始凭证的会计事项一致,金额相等,才能办理现金收支及银行结算业务。

(2) 对于固定资产更新造成购入超储物资的支出等,须经会计主管、总会计师或单位领导核准后,才能办理支付手续。

(3) 收、付款项业务办理完毕,要及时在收付款凭证上加盖"收讫"或"付讫"戳记,并在相关收、付款记账凭证上签章。

(4) 错开的支票,必须加盖"作废"戳记,连同存根一起保存。如有支票遗失,应立即向银行办理挂失手续,并及时通知相关单位。

3. 登记现金日记账和银行存款日记账,编制现金和银行存款日报表

(1) 出纳人员根据已经办理的收入、支出款项的收、付款记账凭证,序时地逐笔登记现金日记账和银行存款日记账,每日终了应结出余额。库存现金实有数应与现金日记账核对,如有短缺或盈余,应立即查找原因,力求账实相符。

(2) 银行存款账面余额应定期与银行对账单核对,经过调节后应相符。出纳人员应根据现金日记账和银行存款日记账编制现金日报表和银行存款日报表,以反映企业现金和银行存款的收入、支出和结存情况。

(3) 根据现金和银行存款的内部控制制度,出纳人员不得填制有关现金和银行存款收付的记账凭证,也不得兼办收入、费用、债权、债务等账簿的登记及会计稽核和会计档案的保管工作。

4. 保管库存现金、各种有价证券、支票、结算凭证、空白收据和有关印章

(1) 妥善保管空白支票、空白收据,设立支票、收据,领用登记簿,做好领用、注销手续。

(2) 妥善保管支票专用章、财务专用章、收讫和付讫等印章,各种印章必须严格按用途使用。

(3) 妥善保管库存现金及各种有价证券,确保财产安全。

(4) 及时核对外埠存款,并及时办理结算或收回。

(5) 对有关方面的财务检查要负责提供相关资料,如实反映,不弄虚作假。

权利和责任是相互联系的,在实际工作中,如果出纳人员对于违反

制度、法律法规的事项不拒绝执行,又不向领导或上级机关、财政部门报告的,应负连带责任。

第三节 出纳人员的基本任务

出纳人员的基本任务是由反映和监督货币资金收支和结存的内容所决定的,它受《现金管理条例》和《银行结算办法》规定的制约。企业出纳人员的基本任务是在本单位的管理下,贯彻国家的方针、政策、法令和财经法规,通过记账、算账、报账等方法,搞好货币资金核算,从而加强现金管理,严格货币资金支出,节约使用现金,保证货币资金的安全。企业出纳人员的基本任务可以概括为四个方面。

(一)反映企业货币资金的增减变化和结存情况

每个独立经营核算的企业,都是一个法人实体,它必须按照国家政策和财经法规,从事货币资金的收支活动。出纳工作作为会计工作的一部分,直接参与企业的经济核算。因此,出纳人员就必须正确、及时地记录、计算货币资金的来龙去脉,全面反映企业在一定时期内货币资金的增减变化和结存情况,并定期编制现金和银行存款的收支报表。

(二)监督企业正确贯彻执行国家的方针、政策、法令,切实维护财经法规

出纳作为会计工作的一部分,不仅要及时反映企业货币资金的收支活动和结存情况,而且要进行日常监督。出纳的日常监督要求出纳人员在如实、及时反映企业货币资金增减变化的同时,以国家的有关政策、法令和财经法规为依据,实行出纳监督。监督的对象包括:企业在货币资金的使用上是否严格遵守《现金管理条例》和《银行结算办法》,是否遵守费用开支标准和成本开支范围的规定,企业是否设有小金库、账外账等。另外,企业是否及时上交税利、按期归还银行贷款、及时将暂时闲置的货币资金存入开户银行,也是出纳监督的对象。企业出纳人员要认真维护财经纪律和正确处理各项经济关系,使国家的财经政

策和财经法规在企业中得到全面落实。

（三）检查货币资金收支计划的执行和完成情况

出纳核算资料，真实、及时地记录了企业货币资金的收支结存情况，综合反映了企业的经济活动。在市场经济条件下，现金流转情况对一个企业的生存和发展起着决定性的作用，它是编制"现金流量表"的主要内容，是了解企业的现金能否到期偿还债务、支付股利和进行必要的固定资产投资，从而了解企业现金流转效率和效果，为企业编制现金流量计划、组织现金调度、合理节约地使用现金创造条件，为投资者和债权人评价企业的未来现金流量，作出投资和信贷提供必要的信息。因此，出纳应该充分发挥其职能作用，利用出纳核算资料，对企业财务收支和货币资金的管理进行严格的检查。

（四）保证货币资金的合理使用和安全完整

企业为了正常地组织生产经营活动，进行必要的固定资产投资，支付投资者利润和上交税金，都必须以企业的货币资金作保证。出纳工作就要根据合法的凭证进行货币资金的收付，并在现金和银行存款账簿中，进行系统、全面、客观的记载，以明确当事人的责任，防止挪用、贪污、盗窃的违法行为。出纳人员对于在保管和使用中的货币资金，要定期或不定期地进行实地盘点和清点，做到账证相符、账款相符，保证货币资金的安全完整。

第四节　出纳人员的职业道德

职业道德是从事一定职业的人群，在生产和工作中应遵循的具有自身职业特点的行为准则和规范的总和。

出纳人员的职业道德在表述上可以概括为"秉公理财"；在组成上包括职业意识、职业情感、职业行为三部分。出纳人员的会计责任表现于职业行为，反映的是一种职业道德。

出纳人员的会计责任其实是一种职业道德。对于出纳人员来说，更应强调会计职业道德规范,因为,它是一般社会公德在会计工作中的表现,是制约、引导会计人员行为,调整会计人员与社会、与相关利益集团以及会计人员之间关系的社会规范。会计职业道德贯穿于会计工作的所有领域和整个过程,它体现了社会要求与个性发展的统一,着眼于人际关系的调整,以是否合情合理、善与恶为评价标准,并以社会评论和个人评价为主要制约手段,是一种通过将外在要求转化为内在的即精神上的动力起作用的非强制性规范。

会计职业道德要求出纳人员应有遵纪守法的品德,在日常工作中,对各项财务支出和收入活动要严格审查,坚决执行国家的法律、规章制度,执行会计方针政策,严格把关,堵塞漏洞。

会计职业道德要求出纳人员在日常工作中能自觉地维护国家利益、社会利益、整体利益和长远利益,反对一切损人利己、损公肥私、金钱至上、以权谋私、欺诈勒索的思想和行为。

会计职业道德要求出纳人员在工作中坚持实事求是原则,如实反映情况,核算真实、监督严格,所有账目的数字都必须内容真实、准确,符合客观实际,绝不可弄虚作假。

财政部1996年发布的《会计基础工作规范》提出了会计人员职业道德的内容主要包括以下六个方面。

1. 爱岗敬业

即会计人员应当热爱本职工作,努力钻研业务,使自己的知识和技能适应所从事工作的要求。爱岗敬业是做好一切工作的出发点。

2. 熟悉法规

会计工作不只是单纯的记账、算账、报账,而且处处涉及执法守规问题。会计人员应当熟悉财经法律、法规和国家统一的会计制度,做到在处理各项经济业务时知法依法、知章循章,依法把关守口,同时还要进行法规宣传,提高法制观念。

3. 依法办事

一方面,会计人员应当按照会计法律、法规和国家统一会计制度规定的程序和要求从事会计工作,保证所提供的会计信息合法、真实、正确、及时、完整。另一方面,会计人员还必须树立自己的职业形象,敢于抵制歪风邪气,敢于同一切违法乱纪行为作斗争。

4. 客观公正

会计信息正确与否,不仅关系到微观决策,而且关系到宏观决策。做好会计工作,不仅要有过硬的技术本领,还需要实事求是的精神和客观公正的态度。

5. 搞好服务

会计工作是经济管理工作的一部分,把这部分工作做好对所在单位的经营管理至关重要。会计工作的这一特点决定了会计人员应当熟悉本单位的生产经营和业务管理情况,应当积极运用所掌握的会计信息和会计方法,为改善单位的内部管理、提高经济效益服务。

6. 保守秘密

会计工作的性质决定了会计人员有机会了解本单位的财务状况和生产经营情况,有可能了解或者掌握重要商业机密。这些机密一旦泄露给竞争对手,会给本单位的经济利益造成重大的损害,这对被泄露机密的单位既不公正又很不利。同样,泄露本单位的商业机密也是一种违法行为。因此,作为会计人员,应当树立泄露失德的观念,对于自己知悉的内部机密,不管在何时何地,都要保密,不得为一己私利而泄露机密。

"诚信为本,操守为重,坚持原则,不做假账"十六字方针是维护会计数据真实性的保证,是会计人员完成本职工作、为社会尽职尽责的行为准则,是会计职业道德的起码要求。

第二章

出纳的会计基础

第一节 会计的职能、特点与会计对象

一、会计的职能

会计是经济管理的主要组成部分,是以提供经济信息,提高经济效益为目的的一种管理活动。它以货币为主要计量单位,对企事业、机关单位或其他经济组织的经济活动进行连续、系统、全面的反映和监督。

(一)会计的反映职能

会计的反映职能是指会计按照会计准则、会计制度的要求,采取记账、算账、报账等方法,通过一定的程序,及时、真实、全面、系统地将会计主体的经济活动过程记录下来,以达到揭示经济业务的本质,为经营管理提供会计信息的目的的职能。

(二)会计的监督职能

会计的监督职能是指会计按照一定的目的和要求,利用会计信息系统所提供的信息,对会计主体的经济活动加以控制和指导,使之达到预期的目标的职能。

会计的反映职能和监督职能是密切相关,不可分离的。会计反映是会计监督的前提,没有会计反映所提供的会计信息,会计监督就没有客观依据,就失去了监督的对象,变得毫无意义。有了会计反映的会计信息,监督职能才有了对象,并且贯穿于会计信息的全过程,只有严格的会计监督,会计反映所提供的会计信息才能更加真实可靠,才能在经济管理中发挥更大的作用。会计的监督职能依存于会计反映的会计信

息,是会计反映基础上的发展。

二、会计的主要特点

会计的特点是由会计的职能所决定的。

1. 会计的反映职能的特点

(1) 会计以货币为主要计量单位。货币量度反映各单位的经济活动情况,以实物量单位、其他指标及其文字辅助说明各单位的经济活动状况。

(2) 会计反映的是过去已经发生的经济活动。只有在一项经济业务发生或完成以后,才能取得该项经济业务的书面凭证,才能进行验证,才能保证会计所提供的信息真实可靠。

(3) 会计反映具有连续性、系统性和全面性。

2. 会计的监督职能的特点

(1) 会计监督具有强制性和严肃性。会计监督是依据国家财经法规和财经纪律来进行的,会计法不仅赋予会计机构和会计人员监督的权力,而且规定了监督者的法律责任。

(2) 会计监督具有连续性。社会再生产过程是不断循环往复的,因此,会计反映就要不断地进行下去,在整个循环过程中,始终离不开监督。会计反映是连续的,会计监督也是连续的。

(3) 会计监督具有完整性。会计监督不仅体现在经济业务已经发生或已经完成后,还体现在经济业务发生过程中及发生前,包括事前监督、事中监督和事后监督。

三、会计对象

会计对象是指会计反映和监督的内容。在社会主义制度下,就是社会再生产过程中的资金运动。

会计要素是对会计对象进行的基本分类,是会计对象的具体化,是会计反映和监督的具体内容。根据我国《企业会计准则——基本准则》

规定,企业包括:资产、负债、所有者权益、收入、费用和利润六个基本要素。前三项为基本要素,反映一定时点(如月末、季末、年末)的财务状况,是编制资产负债表的基础;后三项为动态会计要素,反映企业一定期间(如月度、季度、年度)的经营成果,是编制利润表的基础。

会计要素之间的关系可表达为:

$$资产=负债+所有者权益$$
$$利润=收入-费用$$

（一）资产

资产是指过去的交易、事项形成并由企业拥有或者控制的能以货币计量的经济资源。该资源会给企业产生经济效益,包括各种财产、债权和其他权利。

资产按其流动性大小可划分为流动资产、长期投资、固定资产、无形资产和其他资产。

（二）负债

负债是指企业过去的交易或者事项形成的、预期会导致经济利益流出企业的现时义务。它能以货币计量,在未来将以资产或劳务偿付的经济责任。

负债按其流动性大小,可划分为流动负债和长期负债。

（三）所有者权益

所有者权益是指在企业资产中所享有的经济利益,是企业投资者对企业净资产的所有权,它表明企业的产权关系。所有者权益又称股东权益,包括实收资本、资本公积、盈余公积和未分配利润等。

（四）收入

收入是指企业在日常活动中所形成的、会导致所有者权益增加的、与所有者投入资本无关的经济利益的总流入。

收入包括销售商品收入、提供劳务收入和让渡资产使用权收入。

企业代第三方收取的款项,应当作为负债处理,不应当确认为收入。

(五) 费用

费用是指企业在日常活动中发生的、会导致所有者权益减少的、与向所有者分配利润无关的经济利益的总流出,包括直接费用、间接费用和期间费用。

直接费用是指企业为生产产品、提供劳务而发生的各种可直接计入产品成本的费用,包括直接材料费用、直接人工费用。

间接费用是指企业为组织和管理产品生产而发生的应采用一定的标准分配进入产品成本的制造费用。

期间费用是指本期发生的、与生产产品产量无关、不能直接或间接计入某种产品成本而直接计入当期损益的各项费用,包括营业费用、管理费用和财务费用。

(六) 利润

利润是指企业在一定会计期间(月份、季度、年度)内经营活动的最终财务成果,包括收入减去费用后的净额、直接计入当期利润的利得和损失等。

利润总额是综合反映企业工作质量的一个重要指标,企业作为一个独立的经济实体,应当以自己的收入抵补自己的支出,并且为投资人提供一定的投资回报。企业盈利的大小反映了企业生产经营效益,表明企业在一定会计期间的经营成果。

第二节 会计核算的基本前提和基础

会计核算的基本前提,是指为了保证会计工作的正常进行和会计信息的质量,对会计核算的范围、内容、基本程序和方法所作的基本限定。由于会计核算的基本前提是为了达到会计核算的目标而设定的,所以,也称会计假设。

在市场经济条件下,经济活动的复杂性决定了资金运动(即会计对象)也是一个复杂的过程。面对不断变化的经济环境,会计人员必须首先解决一系列问题,如会计所要核算的范围有多大,会计是为谁核算,给谁记账;会计所要记录的经济业务是否能持续不断地进行下去;会计应该在什么时候记账、算账,以及在记录过程中应该采用怎样的计量手段等。这些问题如果不事先得到解决,就没有办法开展会计工作。所以,对这些问题必须首先以假设的方式来人为地作出限定。这就是我们所说的基本前提。我国财政部颁布并实施的《企业会计准则——基本准则》中,明确规定了会计核算的基本前提和基础,包括会计主体、持续经营、会计分明、货币计量和权责发生制。

一、会计主体

在会计核算时,必须首先明确会计主体。《企业会计准则——基本准则》明确指出:"企业应当对其本身发生的交易或者事项进行会计确认、计量和报告。"这里的企业,就是会计主体。也就是说,会计核算是反映一个特定企业的经济活动,而不包括企业投资者本人的经济业务和其他企业的经营活动。它明确了会计工作的空间范围。会计只记录本主体的账,只核算和监督本主体所涉及的经济业务。会计主体通常是指独立核算的企业或企业的一部分。只有明确会计主体这一基本前提,才能使会计核算的范围清楚,才能使企业的财务状况和经营成果独立地反映出来,企业的所有者及债权人,以及企业的管理人员和企业财务报表的其他使用者,才有可能从会计记录和财务报表中获得有价值的会计信息,从而作出是否对企业进行投资或改进其经营管理的决策。

需要注意的是,会计主体不同于法律主体。一般来说,法律主体必然是一个会计主体,会计主体不一定是法律主体。法律主体是指在政府部门注册登记,有独立的财产、能够承担民事责任的法律实体。它强调企业与各方面的经济法律关系。而会计主体则是按照正确处理所有者与企业的关系,以及正确处理企业内部关系的要求而设立的。尽管所有企业法人都是会计主体,但有些会计主体就不一定是法人。例如,在企业集团情况下,母公司和子公司虽然是不同的法律主体,但是,为了全面反映企业集团的财务状况、经营成果和现金流量,就有必要将这个企业集团作为一个会计主体,编制合并财务报表。

二、持续经营

每一个企业自开始营业起,从主观愿望上看,都希望能永远正常经营下去。但是,在市场经济条件下,竞争非常激烈,每个企业都有被淘汰的危险,这是不以人们的意志为转移的。在一般情况下,持续经营的可能性总比停业清理大得多,尤其是现代化大生产,客观上要求生产和经营持续进行,所以,会计应立足于持续经营。持续经营的前提是指当会计为某一个会计主体服务时,是以该主体在可以遇见的未来时间内按预定的方针持续、正常地经营下去为前提,而不考虑企业是否将破产清算。它明确了会计工作的时间范围。也就是说,除非有充分的相反证明,否则将认为每一个会计主体都将无限期地持续经营下去。明确这个基本前提,会计人员就可以在此基础上选择会计原则和会计方法。例如,一般情况下,企业的固定资产可以在一个较长的时期发挥作用,如果可以判断企业会持续经营,就可以假定企业的固定资产会在持续经营的生产经营过程中长期发挥作用,并服务于生产经营过程,固定资产就可以根据历史成本进行记录,并采用折旧的方法,将历史成本分摊到各个会计期间或相关产品的成本中。如果判断企业不会持续经营,固定资产就不应采用历史成本进行记录并按期计提折旧。《企业会计准则——基本准则》第六条规定:"企业会计确认、计量和报告应当以持续经营为前提。"有了持续经营这个前提条件后,对资产按实际成本(历史成本等)计价,折旧、费用的分期摊销才能正常进行。否则,资产的评估、费用在受益期的分配、负债按期偿还,以及所有者权益和经营成果将无法确认。

三、会计分期

企业的生产经营活动是一个连续不断的过程,理论上只有在企业完全停止其生产经营活动后才能精确地核算其经营成果。但在持续经营的前提下,生产经营活动不可能停止,何时停业很难预测。为了及时取得会计信息、发挥会计的作用,有必要在营业期间分期进行会计核算,因此,必须确立会计分期的前提。会计分期的前提是持续经营的前提的补充,会计核算方法和原则只有建立在持续经营的前提下,按照会计期间记录、计算、汇总和报告,才能达到会计预定的目标。

会计分期前提是指将企业持续经营的经营活动过程,划分为较短的会计期间,以便分期结算账目,按期编制会计报表。它是对会计工作时间范围的具体划分。会计主体进行核算和监督时,是以企业的生产经营过程可以分期核算为前提的,而不需要等到过程终止。我国《企业会计准则——基本准则》第七条规定:"企业应当划分会计期间,分期结算账目和编制财务会计报告。会计期间分为年度和中期。中期是指短于一个完整的会计年度的报告期间。"

四、货币计量

货币计量的前提条件是指企业的生产经营活动及经营成果,都通过价值稳定的货币予以综合反映,其他计量单位虽然要使用,但不占主导地位。它明确了反映会计核算的计量尺度。当会计为持续经营的会计主体进行核算时,是以采用币值稳定的货币为前提。《企业会计准则——基本准则》第八条规定:"企业会计应当以货币计量。"企业拥有的资产种类繁多,计量单位各个不相同,会计应该如何综合反映呢?在商品经济条件下,比较理想的计量手段就是货币。它是商品的一般等价物,能用以计量一切资产、负债和所有者权益以及收入、费用和利润,所以,会计核算必须以货币计量并假定币值稳定为前提。但货币本身也有价值,它是通过货币的购买力或物价水平表现出来的。在市场经济条件下,由于物价的不断变动,币值不可能准确地计量,因此,必须同时确立币值稳定的前提条件,假设币值在今后基本上是稳定的,不会有大的波动,才能用以计量。

五、权责发生制

《企业会计准则——基本准则》第九条规定:"企业应当以权责发生制为基础进行会计确认、计量和报告。"权责发生制又称应收应付制,是指会计核算应当以权责发生制为基础,按实际发生和影响期限来确认企业的收入和费用。凡是当期已经实现的收入和已经发生或应当负担的费用,不论款项是否收付,都应作为当期的收入和费用。凡是不属于当期的收入和费用,即使款项已经在当期收付,也不应作为当期的收入和费用,即日常所说的应收应付制。有时,企业发生的货币收支业务与交易或者事项本身并不完全一致。例如,款项已经收到,但销售并未实现;或者款项已经支付,但并不是为本期生产经营活动而发生的。为了明确会计核算的确认基础,就要求企业在会计核算过程中应当以权责发生制为基础。

收付实现制是与权责发生制相对应的一种确认基础,它是以实际收到或支付作为确认收入和费用的依据。目前,我国的行政单位采用收付实现制,事业单位除经营业务采用权责发生制外,其他业务也采用收付实现制。

综上所述,会计核算的基本前提虽然是主观确定的,但完全是出于客观的需要,有充分的客观性,否则,会计核算工作就无法进行,会计的职能作用也就无法发挥。这四项基本前提和一个核算基础,缺一不可,既有联系又有区别,共同为会计核算工作的顺利开展奠定基础,也是确定会计原则的基础。

第三节 会计信息的质量要求和会计计量

一、会计信息的质量要求

企业信息的质量要求是在会计核算前提条件下,处理具体会计业务的基本依据。《企业会计准则——基本准则》中对会计信息的质量有如下要求。

（一）真实性（又称客观性）

《企业会计准则——基本准则》第十二条规定："企业应当以实际发生的交易或者事项为依据进行会计确认、计量和报告，如实反映符合确认和计量要求的各项会计要素及其他相关信息，保证会计信息真实可靠、内容完整。"真实性是市场经济对会计核算工作和会计信息的基本质量要求。

会计信息是企业内外有关各方面进行决策的依据，如果不能真实、客观地反映企业经营活动的实际情况，那么，虚假的会计信息，不仅不能发挥应有的作用，而且会导致决策错误，影响市场经济的正常进行，也会使社会财产遭受不必要的损失。因此，在会计核算的各个环节上都要符合真实性的要求。

（二）相关性

相关性是指会计核算所提供的经济信息应当有助于信息使用者作出经济决策，会计提供的信息要同决策相关联。《企业会计准则——基本准则》第十三条规定："企业提供的会计信息应当与财务会计报告使用者的经济决策需要相关，有助于财务会计报告使用者对企业过去、现在或者未来的情况作出评价或者预测。"相关性是对会计信息的主要质量要求。

（三）明晰性

《企业会计准则——基本准则》第十四条规定："企业提供的会计信息应当清晰明了，便于财务会计报告使用者理解和使用。"明晰性又称可理解性，也是对会计信息的基本质量要求。

提供会计信息的目的在于使用，要使用会计信息就必须了解它的内涵，弄懂它的内容，这就要求会计的数据记录和文字说明必须清晰、简明、易懂，对复杂的经济业务应该用规范的文字加以表述，便于有关部门和人员理解和使用。

随着社会主义市场经济的发展,会计信息的使用者越来越多,客观上对会计信息的明晰性提出了更高的要求。

(四)可比性

《企业会计准则——基本准则》第十五条规定:"企业提供的会计信息应当具有可比性。"可比性也是对会计信息质量的基本要求。

可比性要求同一企业不同时期发生的相同或者相似的交易或者事项,应当采用一致的会计政策,不得随意变更。确需变更的,应当在附注中予以说明。国际财经法规对某项经济业务所规定的会计处理方法,可能有多种方法供企业选择。企业在选定其中一种方法后,应连贯地在前后各会计期间采用。这样,计算出的会计指标的口径在前后期才能一致,使企业各期的会计指标能进行纵向比较,有利于分析和考核,便于进行预测和决策。如果因为内外环境发生了变化,原选用的方法不再使用,至少在本会计年度内不予变更,从下一会计年度起方可变更,并将变更的原因、情况和影响在财务报告中予以说明。可比性的贯彻,还可杜绝个别企业通过随意变更核算方法来弄虚作假。

可比性要求不同企业发生的相同或者相似的交易或者事项,应当采用规定的会计政策,确保会计信息口径一致,相互可比。企业会计核算应当按照国家统一规定的会计处理方法进行,会计指标应当口径一致,相互可比,使其所提供的数据资料便于比较、分析和汇总。在激烈的市场竞争中,如果各企业提供的会计信息不可比,将导致决策错误,影响市场经济体制的正常运行。所以,可比性要求各企业的会计核算都应当按照国家财经法规规定的会计处理方法进行,才能统一会计指标的计算口径,才能进行企业间、行业间的横向比较,满足有关各方面的决策需要,也便于国际综合管理部门进行比较、分析和汇总,满足宏观管理的决策需要。

(五)实质性

实质性即实质重于形式,是指会计核算应以交易或者事项的经济实质为依据,而不应仅仅按照它们的法律形式作为依据。《企业会计准则——基本准则》第十六条规定:"企业应当按照交易或者事项的经济实质进行会计确认、计量和报告,不应仅以交易或者事项的法律形式为依据。"例如,以融资租赁方式租入的资产,虽然从法律形式来讲,企业不拥有其所有权,但是,由于租赁合同规定的租赁期接近该项资产的使用寿命,租赁期结束时,承租企业有权优先购买该项资产,且在承租期内有权支配资产并从中收益。因此,从该项资产的经济实质来看,是企业能控制其创造未来经济利益的,在会计核算上应视为企业的资产。

(六) 重要性

《企业会计准则——基本准则》第十七条规定:"企业提供的会计信息应当反映与企业财务状况、经营成果和现金流量等有关的所有重要交易或者事项。"重要性是指当某项会计信息被遗漏或错报时,可能影响依赖该信息作出决策的人所作出的判断。在会计核算过程中,对交易或者事项应区别其重要程度,采用不同的核算方式。对资产、负债、损益等有较大硬性规定,并进而硬性规定财务会计报告使用者据以作出合理判断的重要会计事项,必须按规定的会计方法和程序进行处理,且在财务会计报告中予以充分、准确的披露。对于次要的会计事项,可在不影响会计核算真实性和不误导使用者作出正确判断的前提下,作适当的简化,合并反映。

(七) 谨慎性

谨慎性又称稳健性,是指在会计核算中,会计人员在对企业所面临的不确定因素作出职业判断时,应保持必要的谨慎,按照谨慎性的要求选择会计处理程序和会计方法,不多计资产或收益,不少计负债或费用,把会计核算尽可能建立在比较稳妥可靠的基础上。《企业会计准则——基本准则》第十八条规定:"企业对交易或者事项进行会计确认、计量和报告应当保持应有的谨慎,不应高估资产或者收益、低估负债或者费用。"在市场经济条件下,企业不可避免地会遇到各种风险,如企业应收账款由于债务人破产、死亡等原因，不能收回；固定资产由于技术进步而提前报废等情况。为了避免损失发生时对企业正常经营的影响，必须对面临的风险和可能发生的损失作出合理预计。谨慎性在会计中的应用是多方面的，如对可能发生的各项资产损失，计提资产减值准备；固定资产采用加速折旧法等。但是，要注意，不能任意设立各种秘密准备，滥用谨慎性。

（八）及时性

《企业会计准则——基本准则》第十九条规定："企业对于已经发生的交易或事项，应当及时进行会计确认、计量和报告，不得提前或者延后。"及时性也是对会计信息的主要质量要求。

会计资料具有一定的时效性，其价值往往随着时间的流逝而降低。因而，各种会计记录必须及时进行，财务会计报告必须及时报送，不得拖延、积压。

在市场经济条件下，市场情况瞬息万变，市场竞争日趋激烈，企业内外各有关方面对会计信息的及时性要求越来越高。任何信息如不及时提供，则必将丧失其使用价值或降低其有用性。可见，会计信息的及时性，是其相关性所要求的，或者说是相关性的限制因素。

二、会计计量

企业提供的会计信息应当与财务报告使用者的经济决策需要相关，以便于财务报表使用者对企业过去、现在或者未来的情况作出评价或者预测。《企业会计准则——基本准则》中规定的会计计量属性包括：历史成本、重置成本、可变现净值、现值以及公允价值。

会计计量是指为了在账户记录和财务报表中确认、计量有关财务报表要素，而以货币或其他度量单位确定其货币金额或其他数量的过程，它主要用来解决记录多少的问题。企业在将符合确认条件的会计要素登记入账并列报于财务报表及其附注时，应当按照规定的会计计量属性进行计量,确定其金额。会计计量属性主要包括五种。

(一) 历史成本

在历史成本计量下,资产按照购置时支付的现金或者现金等价物的金额,或者按照购置资产时所付出的对价的公允价值计量。负债按照因承担现时义务而实际收到的款项或者按照资产的金额,或者承担现时义务的合同金额,或者按照日常活动中为偿还负债预期需要支付的现金或者现金等价物的金额计量。历史成本在会计中得到广泛应用,主要是因为:① 历史成本为交易双方所知,并具有合法的原始凭证,因而,具有客观性,减少了人为的判断;② 管理当局、投资人和债券人对历史成本已适应,一般人对历史成本操作也很熟;③ 成本对决策还是有用的,历史信息本身具有反馈价值,是评价决策的依据,历史信息又是预测的基础,从而成为预测信息所不能缺少的来源;④ 历史成本具有可验证性,其取得成本较低。然而,历史成本也是一个富有争议的计量属性。因为,通货膨胀对历史成本造成了冲击,近年来,金融界发生的显著变化,对历史成本更是形成了空前的压力。

(二) 重置成本

在重置成本(又称现行成本)计量下,资产按照现在购买相同或者相似资产所需支付的现金或者现金等价物的金额计量。负债按照现在偿付该项债务所需支付的现金或者现金等价物的金额计量。重置成本的特点是:① 它是一个现在时点的价值;② 它以市场价格的形式表现。重置成本依不同情况显示不同的价值含义。例如,重新购置同类资产的市场价格,该资产扣减持有资产已使用年限的累计折旧;重新购置有相同生产能力的资产的市价等。在原始交易日,现行成本与历史成本代表相同的数量,都等同于当时资产的交易价格。原始交易日后,两者在数量上往往出现出不相同的偏差。这种偏差来自市场物价的变动、技术进步及对资产预期等原因。现行成本与历史成本的量差,就是资产的持有利得。

（三）可变现净值

在可变现净值（又称预期脱手价值）计量下，资产按照正常对外销售所能收到现金或者现金等价物的金额扣减该资产至完工时估计将要发生的成本、估计的销售费用以及相关税费后的金额计量。可变现净值仅用于计划将来销售的资产或未来清偿既定的负债，无法使用于企业全部资产。

（四）现值

在现值（又称资本化价值）计量下，资产按照预计从其持续使用和最终处置中所产生的未来净现金流入量的折现金额计量。负债按照预计期限的经济利益。这个定义强调了资产折现金额计量。它的依据是：资产是预期的经济利益。这个定义强调了资产"包含着可能的未来利益"这一本质特征。未来的利益会导致将来能直接或间接产生净流入现金，这些净流入现金的价值就是资产的价值。

（五）公允价值

在公允价值计量下，资产和负债按照在公平交易中，熟悉情况的交易双方自愿进行资产交换或者债务清偿的金额计量。"公允价值"的计量属性在关于非货币性资产交换、债务重组、投资性房地产、生物资产、股份支付、金融工具确认和计量等具体准则中得到了具体的运用。

企业在对会计要素进行计量时，一般应当采用历史成本。如果采用重置成本、可变现净值、现值、公允价值计量，应当保证所确定的会计要素金额能够取得并可靠计量。

从五种计量属性的分析中可以看出，每一种计量属性都有它们的利弊，没有一种是绝对理想化的。在进行会计计量属性选择时，主要取决于计量的目的，即看是否服务于会计的目标，能否满足会计信息使用者的要求。由于会计信息使用者对会计信息的需求各不相同，五种计量属性都有其存在的价值。

第四节 会计核算方法

　　会计方法是用来反映和监督会计对象，完成会计任务的手段。而会计的对象是资金运动，资金运动是一个动态过程，是由各个具体的经济活动来体现的。广义的会计方法包括：会计核算方法、会计分析方法和会计检查方法。它们紧密联系、相互依存、相辅相成，形成了一个完整的会计方法体系。其中，会计核算方法是基础，会计分析方法是会计核算方法的继续和发展，会计检查方法是证实会计核算方法和会计分析方法的保证。

　　会计核算方法是指会计对企事业、机关单位已经发生的经济活动进行连续、系统和全面的反映和监督所采用的方法。由于会计对象的多样性、经济活动的连续性及复杂性，就决定了用来对其进行反映和监督的会计核算方法不能是单一的，而应该是一套方法体系。会计核算方法是由设置账户、复式记账、填制和审核凭证、登记账簿、成本计算、财产清查和编制财务会计报表组成一个完整的、科学的方法体系。

一、设置账户

　　账户是按会计对象的经济内容性质的不同而进行分类的标志。设置账户就是对会计对象的具体内容进行归类核算和监督的一种专门方法。在进行会计核算之前，首先应按多种多样的、错综复杂的会计对象的具体内容进行科学的分类，只有通过分类地反映和监督，才能提供管理所需要的各种指标。一个账户只能反映一定的经济内容，由于经济内容众多，又相互关联，这样，就形成了既有分工，又有联系的账户体系。

二、复式记账

　　复式记账是指对每笔经济业务，都以相等的金额在相互关联的两个或两个以上的账户中进行记录的一种专门方法。每一笔经济业务的发生,都会引起有关要素的增减变化。

例如,向银行提取现金 1 000 元,一方面,要在"银行存款"账户上记减少 1 000 元;另一方面,又要在"库存现金"账户中记增加 1 000 元。在"银行存款"和"库存现金"两个对应账户分别记上 1 000 元,而记录的方向正好相反。这样的记录既可以反映这笔经济业务的具体内容,又可以反映其来龙去脉,完整、系统地记录资金运动的过程和结果。

三、填制和审核凭证

会计凭证是记录经济业务、明确经济责任的书面证明,是记账的依据。任何会计业务的发生都必须有书面证明,会计人员必须做到收有凭、付有据。因此,当一项经济业务发生后,按规定,有关经办人员应及时将经济业务的内容记录在会计凭证上,经会计部门、会计人员的严格审核,在保证符合有关法律、制度、规则,且数据正确无误的前提下,据此登记账簿。填制和审核会计凭证是企业日常会计核算的起点。会计凭证能为经济管理提供真实可靠的会计信息。

四、登记账簿

登记账簿又称记账,是指根据会计凭证,用复式记账方法,将所有的经济业务分门别类地记入有关账簿,用以全面、连续、系统地记录各项经济业务,提供系统核算资料的一种专门方法。企业应根据经济业务的需要开设相应的明细分类账户,还应定期进行结账和对账,使账证之间、账账之间、账实之间保持一致。账簿所反映的各种信息是编制会计报表的主要依据。

五、成本计算

成本计算通常是指制造业的成本核算,是对其生产经营过程中发生的生产费用,按经济用途进行分类,并按一定对象和标准进行归集和分配,以计算确定各该对象的总成本和单位成本。通过成本计算,可以考核和监督企业经营过程中所发生的费用是否合理,是对成本计划的执行结果,是成本控制结果的事后反映,还可以为制定产品价格提供依据。

六、财产清查

财产清查就是通过盘点实物、核实账目来查明各项财产物资和资金的实有数,并查明实有数与账存数是否相符的一种专门方法。财产清查对于正确掌握各项财产的实际数额,了解财产物资的使用情况,保证会计账簿资料准确可靠起着重要的作用,是会计核算必不可少的方法之一。

七、编制财务会计报表

财务会计报表是综合反映企业一定时期财务状况和经营成果的书面文件。财务会计报表是会计循环最后阶段所提出的结果,也是对整个会计循环所作的工作总结。编制财务会计报表是对日常会计资料的总结,是对账簿记录中分散的、部分的会计信息作进一步整理、分类、计算和汇总。财务会计报表能为各会计信息使用者及时提供高质量的总括性的信息、资料。

上述各种会计核算方法是相互联系、密切配合、缺一不可的,形成一个完整的科学的方法体系。

第五节 会计科目与会计账户

会计对象按一定的标准划分为资产、负债、所有者权益、收入、费用和利润六大会计要素,是对会计对象最基本的分类。但是,这种分类还不够详细,因为每个会计要素又包含许多具体的项目,如资产要素中包含现金、银行存款、原材料、固定资产等项目。企业经济业务的发生,引起会计要素各具体项目的增减变动,为了分门别类地反映和监督会计要素具体内容的增减变动及其结果,有必要对会计要素作进一步分类,即确定会计科目,设置账户。这是会计核算的基本方法之一,也是会计核算工作的前提条件。

一、会计科目

会计科目是对会计要素的具体内容进行分类核算的项目。每个会计科目都应明确地反映一定的经济内容,凡属于这类内容的经济业务,都应在以这个会计科目为依据设置的账户下进行核算和监督,以反映其增减变动及其结果。

设置会计科目是进行会计核算工作的起点,也是组织会计核算的依据。正确地设置会计科目,对于规范会计核算,全面系统地提供会计信息,提高会计工作效率,加强会计工作的组织与管理有着重要的作用。

(一)会计科目的设置原则

在我国,会计科目是由主管会计工作的财政部门制定的。我国财政部根据《企业会计准则》中确认和计量的规定,制定了统一的会计科目,涵盖了各类企业的交易或者事项。

为了有效地发挥会计科目的作用,各会计主体在设置会计科目时,必须遵循以下原则:

(1)会计科目的设置要与企业经济活动和业务规模相适应。不同的企业,其经济活动的性质、经济业务的内容也不尽相同。各会计主体应根据自身经济活动的特点来设置会计科目,全面完整地反映其经济业务或资金运动的全部内容。例如,制造业的经济活动包括供应、生产、销售三个环节,商业流通企业的经济活动包括购入、储存和销售三个过程。这些环节和过程中所进行的经济活动的内容,都必须设置相应的会计科目。另外,会计科目的设置还必须与会计主体的业务规模相适应。一般来说,规模较大、业务繁多的企业、单位,会计科目可以分得细一些,会计科目的数量可以多一些。规模较小、业务简单的企业、单位,会计科目的数量可以少一些,简单、明了,不一定又全又细。

(2) 会计科目的设置必须符合经济管理的要求。会计信息资料是国家进行宏观管理、企业进行经营管理、投资者进行投资决策的依据。因此,在设置会计科目时,首先,要考虑国家宏观经济管理对会计信息的需要。为此,财政部根据《企业会计准则》的规定制定了统一的会计科目,作为各会计主体设置会计科目时的依据。其次,会计科目的设置必须满足企业自身经济管理的要求,以便对企业的经济管理提供有用的会计信息。再次,会计科目的设置还应满足企业外部会计资料的使用者需要。例如,税务部门需要利用会计资料对企业进行纳税监督,上市公司需要接受证券交易管理机构的会计监督,投资者需要利用会计资料了解企业生产经营情况,以便作出正确的投资决策等。

(3) 会计科目的设置应贯彻统一性和灵活性相结合的原则。为适应国家宏观经济管理的需要,保证会计指标的一致性和会计信息的可比性,我国财政部根据《企业会计准则》的规定,制定了统一的会计科目。企业应根据规定,设置和使用会计科目。但在不影响会计核算要求和会计报表指标汇总,以及对外提供统一的财务会计报告的前提下,可以根据本单位的实际情况自行增设、分拆、合并会计科目。企业不存在的交易或事项,可不设置相关会计科目。即会计科目的设置应体现统一性和灵活性相结合,使会计信息更具有相关性和可比性。

(4) 会计科目的设置必须保持相对稳定性,以便企业不同时期分析比较会计核算指标和在一定范围内汇总核算指标,使核算指标具有可比性,便于会计人员熟练掌握和运用会计科目。

(二) 会计科目的分类

1. 按反映的经济内容分类

会计科目是对会计对象的具体内容所作的进一步分类,因此,会计科目的内容是依据各会计要素的构成内容予以划分的。会计科目按反映的经济内容不同,可分为资产类、负债类、共同类、所有者权益类、成本类和损益类六大类型。各类型中又包括具体详细的项目。

会计科目按经济内容分类,可以直观点地反映各会计科目核算的内容以及会计科目的性质,有助于正确认识运用各会计科目提供的信息资料。

2. 按所提供信息的详细程度及隶属关系分类

会计科目按照提供信息的详细程度及隶属关系可分为总分类科目和明细分类科目。总分类科目又称一级会计科目,是对会计要素的组成内容进行总括划分的科目。它反映经济业务的概括情况。明细分类科目又称明细科目,是对某一个总分类科目的核算内容所作的进一步分类,它详细具体地反映总分类科目包括的内容。明细分类科目按其提供指标的详细程度不同,可进一步分为二级明细科目和三级明细科目。二级明细科目是对总分类科目的进一步分类,三级明细科目是对二级明细科目更详细的分类。总分类科目、二级明细科目、三级明细科目反映的是同一经济内容,是对同一会计对象的不同层次的反映。例如,在"原材料"总分类科目下,可以先按类别设置二级明细科目,如"原料及主要材料"、"辅助材料"、"燃料"等二级科目,在某一个二级科目如"辅助材料"下还可按其品种、规格设置三级明细科目,如"润滑油"、"防锈剂"等。

按照我国现行会计准则的规定,总分类科目一般由财政部统一制定,明细科目的设置,除会计准则已有规定的外,在不违反统一会计核算要求的前提下,企业可以根据需要自行设置。当然,也不是所有的总分类科目都必须设置明细科目,有的总分类科目就不需要设置明细科目。

(三)会计科目的内容

为了保证会计准则的实施,财政部按照要求,规定了统一的会计科目。企业应按照会计准则的规定,设置和使用会计科目。为了便于核算和查阅,实行会计电算化,财政部统一规定了会计科目的编号。会计科目编号供企业在填制会计凭证、登记会计账簿、查阅会计账目、采用会计软件系统时参考,企业可结合实际情况自行确定会计科目编号。

现行《企业会计准则——应用指南》附录中统一规定的会计科目名称和编号如表2-1所示。

表2-1

会 计 科 目 表

顺序号	编号	会计科目名称	顺序号	编号	会计科目名称
		一、资产类	15	1201	应收代位追偿款
1	1001	库存现金	16	1211	应收分保账款
2	1002	银行存款	17	1212	应收分保合同准备金
3	1003	存放中央银行款项	18	1221	其他应收款
4	1011	存放同业	19	1231	坏账准备
5	1012	其他货币资金	20	1301	贴现资产
6	1021	结算备付金	21	1302	拆出资金
7	1031	存出保证金	22	1303	贷款
8	1101	交易性金融资产	23	1304	贷款损失准备
9	1111	买入返售金融资产	24	1311	代理兑付证券
10	1121	应收票据	25	1321	代理业务资产
11	1122	应收账款	26	1401	材料采购
12	1123	预付账款	27	1402	在途物资
13	1131	应收股利	28	1403	原材料
14	1132	应收利息	29	1404	材料成本差异

(续表)

顺序号	编号	会计科目名称	顺序号	编号	会计科目名称
30	1405	库存商品	54	1605	工程物资
31	1406	发出商品	55	1606	固定资产清理
32	1407	商品进销差价	56	1611	未担保余值
33	1408	委托加工物资	57	1621	生产性生物资产
34	1411	周转材料	58	1622	生产性生物资产累计折旧
35	1421	消耗性生物资产	59	1623	公益性生物资产
36	1431	贵金属	60	1631	油气资产
37	1441	抵债资产	61	1632	累计折耗
38	1451	损余物资	62	1701	无形资产
39	1461	融资租赁资产	63	1702	累计摊销
40	1471	存货跌价准备	64	1703	无形资产减值准备
41	1501	持有至到期投资	65	1711	商誉
42	1502	持有至到期投资减值准备	66	1801	长期待摊费用
43	1503	可供出售金融资产	67	1811	递延所得税资产
44	1511	长期股权投资	68	1821	独立账户资产
45	1512	长期股权投资减值准备	69	1901	待处理财产损溢
46	1521	投资性房地产			二、负债类
47	1531	长期应收款	70	2001	短期借款
48	1532	未实现融资收益	71	2002	存入保证金
49	1541	存出资本保证金	72	2003	拆入资金
50	1601	固定资产	73	2004	向中央银行借款
51	1602	累计折旧	74	2011	吸收存款
52	1603	固定资产减值准备	75	2012	同业存放
53	1604	在建工程	76	2021	贴现负债

(续表)

顺序号	编号	会计科目名称	顺序号	编号	会计科目名称
77	2101	交易性金融负债	101	2702	未确认融资费用
78	2111	卖出回购金融资产款	102	2711	专项应付款
79	2201	应付票据	103	2801	预计负债
80	2202	应付账款	104	2901	递延所得税负债
81	2203	预收账款			三、共同类
82	2211	应付职工薪酬	105	3001	清算资金往来
83	2221	应交税费	106	3002	货币兑换
84	2231	应付利息	107	3101	衍生工具
85	2232	应付股利	108	3201	套期工具
86	2241	其他应付款	109	3202	被套期项目
87	2251	应付保单红利			四、所有者权益类
88	2261	应付分保账款	110	4001	实收资本
89	2311	代理买卖证券款	111	4002	资本公积
90	2312	代理承销证券款	112	4101	盈余公积
91	2313	代理兑付证券款	113	4102	一般风险准备
92	2314	代理业务负债	114	4103	本年利润
93	2401	递延收益	115	4104	利润分配
94	2501	长期借款	116	4201	库存股
95	2502	应付债券			五、成本类
96	2601	未到期责任准备金	117	5001	生产成本
97	2602	保险责任准备金	118	5101	制造费用
98	2611	保户储金	119	5201	劳务成本
99	2621	独立账户负债	120	5301	研发支出
100	2701	长期应付款	121	5401	工程施工

(续表)

顺序号	编号	会计科目名称	顺序号	编号	会计科目名称
122	5402	工程结算	139	6403	营业税金及附加
123	5403	机械作业	140	6411	利息支出
		六、损益类	141	6421	手续费及佣金支出
124	6001	主营业务收入	142	6501	提取未到期责任准备金
125	6011	利息收入	143	6502	提取保险责任准备金
126	6021	手续费及佣金收入	144	6511	赔付支出
127	6031	保费收入	145	6521	保单红利支出
128	6041	租赁收入	146	6531	退保金
129	6051	其他业务收入	147	6541	分出保费
130	6061	汇兑损益	148	6542	分保费用
131	6101	公允价值变动损益	149	6601	销售费用
132	6111	投资收益	150	6602	管理费用
133	6201	摊回保险责任准备金	151	6603	财务费用
134	6202	摊回赔付支出	152	6604	勘探费用
135	6203	摊回分保费用	153	6701	资产减值损失
136	6301	营业外收入	154	6711	营业外支出
137	6401	主营业务成本	155	6801	所得税费用
138	6402	其他业务成本	156	6901	以前年度损益调整

二、账户及其基本结构

(一)设置账户的意义

账户是根据会计科目开设的,具有一定的格式和结构,用来连接、系统地记载经济业务引起的各会计要素增减变动及其结果的一种手段。设置账户是会计核算的一种专门方法。账户是反映会计对象具体内容的形式。会计对象是资金运动,资金运动的具体内容是通过在账簿中设置许多账户来反映的。

会计科目和账户是会计学中两个不同的概念,两者既有联系又有区别。它们的联系是:会计科目是设置账户的依据,是账户的名称,账户是会计科目的具体运用,两者都是对会计要素具体内容所作的分类,而且反映经济内容的口径一致。它们的区别是:会计科目只是对会计对象具体内容的分类,只是分类的名称,本身没有结构,不能连续反映会计要素具体内容的增减变动及结果。而账户除了名称外,还有一定的格式和结构,可以用来连续系统地反映会计要素具体内容的增减变动及结果。当然,会计科目和账户的关系非常密切。没有会计科目,账户提供什么会计指标就无法确定;没有账户,就不能连续、系统地反映和监督会计科目所规定的内容的具体运用。会计科目是设置会计账户的依据,会计账户则是按照会计科目所规定的内容的具体运用。只有将会计科目和账户结合起来,按每一个会计科目开设一个账户,才有利于从事日常会计核算工作。在实际工作中,由于会计科目是账户的名称,两者在经济内容上是相同的,因此,常把两者作为同义词而不加以区分。

账户在会计核算中具有重要的作用,通过账户记录,可以反映每笔和每类经济业务所引起的资金数量上的增减变化,计算资金的取得、使用、耗费、收回和分配。通过账户,可以储存会计信息,既能反映资金的总分类情况,又能反映资金的明细分类情况;既能反映企业每一笔经济业务的情况,又能反映一定时期全部经济业务的情况;既能反映资产、负债和所有者权益的增减变动情况,又能反映其变动结果的情况。根据账户记录的会计信息,使有关部门了解企业的财务状况和经营成果,提高企业管理水平。

(二)账户的基本结构

为了正确记录和反映各项经济业务所引起的各个会计要素的增减变化及其结果,账户不仅要有明确的核算内容,而且还应具备一定的结构,以便系统地登记同类经济业务的数据。企业发生经济业务后,会引起各个会计要素错综复杂的变动,但引起资金运动数量的变化,不外乎增加和减少两种情况。因此,用来分类记录各会计要素变化情况的账户相应分成两个基本部分,分别登记增加额和减少额。同时,为了反映其增减变动的结果,账户还必须要有反映各会计要素结余数的部分。此外,一个完整的账户,除了有反映增加数、减少数及结余数三个部分,还需要有其他相关的内容。账户的格式多种多样,不同的记账方法,账户的结构不同;相同的记账方法、不同性质的账户,结构也是不同的。但一般来说,实际工作中使用的账户应包括以下内容:

(1) 账户的名称(即会计科目)。

(2) 经济业务发生的日期。

(3) 凭证号数(账户记录的依据)。

(4) 摘要(概括说明经济业务的内容)。

(5) 增加金额、减少金额。

(6) 结存余额。

一般账户的格式,如表2-2所示。

表2-2

账户名称(会计科目)

第　　页

年		凭证号数	摘　要	增加额	减少额	余　额
月	日					

为了便于教学,在教学实践和教科书中,通常采用简化格式"T"形(或称"丁"字形)表示账户的结构,在账户的左、右两方记录账户的增加额、减少额和余额。其格式,如表2-3、2-4所示。

表 2-3

左方	账 户 名 称	右方
期初余额		
本期增加额	本期减少额	
本期发生额(增加额合计)	本期发生额(减少额合计)	
期末余额		

表 2-4

左方	账 户 名 称	右方
	期初余额	
本期减少额	本期增加额	
本期发生额(减少额合计)	本期发生额(增加额合计)	
	期末余额	

上述两个"T"形账户中,记录增加额、减少额和余额的方向不一致,具体哪一方记增加额,哪一方记减少额,是由记账方法和账户的性质决定的。但是,不管记账方法和账户的性质如何,其增加额和减少额均应按相反的方向记录。即如果左方记录增加额,则右方就应记录减少额;反之,如果右方记录增加额,则左方就应记录减少额。本期发生额是一个动态指标,说明一定时期内资金的增减变动情况。

此外,在会计核算中,余额可分为期初余额和期末余额。本期的期末余额转入下期,即为下期的期初余额,账户的期初、期末余额一般与增加额记入同一方向。期初余额、期末余额、本期增加发生额合计数、本期减少发生额合计数的关系,可用下列等式表示:

$$\text{本期期末余额} = \text{期初余额} + \text{本期增加发生额合计数} - \text{本期减少发生额合计数}$$

第五节 复式记账法

一、复式记账法概述

复式记账法是指对每一笔经济业务,用相等的金额在两个或两个以上的相关账户中登记的一种记账方法。由于每一笔经济业务的发生,都会引起两个或两个以上相关会计账户的资金增减变化,而会计账户反映的是会计要素。为了全面掌握经济活动的变化及其对会计要素的影响,就要用相等的金额在相关的两个或两个以上账户中同时记录该笔经济业务。

运用复式记账法需要设置完整的账户体系,该账户体系可对账户的记录进行综合试算,防止差错,便于检查账户记录的正确性。例如,企业以银行存款10 000元购买原材料。运用复式记账原理,这笔经济业务的发生,一方面,使企业的银行存款减少了10 000元;另一方面,使企业的原材料增加了10 000元。在企业货币资金减少的同时,等额增加了企业的实物资产,该企业的资产总值没有变化。又如,企业将现金5 000元存入银行。根据复式记账的原理,这笔经济业务的发生,一方面,使企业的现金减少了5 000元;另一方面,使企业的银行存款增加了5 000元。在两个货币资金账户中,一增一减,增减金额相等,企业的总资产没有变化。

二、借贷记账法

(一)记账概述

借贷平衡原理起源于意大利,经历了三个发展阶段。

借贷记账法是以已失去原来意义的"借"、"贷"两字作为记账符号,以会计基本等式为理论依据,来核算各会计要素增减变化的复式记账方法。"借"、"贷"代表账户的两个方向,习惯上,称账户的左方为借方,右方为贷方,用来反映资金的增减变化及其结果。"借"、"贷"没有固定的含义,只是单纯的记账符号,是会计工作中的专业术语。究竟"借"、"贷"哪一方登记增加,哪一方登记减少,这取决于账户所反映的经济内容,即账户的性质。不同属性的账户,其结构、含义也不相同。

(二)账户的结构

1. 资产类账户的结构

资产类账户的期初余额在"借方",它的增加额记入借方,减少额记入贷方,期末余额一般在借方,表示期末资产的实有数额。但也有例外,如"坏账准备"和"累计折旧"账户的期初、期末余额都在贷方。资产类账户的结构,如表2-5所示。

表2-5

借方	资产类账户	贷方
期初余额		
本期增加额		本期减少额
期末余额		

$$\text{资产类账户的期末余额} = \text{期初余额} + \text{本期借方发生额} - \text{本期贷方发生额}$$

2. 负债类账户的结构

负债类账户的期初余额在贷方,负债的增加额记入贷方,减少额记入借方,期末余额一般在贷方,表示期末负债总额。负债类账户的结构,如表2-6所示。

表2-6

借方	负债类账户	贷方
		期初余额
本期减少额		本期增加额
		期末余额

$$\begin{matrix}\text{负债类账户}\\ \text{的期末余额}\end{matrix} = \begin{matrix}\text{期初}\\ \text{余额}\end{matrix} + \begin{matrix}\text{本期贷方}\\ \text{发 生 额}\end{matrix} - \begin{matrix}\text{本期借方}\\ \text{发 生 额}\end{matrix}$$

3. 共同类账户的结构

共同类账户是具有双重性质的账户。这一类账户根据余额的方向,确定其性质。如果期末为贷方余额,表示为负债、所有者权益类账户;如果期末为借方余额,则为资产类账户。

4. 所有者权益类账户的结构

所有者权益类账户的结构与负债类账户结构相同。所有者权益类账户的期初余额在贷方,所有者权益的增加额记入贷方,所有者权益的减少额记入借方,期末余额一般在贷方,表示期末所有者权益总额。所有者权益类账户的结构,如表2-7所示。

表2-7

借方	所有者权益类账户	贷方
本期减少额	期初余额	
	本期增加额	
	期末余额	

$$\begin{matrix}\text{所有者权益类}\\ \text{账户的期末余额}\end{matrix} = \begin{matrix}\text{期初}\\ \text{余额}\end{matrix} + \begin{matrix}\text{本期贷方}\\ \text{发 生 额}\end{matrix} - \begin{matrix}\text{本期借方}\\ \text{发 生 额}\end{matrix}$$

5. 损益收入类账户的结构

损益收入类账户一般没有期初余额,收入的增加记入账户的贷方,收入的减少记入借方,期末将本期的收入净额结转到相关账户后,没有余额。收入类账户的结构,如表2-8所示。

表2-8

借方	损益收入类账户	贷方
本期减少额(或转销额)	本期增加额	
	一般无余额	

6. 成本类、损益支出类账户的结构

成本类、损益支出类账户的登记方法:成本、损益支出的增加记入账户的借方,减少额记入账户的贷方,一般无期末余额,如有余额,应为借方余额,表示期末的资产总额。成本、损益支出类账户的结构,如表2-9所示。

表2-9

借方	成本类、损益支出类账户	贷方
期初余额(特殊账户有余额)		本期减少额(或转销额)
本期增加额		
期末余额(特殊账户有余额,表示期末资产余额)		

$$\text{成本类、损益支出类账户的期末余额} = \text{期初余额} + \text{本期借方发生额} - \text{本期贷方发生额}$$

(三) 借贷记账法的应用

借贷平衡原理是复式记账法的理论依据。借贷平衡原理是:"有借必有贷,借贷必相等"。任何一笔记载经济业务的会计分录,都要有等额的借方发生额和贷方发生额,这样才能保证平衡。运用这个原理,可以检验会计分录、记账、过账等一系列会计处理的正确性。

例1 光明公司从银行提取现金1 000元。

这笔经济业务发生后,使光明公司的银行存款减少了1 000元,应记入"银行存款"账户的贷方;同时使现金增加了1 000元,应记入"库存现金"账户的借方。经济业务内容一借一贷地记入两个对应账户,借、贷两方的金额相等。如表2-10所示。

表2-10

借方	银行存款	贷方	借方	库存现金	贷方
期初余额			期初余额		
		① 1 000	① 1 000		

例2 光明公司接受投资人投资款 500 000 元。

这笔经济业务发生后,使企业的银行存款增加了 500 000 元,应记入"银行存款"账户的借方;同时,使该公司的实收资本增加了 500 000 元,应记入"实收资本"账户的贷方,经济业务内容一借一贷地记入两个对应账户,借、贷两方的金额相等。如表 2-11 所示。

表 2-11

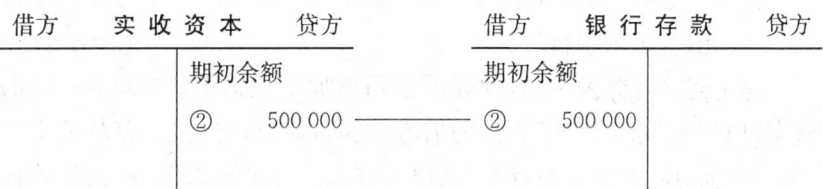

例3 光明公司从银行取得短期借款 200 000 元,用以直接归还上月所欠的购货款项。

这笔经济业务发生后,光明公司的短期借款增加 200 000 元,应记入"短期借款"账户的贷方;同时,使上月所欠的购货款项减少 200 000 元,应记入"应付账款"账户的借方。经济业务内容一借一贷地记入两个对应账户,借、贷两方的金额相等。如表 2-12 所示。

表 2-12

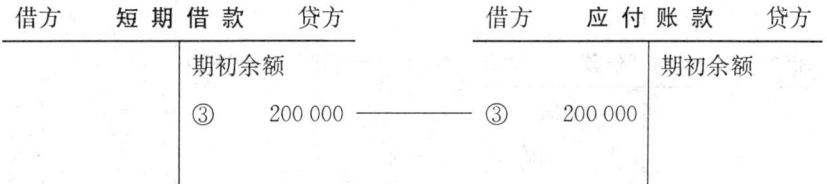

例4 光明公司以银行存款归还到期的银行短期借款 150 000 元。

这笔经济业务发生后,光明公司的银行存款减少了 150 000 元,应记入"银行存款"账户的贷方;同时,光明公司所欠银行的短期借款减少 150 000 元,应记入"短期借款"账户的借方,经济业务内容一借一贷地记入两个对应账户,借、贷两方的金额相等。如表 2-13 所示。

表 2-13

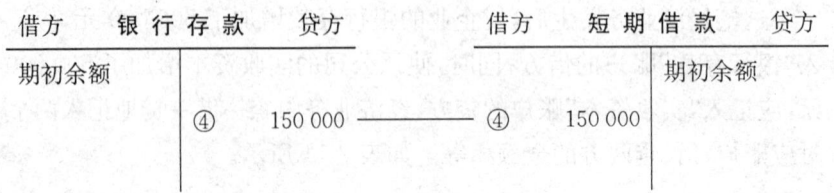

例 5 光明公司购入汽车一辆,总值 500 000 元,以银行存款支付 200 000 元,其余款项暂欠。

这笔经济业务发生后,使光明公司增加了一辆价值 500 000 元的汽车,应记入"固定资产"账户的借方;同时,该公司的银行存款减少了 200 000 元,应记入"银行存款"账户的贷方。暂欠的 300 000 元导致该公司的负债增加,应记入"应付账款"账户的贷方。经济业务内容同时记入三个对应账户,"固定资产"账户对应"银行存款"账户和"应付账款"账户,借、贷两方的金额相等。如表 2-14 所示。

表 2-14

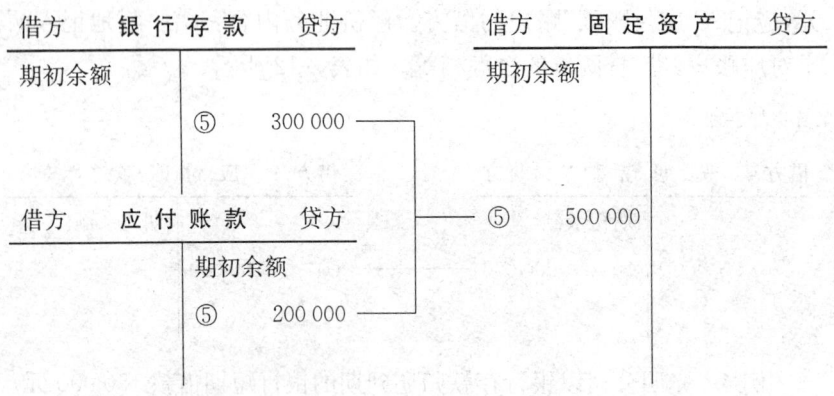

通过以上五笔经济业务可以看出,尽管经济业务种类具有多样性,但采用借贷记账法,任何一笔经济业务发生后,不论涉及的账户属于哪一类,都必须在记入一个账户的借方的同时,记入另一个关联账户的贷方;或者在记入一个账户的借方的同时,记入几个关联账户的贷方;再

或者在记入一个账户的贷方的同时,记入几个关联账户的借方。账户之间的这种关系称为账户的对应关系,存在对应关系的账户称为对应账户。它正确反映了经济业务发生所引起的资金运动的来龙去脉,在每项经济业务登入账簿之前都要编制会计分录。

会计分录是指确定每笔经济业务所涉及的账户名称,应登记账户的记账方向(借方或贷方)及金额的一种记录形式,是会计语言的表达方式。

编制会计分录是会计工作的初始阶段,在实际工作中,这项工作一般是通过编制记账凭证来完成的。编制会计分录意味着对经济业务作会计确认,为经济业务数据记入账户提供依据,所以,为了保证账户记录的正确性和真实性,必须严格把好编制会计分录这一关。

根据以上五笔经济业务,编制会计分录为:

例1　借:库存现金　　　　　　　　　　　1 000
　　　　贷:银行存款　　　　　　　　　　　1 000

例2　借:银行存款　　　　　　　　　　　500 000
　　　　贷:实收资本　　　　　　　　　　　500 000

例3　借:应付账款　　　　　　　　　　　200 000
　　　　贷:短期借款　　　　　　　　　　　200 000

例4　借:短期借款　　　　　　　　　　　150 000
　　　　贷:银行存款　　　　　　　　　　　150 000

例5　借:固定资产　　　　　　　　　　　500 000
　　　　贷:银行存款　　　　　　　　　　　200 000
　　　　　　应付账款　　　　　　　　　　　300 000

根据例1至例4编制的会计分录,是由两个对应账户组成的,它们的对应关系是"一借一贷",称为简单会计分录;根据例5编制的会计分录,是由两个以上对应的账户组成的,它们的对应关系是"一借多贷",称为复合会计分录,复合会计分录也可能存在"多借一贷"或"多借多贷"对应关系。任何一个复合会计分录都可以分解为几个简单会计分录。

无论是简单会计分录还是复合会计分录都必须具备三个要素：① 账户名称；② 记账方向；③ 变动金额。

会计上一般应尽量避免编制"多借多贷"的会计分录，因为通过这样的分录不容易分清各个账户之间的对应关系，无法充分、完整地反映经济内容的本来面貌。

第七节 出纳的会计业务

一、会计凭证

会计凭证是记录经济业务，明确经济责任，作为记账依据的书面证明，是具有法律效力的书面文件。

会计主体发生的任何一项经济业务，都必须办理凭证手续，由执行和完成该项经济业务的相关人员填制或取得会计凭证，记录经济业务发生的日期、内容、数量和金额，并在会计凭证上签名或盖章，对经济业务及会计凭证的真实性、合法性和正确性负完全责任。所有会计凭证都必须由会计部门有关人员审核无误后，才能作为登记账簿的依据。填制和审核会计凭证是会计人员，特别是出纳人员进行会计核算的基本方法之一。出纳人员办理任何有关资金结算的经济业务，无论是款项收付，还是出纳账簿的登记，都必须以经过审核、真实、合法、有效的会计凭证为依据。出纳人员对没有会计凭证的会计事项，不能进行款项的收付，也不能进行登记账簿。了解会计凭证的作用，掌握会计凭证的种类和内容，对搞好出纳工作具有十分重要的意义。

会计凭证的主要作用有两方面：

(1) 如实记录经济业务的发生情况。任何一项经济业务的发生都必须由有关人员根据经济业务的实际内容编制会计凭证，并经过审核后才能作为记账的依据。

(2) 监督检查的依据。任何一张会计凭证都载明经济业务的具体内容,都有经手人、制证人、审核人签名和盖章,这反映出凭证的传递程序和经过的部门或个人所作的处理情况,由此为监督、检查工作提供了依据,也为对各个控制环节的考核提供了条件。

会计凭证按其程序和用途的不同,可以分为原始凭证和记账凭证两大类。

(一) 原始凭证

原始凭证是经济业务发生时取得或填制的,用来作为证明会计事项的经过和进行会计核算的原始资料和主要依据。

对出纳人员来说,凡是涉及现金收付、银行结算的业务,只有取得或填制原始凭证,才能进行会计核算。

1. 原始凭证的分类

(1) 原始凭证按其来源不同,可以分为外来原始凭证和自制原始凭证两种。

外来原始凭证是指经济业务发生时,从其他单位和个人处直接取得的原始凭证,如供货单位开来的发票、运输部门开来的运费收据、银行转来的收款或付款通知等。从外单位或个人取得的原始凭证,必须盖有填制单位的公章及有关人员的签名或盖章。

自制原始凭证是指由本单位经办业务的部门和人员在执行或完成每项经济业务时所填制的原始凭证,如材料验收入库时填制的收料单、发出材料时填制的领料单、销售产品时开出的销售发票等。

(2) 原始凭证按其使用范围不同,可以分为通用凭证和专用凭证两种。

通用凭证是指按国家有关规定制定的在全国或某一地区或某一部门广泛使用的格式统一的原始凭证,如各商业银行制定的银行结算凭证、国家税务总局统一监制的增值税专用发票和各省、自治区、直辖市税务部门规定的行业统一发票。

专用凭证是指根据会计主体的具体特点,专门设置的一定格式,只使用于本会计主体经济业务的原始凭证,如各会计主体的支款凭单、差旅费报销单及工资结算单等等。

(3) 原始凭证按其填制方法的不同,可以分为一次凭证和累计凭证两种。

一次凭证是指填制手续一次完成,用以记录一项经济业务或若干项同类经济业务的原始凭证,如工资结算单、收料单等等。

累计凭证是指一定时期内记录同类重复发生的经济业务,填制手续是在一张凭证上多次记录才完成的原始凭证。只有自制凭证才可能是累计凭证。累计凭证是为了简化手续,在平时发生相关业务时随时登记,并结出累计数,期末计算发生总数后作为记账依据,如限额领料单。

2. 原始凭证的基本内容

不同类型的原始凭证包含的具体内容虽然不尽相同,但必须具备一些共同的基本内容。一般来说,任何一张原始凭证均应该具备反映经济业务内容和执行责任两个方面的要素。应具备的反映经济业务内容方面的要素有:原始凭证的名称、接受凭证的单位名称或个人姓名、原始凭证填制的日期、经济业务的基本内容、经济业务的基本计量(数量、单价、金额)等。应具备的表示业务执行责任的要素有:填制单位的公章(对内的例外)、编制审核凭证的有关经手人和部门负责人签名和盖章、凭证的编号、凭证的编制依据。一部分依据有关附件填制的原始凭证应注明附件的名称、号码和件数,如差旅费报销单应附有住宿费、车船费的发票及件数。

3. 原始凭证的填制和审核

(1) 原始凭证的填制。原始凭证是对经济业务所作的最初的、最直接的记录,是具有法律效力的证明文件,是进行财务收支和会计处理的基本依据。因而在填制原始凭证时,要求做到:

第一,记录真实。原始凭证上记载的经济业务的内容、金额必须与实际情况相符合,绝不允许有任何歪曲或弄虚作假,以保证原始凭证的真实可靠。

第二,内容完整。原始凭证中的基本内容和补充内容都要填写齐全,不得遗漏和省略不写,以便完整地反映经济活动的全貌。

第三,手续齐全。原始凭证的填制手续必须符合内部牵制原则的要求。凡是有大小写金额的原始凭证,大小写金额必须相符;购买实物的原始凭证,必须有实物的验收清单证明;支付款项的原始凭证,必须有收款方的收款证明;一式几联的原始凭证,必须用双面复写纸套写(有影印功能的除外),单页凭证必须用钢笔或水笔填写;销货退回时,除填制退货发票外,必须取得对方的收款收据或开户银行的进账凭证,不得以退货发票代替收据;各种借出款项的收据,必须附在记账凭证上;收回借款时,应另开收据或退回收据副本,不得退回原借款收据;经有关部门批准办理的某些特殊业务,应将批准文件作为原始凭证的附件或在原始凭证上注明批准机关名称、日期和文件字号。

第四,书写规范。原始凭证上的文字,要按规定书写,字迹应工整、清晰,易于辨认,使用规范文字。凭证上的大写金额一律以正楷字体书写;阿拉伯数字应一个一个地写,不能连笔;小写金额中间有零时,大写金额也要写零;小写金额中连续有几个零时,大写金额可以只写一个零字;分为零时,应在"元"或"角"字后加写"整"字断尾,有分的,不写"整"字。在小写金额前应冠以人民币符号"￥"(以外币记账的,应加注外币符号),货币符号与小写金额之间不得留有空白。

原始凭证记载的各项内容均不得涂改,原始凭证有错误的应当由出具单位重开或更正,更正处应当加盖出具单位印章。对于支票等重要的原始凭证若填写错误,一律不得在凭证上更正,应按规定的手续注销留存,重新填写。

第五,填制及时。有关人员必须在经济业务发生或完成时及时填制原始凭证,以便及时反映经济业务并进行会计审核,从而保证现金和银行存款日记账的日清。

(2)原始凭证的审核。为了保证原始凭证内容的真实性和合法性,防止不符合填制要求的原始凭证影响会计信息的质量,必须由会计部门对一切外来的和自制的原始凭证进行严格的审核。出纳人员对原始凭证的审核内容主要包括以下三个方面:

第一,合法性、合理性审核。应该以国家颁布的现行财经法规、财务制度以及本会计主体制定的有关规则、预算和计划为依据,审核经济业务是否符合有关规定,是否违反财务、会计制度;审核经济业务的内容是否符合规定的开支标准,是否履行规定的手续,有无背离经济效益原则和内部控制制度的要求。

第二,完整性审核。审核原始凭证的内容是否填写齐全,有关经办人员是否都已签名或盖章,是否经过主管人员审批同意,手续是否完备,书写是否清晰。对于内容填列不全、手续不完备、书写不清楚的原始凭证应退回补办手续或更正后,才能据以办理有关业务并登记入账。

第三,正确性审核。审核原始凭证的摘要和数字是否填写清楚、正确,数量、单价、金额、合计数等有无差错,大小写是否相等等。对于数字填列有差错的原始凭证,应退回经办人员进行更正后,才能据以入账。

原始凭证的审核是一项十分细致且严肃的工作,必须坚持原则,依法办事。对于不真实、不合法的原始凭证,出纳人员有权不予受理,并应向单位负责人报告。这是加强会计监督的必要措施,也是提高会计质量的前提。

(二)记账凭证

记账凭证是由会计人员根据审核无误的原始凭证或原始凭证汇总表,按记账的要求编制的,是登记账簿的直接依据。

1. 记账凭证的分类

(1)记账凭证按其不同的需要,可分为单式记账凭证和复式记账凭证。

单式记账凭证是指按每项经济业务所涉及的每个会计科目分别填

制记账凭证,即一张凭证上,只能填制一个会计科目的记账凭证。一项经济业务涉及几个会计科目就有几张记账凭证。

复式记账凭证是指将每项经济业务所涉及的两个或两个以上对应科目都集中填制在一张凭证上,集中、全面、完整地反映出一项经济业务全貌的记账凭证。它能完整反映经济业务的来龙去脉,便于复核、查错。大部分行业、绝大多数企业都采用复式记账凭证。

(2) 复式记账凭证按其反映的经济业务是否与现金和银行存款的收付有联系,可分为收款凭证、付款凭证和转账凭证。

收款凭证是指用来记录现金和银行存款收入业务的记账凭证,是根据有关现金和银行存款收入业务的原始凭证填制的,是登记现金日记账、银行存款日记账和现金、银行存款总分类账以及其他有关总账和明细分类账的依据,收款凭证分为现金收款凭证和银行存款收款凭证两种。

付款凭证是指用来记录现金和银行存款支出业务的记账凭证,是根据有关现金和银行存款支出业务的原始凭证填制的,是登记现金日记账、银行存款日记账和现金、银行存款总分类账以及其他有关总账和明细分类账的依据。付款凭证一般分为现金付款凭证和银行存款付款凭证两种。按规定,凡是涉及现金和银行存款收、付业务的,只编制付款凭证,不编制收款凭证。例如,现金存入银行,只填制现金付款凭证,不编制银行存款收款凭证;而从银行提取现金,则只填制银行存款付款凭证,不填制现金收款凭证。

转账凭证是指用于不涉及现金和银行存款收、付业务的其他转账业务所填制的记账凭证。转账凭证大多应根据原始凭证填制,但也有一些转账凭证可以不附原始凭证。由于转账凭证与现金、银行存款的收、付无关,因而其账务处理不属于出纳人员的工作,此处不作讨论。

2. 记账凭证的基本内容

记账凭证虽然种类不一,填制依据各异,但都必须具备一些基本的要素,满足记账的要求:① 记账凭证的名称;② 填制凭证的日期;

③ 经济业务的内容摘要；④ 凭证编号；⑤ 记账符号、账户(包括一级、二级或明细账户)名称和金额；⑥ 所附原始凭证的张数；⑦ 填制人员、审核人员、会计主管人员的签名或盖章；⑧ 收款凭证和付款凭证必须由出纳人员签名或盖章。

3. 记账凭证的填制和审核

(1) 记账凭证的填制。收、付款记账凭证是登记出纳日记账、办理现金和银行存款收付事项的直接依据，填制的正确与否，直接关系到出纳人员款项收付的准确性和现金日记账、银行存款日记账以及相关总账和明细账登记的正确性。因此，各种记账凭证除应严格遵循原始凭证的填制要求外，还应注意以下几点：① 记账凭证的摘要应简明扼要，应能概括经济业务的主要内容。② 正确运用科目。必须按会计制度统一规定的会计科目填写，不得任意简化或改动，不得只写科目编号，不写科目名称；同时，应书写二级和明细科目。③ 记账凭证必须按月、日分类连续编号，以便分清会计事项处理的先后顺序并与账簿记录核对，确保记账凭证完整无缺。

复式记账凭证一般是一张记账凭证编一个号，如现收字 1 号、现付字 1 号、银收字 1 号、银付字 1 号等。如需要连续编制 2 张或 2 张以上记账凭证时，应加编分号，如某会计事项需填制 3 张记账凭证时，首先书写凭证分类号，然后按加编分号。如转 $5\frac{1}{3}$、转 $5\frac{2}{3}$、转 $5\frac{3}{3}$ 号。当会计分录的同一方向有现金(或银行存款)科目与其他非货币资金科目同时出现时，应分别填制现金(或银行存款)的收款(或付款)凭证，同时编制转账凭证。

(2) 记账凭证的审核。出纳人员在办理款项收付和登记现金、银行存款日记账前，应对记账凭证的以下内容进行审核：① 记账凭证是否附有真实、合法、有效的原始凭证；② 记账凭证所列的附件张数与实际所附的张数是否相符；③ 记账凭证所反映的经济业务的内容和原始凭证所反映的内容是否一致、金额是否相符；④ 记账凭证中会计科目(包括总账科目、二级科目)和记账方向是否正确,对应关系是否成立,两方金额是否一致;⑤ 记账凭证各项目填制是否齐全、字迹是否清楚规范、手续是否齐备、有关人员是否都已签字或盖章等。

出纳人员不得编制关于现金、银行存款的收、付款记账凭证。

二、会计账簿

(一)会计账簿的含义、用途和分类

1. 会计账簿的含义

会计账簿是指由一定格式的账页组成,以会计凭证为依据,用以序时、分类地记录和反映企业各项经济业务的簿籍。

2. 会计账簿的作用

设置和登记会计账簿是会计核算的专门方法之一,是加工、整理、积累、储存会计资料的一种手段,是会计核算工作的一个重要环节,在企业经济管理中起着十分重要的作用。

(1) 会计账簿记录既能够提供总括的核算资料,又能提供详细的明细分类资料;既能够提供分类核算资料,又能提供序时核算资料。它连续、系统、全面地反映了企业经济活动的轨迹,对于企业加强经济核算,提高资金使用效益起着重要的作用。

(2) 会计账簿记录了企业整个经济活动的运行情况,完整地反映了企业的经营成果和财务状况,是正确评价企业经营情况的主要资料,也是监督和促进企业遵纪守法、依法经营的主要依据。

(3) 会计账簿记录、汇集了记账凭证所记录和反映的零散的资料,是编制会计报表的主要依据。

3. 会计账簿的分类

会计账簿的种类繁多,不同账簿的用途、形式、内容和登记方法各不相同。会计账簿可按不同的标准进行分类:

(1) 会计账簿按照用途的不同,可以分为序时账簿、分类账簿和备查账簿三种。

序时账簿又称日记账,是指按照经济业务发生的时间先后顺序,逐日逐笔连续登记经济业务的会计账簿。日记账的主要种类有:一是转账日记账,一般是序时记录现金和银行存款以外的其他全部业务的会计账簿。二是货币资金日记账,是序时记录全部货币现金收付业务的会计账簿,该日记账应由出纳人员处理,包括现金日记账和银行存款日记账。现金日记账是序时记录全部现金收付业务的会计账簿,可以通过它详细了解现金收付情况,并进行余额与库存现金核对。银行存款日记账是序时记录全部银行存款收付业务的会计账簿,可以通过它详细了解银行存款的收付情况,并进行余额与银行对账单核对。

分类账簿又称分类账,是指对经济业务按一定的科目分别设立账户进行登记的会计账簿。分类账能够按需要分门别类地提供各种经济信息,可分为总分类账簿和明细分类账簿两种。

总分类账簿又称总分类账,简称总账,是根据总分类科目开设的,用来分类登记全部经济业务,提供总括核算资料的会计账簿。

明细分类账簿又称明细分类账,简称明细账,是根据总账科目设置,按照所属明细科目开设的,用来分类登记某一类经济业务,提供明细核算资料的会计账簿。

对某些在日记账和分类账簿等主要账簿中未能记载的事项或记载不全的经济业务应在备查账簿(又称辅助账簿)中进行补充登记。因此,备查账簿也叫补充登记簿,它可以对某些经济业务的内容提供必要的参考资料,但不受总账统制、不受会计期间结算工作的严格控制。备查账簿的特点决定了它没有固定的格式,应根据实际需要灵活运用。

(2)会计账簿按外观形式的不同,可以分为订本式账簿、活页式账簿和卡片式账簿三种。

订本式账簿又称订本账,是指把具有一定格式的账页加以编号并固定装订成册的会计账簿。它可以避免账页的顺序颠倒,防止账页的散失和非法抽换。订本账不利于会计人员分工协作记账,也不便于计算机打印记账,在实际工作中,现金日记账、银行存款日记账和总分类账应该采用订本式账簿。

活页式账簿又称活页账,是指把零散的账页放置在活页夹内,并可以随时增添或抽取账页的会计账簿。它的组合比较灵活,根据需要随时可以增减或重新排列账页顺序,并且有利于分工记账,但比较容易造成账页的缺失。明细账大多采用活页账。

卡片式账簿又称卡片账,是指由许多分散的、具有一定格式的卡片,存放在卡片箱内保管的会计账簿。卡片账实质上是一种活页账,除具有一般活页账的优缺点外,它不需要每年更换,可以跨年度使用。固定资产明细账通常采用卡片账。

(二) 出纳日记账

出纳日记账是指由出纳人员用以记录和反映货币资金增减变动和结存情况的日记账簿。它是出纳人员根据收、付款凭证,全面、系统、连续地记录和反映本企业现金和银行存款收、付业务及其结存的会计账簿,是企业会计账簿的重要组成部分,在企业经济管理中具有十分重要的意义。

1. 出纳日记账的种类

出纳日记账包括现金日记账和银行存款日记账两种。

现金日记账是出纳人员根据审核无误的现金收、付款凭证及相关的银行存款收、付款凭证,逐日逐笔顺序登记的会计账簿。它用来反映库存现金的收入、支出和结存情况,以利于现金的保管、使用及现金管理制度的执行情况进行严格的日常监督,保证账证相符、账实相符。

银行存款日记账是出纳人员根据审核无误的银行存款收、付款凭证,逐日逐笔顺序登记的会计账簿。它用来反映银行存款的增减变化和结存情况,是根据银行存款日记账登记的,便于与银行对账单进行逐笔核对,有利于加强对银行存款的日常监督和管理。

现金日记账和银行存款日记账都必须采用订本式账簿。这两种日记账簿的格式一般都为三栏式,即在同一张账页上设置"收入(借方)金额"、"付出(贷方)金额"和"结存金额"三栏,用来分别反映现金或银行存款的收入、付出和结存情况。此外，账页上还有"日期"、"凭证号数"，在"摘要"栏的前面还设有"对方科目"一栏，用来具体登记对方的科目名称。现金日记账的格式，如表 2-15 所示。

表 2-15

现 金 日 记 账

年		凭证号数	对方科目	摘　要	√	收入金额	付出金额	结存金额
月	日							

在银行存款日记账中还专门设有"凭证号数"栏，用来反映银行存款收、付所采用的具体结算方式。银行存款日记账的格式，如表 2-16 所示。

表 2-16

银行存款日记账

年		凭证号数	对方科目	摘　要	√	收入金额	付出金额	结存金额
月	日							

如果收、付款凭证数量比较多，管理上需要了解每笔收支的对应科目和金额，现金日记账和银行存款日记账也可以采用多栏式的账页。

如果现金和银行存款收、付款的对应科目过多,势必造成多栏式日记账的账页篇幅过大。此时,可将多栏式现金日记账和银行存款日记账分设收入日记账和支出日记账。在这种情况下,应将支出日记账的当日支出总数转记到收入日记账中的当日支出合计栏内,以便结算出当日的账面余额。

2. 出纳日记账的设置

出纳日记账的设置以"必须"和"够用"为原则。

企业不论规模大小,都会发生货币资金的收付业务,相应地,为了反映货币资金的收支和结存情况,都必须设置出纳日记账。在具体设置出纳日记账时,应从实际情况出发,在满足管理和核算的前提下,遵循节约原则,避免设置过多和过于复杂的账簿,以节约人力、物力、财力。

3. 出纳日记账的登记

出纳人员在启用现金日记账和银行存款日记账时,应在账簿的扉页上填写账簿启用及接交表。逐项填列单位名称、账簿名称、账簿编号、账簿页数、启用日期、经管人员(负责人、主办会计、复核、记账)姓名,并加盖出纳专用章和个人私章。如遇到出纳人员年内调动,应按规定办理移交,应由交接双方和监交人员签名盖章,并注明接管和移交日期,以明确双方的责任。

现金日记账和银行存款日记账一律采用订本式账簿。

出纳人员登记现金日记账和银行存款日记账,应按以下要求和规则进行:

(1) 为了保证账簿记录的真实和正确,必须根据审核无误的会计凭证登账。登账时,应将会计凭证的日期、种类和编号、经济业务的内容摘要、金额等逐项记入账簿内,同时要在会计凭证上注明账簿的页数,或划"√"符号,表示已经登记入账,防止漏记、重记和错记情况的发生。

(2) 为了使账簿记录保持清晰、持久,便于长期保管和防止涂改,在登账时,必须用蓝黑墨水书写,不得用圆珠笔和铅笔书写。红色墨水只能在结账、划线、改错和冲账时使用。书写字迹必须清晰、工整,不得潦草。

(3) 各种账簿都必须按编定的页次逐页、逐行顺序连续登记,不得隔页、跳行登记。如果发生隔页、跳行,不得随意涂改,应将空页、空行用红线对角划掉,加盖"作废"字样,并由记账人员签章。

(4) 每登记满一张账页时,应加计本页发生额合计数,结出余额,填在账页的最末一行,并在摘要栏内注明"转次页"字样。然后,把发生额总数和余额填在下一账页的第一行,并在此行摘要栏内注明"承前页"字样。

(5) 在记账过程中,若账簿记录发生错误,应根据错误的具体情况,采用正确的方法予以更正,不得涂改、挖补、刮擦或用褪色药水更改字迹。

(6) 出纳人员应按日结出余额,在"借或贷"栏目写明"借"或"贷"等字样,表明余额是在借方还是在贷方。如果没有余额,应在"借或贷"栏目注明"平"字,并在余额栏内用"0"表示。

(7) 账簿中书写文字和数字应适当留空,不要写满格、越格错位。书写文字应靠左线,书写数字应靠底线,字体大小一般占1/2,空出行距上部约1/2的位置,以便出差错时按规定方法更正。

三、结账与对账

(一) 结账

结账是指将一定时期(月份、季度、年度)内发生的经济业务全部登记入账后,结算各种账簿的本期发生额和期末余额,进行试算平衡,并结转下一会计期间的会计工作。

结账工作的主要内容有以下几个方面:

(1) 检查本期内日常发生的经济业务是否已经全部登记入账,若有漏登、重登、错账,应及时补记、撤销或更正。

(2) 编制有关经济业务账项调整的记账凭证,并据以登记入账:① 按权责发生制的要求,正确确定本期收入和费用。对于属于本期的收益,应按规定确认入账等。② 按照成本计算要求和会计准则的规定,在有关账户之间进行月终转账。例如,制造费用的分配与结转、已售产品成本的结转、本年利润的结转与分配等。③ 结算全部账户的本期发生额和期末余额。

每日业务终了,出纳人员逐笔、顺序地登记完现金日记账和银行存款日记账后,应结出本日结余额,现金日记账应与当日库存现金核对。

进行月结时,应在各账户最后一笔记录下面划一条通栏红线,在红线下结算出本月发生额及月末余额,并在摘要栏内注明"本月发生额及余额"字样,然后在下面再划一条通栏红线。进行季结时,在月结数的下一行内,结算并填写本季度3个月的发生额合计数,在摘要栏内注明"本季合计",并在季结下面划一条通栏红线。进行年结时,在第四季度季结下面一行,结算并填写本年四个季度的发生额合计数,并在摘要栏内注明"本年发生额及年末余额"字样,然后,在年结数字的下面划两道通栏红线,表示全年封账。年度结账后,根据各账户的年末余额,过入新账簿,结转下年度。

(二) 对账

对账是指定期对各种账簿记录进行核对,检查账证、账账、账实、账表是否相符,以确保账簿记录的正确性。为了保证账簿记录的真实、正确、可靠,必须对账簿和账户所记录的有关数据加以检查和核对。

对账的主要内容有以下三方面。

1. 账证核对

账证核对是指将各种账簿记录与有关会计凭证进行核对。对于出纳人员而言,主要是将现金和银行存款日记账与有关会计凭证(收款凭证、付款凭证及其所附原始凭证等)相核对。这种核对主要是在日常编制会计凭证和记账过程中进行的,这是保证账账相符、账实相符的基础。

2. 账账核对

账账核对是指在账证核对的基础上，对各种账簿之间的有关记录进行核对，做到账账相符。对于出纳人员而言，主要是现金日记账、银行存款日记账的期末余额和现金总账、银行存款总账的期末余额相互核对。

3. 账实核对

账实核对是指在账账核对相符的基础上，将各种财产物资的账面余额和实际的物资款项进行核对。出纳人员主要是将现金日记账账面余额与库存现金相核对、银行存款日记账账面记录和银行对账单相核对。

四、错账的查找与更正

出纳人员在每日或每月结账时，可能会出现现金日记账或银行存款日记账的期末余额与期初余额加本期收入总额减本期支出总额后的余额不符，或者日记账期末余额与总账期末余额不符的情况。如果发生这种情况，出纳人员应采用正确的方法迅速查明原因，再按规定方法予以更正。

（一）错账的查找

一旦发生差错，尤其差错金额较大时，镇静的心绪、丰富的职业经验有助于确定错误存在的可能范围，从而采用正确的方法进行重点核查。例如，对于"有数量关系差额规律性的差错"，可按规律来推算；对"无规律的差错"，可凭经验查错，或核对记账凭证，先易后难，从简到繁，使差错范围逐步缩小，避免盲目查错，对具体情况要具体分析，进行有重点的抽查。

1. 差额核对法

凭经验判断可能是因漏登或重登发生的差错，可在有关的账簿中查找这个漏登或重登的差数，如发现有两个数字相同，而恰好与差数相等时，其中一个数字就可能是重复登账数；如发现有漏登差数，也可能是漏登数。

2. 九除法

用该方法,可以查两位数倒置错、多写一个 0 和少写一个 0 的差错。

(1) 两位数倒置的差错,如 35 误记为 53,差数是 18,是 9 的 2 倍(18÷9=2,商数是一位数)。差数首尾之和为 9(1+8=9)。

(2) 多写一个 0 差错,如 3 800 误记为 38 000,多记 34 200(34 200÷9=3 800)。多记数(差数)可被 9 整除,商数是误记数的原数。

(3) 少写一个 0 的差错,如 52 800 误记为 5 280,少记 47 520(47 520÷9=5 280)。少记数(差数)可被 9 整除,商数是误记数。

3. 加减除法

用 9 除得尽后,再用加减除尽的方法,可以查出三位数倒置错、多写两个 0、少写两个 0 的差错。

任何三位数倒置后的差数,有着普遍的规律性,即都是 9 的倍数,并且差数的首尾之和等于 9。

(1) 三位数倒置,如 936 误记为 639,差数为倒置两数之差 297,297÷9=33,33÷11=3,差数的首尾之和等于 9(2+7=9)。

(2) 多两个 0 的差错,如 860 误记为 86 000,多记 85 140,能被 9 整除,85 140÷9=9 460,再被 11 整除,9 460÷11=860,商数是被误记数的原数。

(3) 少两个 0 的差错,如 45 000 误记为 450,少记 44 550,能被 9 整除,44 550÷9=4 950,再被 11 整除,4 950÷11=450,商数是被误记数的原数。

4. 二除法

用该方法可以查找正负方向差错,因正负差错会产生 2 倍于该数字的差错,因此,凡是属于正负差错,都是 2 倍的数。差数用 2 去除,就得出差错数字。

例如,账面少记了 148 元,出纳人员推测是记反了方向,只要将

148÷2=74,在账簿记录中寻找金额为 74 的账目记录进行核对。

以上查错方法只适合查找单笔差错的记账错误,如同一时期同一账簿发生多笔查错,应采用普查法。

普查法就是把一定时期内的账目进行逐笔核对的方法。按查账的顺序又分为顺查法和逆查法两种。

5. 顺查法

即按原来的账务处理程序从头到尾进行普查的方法。对于查过的账目要在数字旁边注明"√",以免重复查找。

6. 逆查法

即与原来的账务处理程序相反,从尾到头逐笔进行检查的方法。

(二)错账的更正

查找到错账以后,应按规定的方法进行更正。由于错误的性质和发现错误的时间不同,更正错误的方法也不尽相同。常用的错账更正方法有划线更正法、红字更正法和补充登记法三种。

1. 划线更正法

划线更正法又称红线更正法,是指在结账以前,发现账簿记录有错误,而记账凭证正确无误,只是账簿记录中的文字或数字错误,以更正错误的一种方法。更正时,首先将错误的文字或数字全部划单红线表示注销,划线时应保持原字迹可辨认,以备查考;然后将正确的文字或数字用蓝字写在被注销文字或数字的上方,并由记账人员在更正处盖章,以明确责任。

2. 红字更正法

红字更正法又称红字冲销法,是指用红字冲销或冲减原记账数额,以更正或调整账簿记录的一种方法。一般适用于以下两种情况:

(1)记账以后,无论是结账前还是结账后,如果发现记账凭证中应借、应贷会计科目或金额有错误,可用红字更正法予以更正。更正的方法是:先用红字填制一张与错误记账凭证内容完全相同的记账凭证,在摘要栏里注明"冲销××月××日第×号凭证的错账",并用红字记入有关账簿,冲销原来的错误记录,然后再用蓝字填制一张正确的记账凭证,在摘要栏内注明"补记××月××日账",并据以登记相关账簿。

例1 开出一张 500 元的支票,支付企业行政管理部门用于购买办公用品。记账凭证误编为:

① 借:管理费用　　　　　　　　　　　　　　　　500
　　　贷:库存现金　　　　　　　　　　　　　　　　500

以上凭证已登记入账。发现错误后,应用红字更正法予以更正,先用红字(用□表示),填制一张与原记账凭证内容相同的记账凭证:

② 借:管理费用　　　　　　　　　　　　　　　　|500|
　　　贷:库存现金　　　　　　　　　　　　　　　　|500|

并据以登记入账,以冲销错误的账簿记录。再用蓝字填制一张正确的记账凭证:

③ 借:管理费用　　　　　　　　　　　　　　　　500
　　　贷:银行存款　　　　　　　　　　　　　　　　500

将该凭证登记入账,如表 2-17 所示。

表 2-17

银行存款	库存现金	管理费用
	500　①原记　500	
	|500|　②冲销　|500|	
500　　　　　　　　　③　　　　　　　　　500		

(2)记账以后,如果发现记账凭证中应借、应贷会计科目并无差错,只是填制的金额大于应填金额,也可以用红字更正法(红字冲销法)

予以更正。更正的方法是:将多记的金额用红字填制一张与原错误的记账凭证内容相同的差额记账凭证,并在摘要栏内注明"冲销××月××日第×号记账凭证多记金额",并据以红字登记入账,用以冲销原多记的金额。

例 2　签发转账支票 60 000 元,预付后 3 个月应由产品生产车间负担的房租。原编制的记账凭证为:

① 借:制造费用　　　　　　　　　　　　　　　　600 000
　　　贷:银行存款　　　　　　　　　　　　　　　　　600 000

以上凭证已登记入账。

更正时,将多记的 540 000 元(600 000 − 60 000),用红字填制一张应借、应贷会计科目与原错误的记账凭证内容相同的记账凭证:

② 借:制造费用　　　　　　　　　　　　　　　　540 000
　　　贷:银行存款　　　　　　　　　　　　　　　　　540 000

将该凭证登记入账,以冲销多记的金额。

以上错误的账簿记录及更正错误的账簿记录,如表 2-18 所示。

表 2-18

银行存款		制造费用
600 000	① 原记	600 000
540 000	② 冲销	540 000

3. 补充登记法

补充登记法是指用增记金额来更正账簿错误记录的一种方法。该方法一般适用于记账凭证中应借、应贷会计科目并无差错,只是记账凭证中填制的金额小于应填金额的情况。更正时,应将少记的金额用蓝字填制一张与原错误的记账凭证内容相同的差额记账凭证,并在摘要栏内注明"补记××月××日第×号记账凭证少记数",并据以蓝字登记入账,用以增加原少记的金额。

例3 向银行借入期限为 6 个月的生产周转借款 650 000 元,款项已存入银行。原编制的记账凭证为:

① 借:银行存款　　　　　　　　　　　　　560 000
　　贷:短期借款　　　　　　　　　　　　　　　560 000

以上凭证已登记入账。

更正时,将少记的 90 000 元(650 000－560 000),用篮字填制一张记账凭证。

② 借:银行存款　　　　　　　　　　　　　90 000
　　贷:短期借款　　　　　　　　　　　　　　　90 000

将该凭证登记入账,以补足少记的金额。

以上错误的账簿记录及更正错误的账簿记录,如表 2-19 所示。

表 2-19

短 期 借 款		银 行 存 款	
	560 000　①原记	560 000	
	90 000　②补记	90 000	

(三)出纳日记账的更换与保管

1. 出纳日记账簿的更换

现金日记账和银行存款日记账每年都应该更换新账簿,年度终了结账时,出纳人员应将上年末账户余额直接抄入新账簿第一行的余额栏内,并注明余额的方向(与旧账簿相同),在新账簿摘要栏内注明"上年结转",无需编制记账凭证。

2. 出纳账簿的保管

会计账簿是重要的会计档案,年度终了结账后,出纳人员应将更换的账簿移交本单位会计档案保管人员,由其负责保管出纳账簿。按规定,出纳账簿应至少保存25年。

第三章

现金的管理制度

第一节 概 述

　　货币资金是指企业拥有的处于货币形态并可随时使用的资金,是流通手段,也是企业流动资金中最活跃的部分。按照现行企业会计制度规定,货币资金包括现金、银行存款和其他货币资金。货币资金活跃于企业的生产过程中,在企业的生产过程中,有大量的经济业务是通过货币资金的结算来完成的,如资金的筹集,材料物资的采购,发放津贴、工资,费用开支,销售产品,交纳税金,分配利润等经济业务。货币资金容易被侵占、挪用、贪污,因而加强对货币资金的管理,组织好货币资金的核算有着十分重要的意义。

　　企业的会计部门是主管货币资金的职能部门,必须结合货币资金的特点,严格遵守国家有关货币资金管理制度,正确进行货币资金收支的核算,加强对货币资金的管理和控制,监督货币资金使用的合法性与合理性,加速资金的周转,提高货币资金的使用效益,保护货币资金的安全与完整。

　　由于货币资金管理和控制的极端重要性,企业的管理者和会计部门都必须遵循国务院、财政部、中国人民银行、国家外汇管理局等主管部门颁布的《现金管理暂行条例》、《人民币银行结算管理办法》和《中华人民共和国外汇管理暂行条例》等法规和规章,对货币资金进行有效控制,并将控制目标具体化。

　　现金是流通过程中直接使用的货币,是唯一可以轻易转化为其他资产的特殊资产,更容易被挪用、被侵吞,因此,现金管理是一项重要的财经制度,中国人民银行是现金管理的执行机关,对企事业单位实行严格的现金管理。

第二节 现金的管理

各企事业单位根据《现金管理暂行条例》的规定,应当遵循以下要求对现金进行管理。

一、现金开支范围

企业可用现金支付的款项有:
(1) 职工工资、津贴。
(2) 个人劳务报酬。
(3) 根据国家规定颁发给个人的科学技术、文化艺术、体育等各种奖金。
(4) 各种劳保、福利费用以及国家规定的对个人的其他支出。
(5) 向个人收购农副产品和其他物资的价款。
(6) 出差人员必须随身携带的差旅费。
(7) 结算起点(1 000元人民币)以下的零星开支。
(8) 中国人民银行确定需要支付现金的其他支出。
除了上述情况可以现金支付外,其他款项的支付应通过银行转账结算。

二、库存现金限额

库存现金限额是指企业根据现金管理条例制度规定的每一个企业出纳部门为保证日常零星开支允许留存现金的最高限额。该限额由开户银行根据开户单位的实际需要和距离银行路途远近等情况核定,一般是按该企业3～5天零星开支所需的现金确定,远离银行或交通不便的开户单位,可适当放宽,最多可以根据企业15天的正常开支需要来核定库存现金的限额。正常开支需要量不包括企业每月发放的工资和不定期差旅费等大额现金支出。库存现金限额一经核定,企业必须严格遵循。

企业每日的现金结存数,不得超过核定的限额,不足部分,应填写现金支票向银行提取现金。企业需要增加或减少库存现金限额时,应当向开户银行提出申请,由开户银行核定。

商业和服务行业的找零备用现金也要根据营业额核定定额,但不包括在开户单位的库存现金限额之内。

库存现金限额的具体核定程序为:

(1) 开户单位与开户银行协商核定库存现金限额。

(2) 由开户单位根据银行规定的库存现金限额填报"库存现金限额申请批准书",如表 3-1、表 3-2 所示。

表 3-1

库存现金限额申请批准书(甲式)

申请单位:东方公司　　　　　　　　　　　　　　　　单位:元

开户银行:交通银行××市××分理处　　　　　　　　账户:

每日必须保留现金支付项目	保留现金理由	申请金额	批准额	备 注
工资	每年预计零星现金支付工资 25 200 元	350	350	
业务招待费	每年预计零星现金支付工资 30 600 元	425	375	
其他	每年预计其他现金支付 19 800 元	275	275	
合计	与开户银行商定现金保留天数为 5 天	1 050	1 000	
申请单位: 盖章 年　月　日	银行审查意见:		单位主管部门意见: 盖章 年　月　日	
	盖章 年　月　日			

库存现金限额计算:

工资需用零星现金 = 25 200 ÷ 360 × 5 = 350(元)
零星业务招待需用现金 = 30 600 ÷ 360 × 5 = 425(元)
其他支出需用零星现金 = 19 800 ÷ 360 × 5 = 275(元)

合　计　　　　　　　　　　1 050(元)

表 3-2

库存现金限额申请批准书(乙式)

申请单位:××公司　　　　　　　　　　　　单位:元
开户银行:交通银行××市××分理处　　　　账户:

项　目	申请数	批准数	一、申请理由
(甲)库存限额	1 110	1 100	(略)
其中:分限额			
1. 出纳	480	470	
2. 总务	120	120	
3. 采购	240	240	二、申请坐支理由、用途和每月坐支＿＿金额(不申请坐支的单位不填)
4. 卫生	60	60	
5. 幼儿园	30	30	
6. 食堂	90	90	
7. 工会	45	45	
8. 妇联	45	45	
(乙)找零备用金	300	300	
合　计	1 410	1 400	

申请单位: 盖章 年　月　日	银行审查意见: 盖章 年　月　日	单位主管部门意见: 盖章 年　月　日

(3) 开户单位将申请批准书报送单位主管部门,单位主管部门签署意见后,再报开户银行审查批准。

(4) 开户银行经过审查、核定和综合平衡后,在申请批准书上填写批准限额数。

(5) 开户单位凭开户银行批准的限额数作为库存现金限额。

三、现金收支的日常管理

1. 日常管理规定

企业在办理日常现金收支业务时,应当遵循以下规定:

(1) 企业在经营活动中实现收入应于当日送存开户银行,具体送存时间由开户银行确定。

(2) 在支付现金时,可以从本单位库存限额中支付或从开户银行中提取,企业不得坐支现金,即不得从本企业的现金收入中直接支付。因特殊情况需要坐支现金的,应事先报经开户银行审查批准,由开户银行核对坐支的范围和限额。坐支企业应当定期向开户银行报送坐支金额和使用情况。中国人民银行允许坐支现金的单位主要包括:① 基层供销社、食品店、委托商店等销售兼营收购的单位,向个人收购支出的款项。② 邮局以汇兑收入款支付个人汇款。③ 医院以收入款项退还病人的住院押金、伙食费及支付输血费等。④ 饮食店等服务行业找零款项等。⑤ 其他特殊需要坐支现金的单位。

(3) 企业因采购地点不确定,交通不便必须使用现金的,应当向开户银行提出申请,经开户银行审核后,予以支付。

(4) 企业根据规定,从开户银行提取现金,应当写明用途,由本企业财会部门负责人签字盖章,经开户银行审核后,予以支付现金。

(5) 企业不得以"白条抵库",不准使用不符合制度规定的凭证顶替库存现金;不准谎报用途套取现金;不准利用银行账户代其他单位或个人存入或支取现金;不准将单位收入的现金以个人名义存储;不准保留账外公款;不准设置"小金库"等。

(6) 严格执行钱账分管制度。钱账分管是执行会计内部控制制度的需要,出纳人员在收付款办妥后还应在原始凭证上加盖"现金付讫"或"现金收讫"戳记,并根据相关的收付款凭证,按时间顺序逐笔登记"现金日记账"。

2. 违反《现金管理暂行条例》的处置

企业若违反《现金管理暂行条例》的规定,开户银行有权责令其停止违法活动,并根据其情节轻重给予警告或罚款。按中国人民银行规定,开户单位有下列情况之一的,给予警告或罚款:

(1) 超出规定范围和限额使用现金的,按超出金额的 10%～30% 处罚。

(2) 超出核定的库存现金限额留存现金的,按超出金额的 10%～30% 处罚。

(3) 用不符合财务制度规定的白条顶替库存现金的,按白条额的 10%～30% 处罚。

(4) 未经批准坐支或者未按开户银行规定坐支额度和使用范围坐支现金的,按坐支额的 10%～30% 处罚。

(5) 单位之间互相拆借现金的,按拆借额的 10%～30% 处罚。

有下列情况之一的,一律处以罚款:

(1) 保留账外公款的,按保留金额的 10%～30% 处罚。

(2) 对现金结算给予转账折扣优惠的,按交易额的 10%～50% 处罚。

(3) 只收现金拒收支票、银行汇票或本票的,按交易额的 10%～50% 处罚。

(4) 用转账支票套取现金的,按套取金额的 30%～50% 处罚。

(5) 利用账户替其他单位或个人套取现金的,按套取金额的 30%～50% 处罚。

(6) 将单位的现金收入以个人名义存入银行的,按存入金额的 30%～50% 处罚。

(7) 编造用途套取现金的,按套取金额的 30%～50% 处罚。

(8) 发行变相货币或以票券代替人民币在市场上流通的,按发行额或流通额的 30%～50% 处罚。

(9) 开户单位不采取转账结算方式购置国家规定的专控商品的,按购买金额的 50% 至全额对买卖双方处罚。

受罚单位或有不服,可以申请复议,直至上诉。

第三节 现金的内部控制制度

一、制约出纳人员的内部控制制度措施

(1) 一切收付款的原始凭证必须由经过授权的专职人员事先审核,凡未经审核的原始凭证,不得编制记账凭证,不得据以办理收支。出纳人员无权更改文字、数字、金额,如发现错误,应退还审核人员处理。

(2) 出纳人员一般不得负责审核与编制收付款记账凭证,更不能兼管会计职能。收付款凭证只有经过制单人、审核人、财务主管签章后,出纳人员才能据以登记现金日记账、银行存款日记账和收支日报表。

(3) 财务印章应实行分管,出纳只管其一。分管后,在签发支票时,应实行会签制度。

(4) 出纳人员办理现金出纳业务,必须执行日清日结制度。即应对当日有关现金的经济业务进行清理,全部登记现金日记账,结出库存现金的账面余额,并与库存现金实地盘点数核对相符。

二、现金的内部控制制度原则

1. 钱账分管原则

钱账分管原则,要求对不相容职务进行分离,主要是:出纳人员必

须根据经过审核的记账凭证收支现金,而不能直接根据原始凭证办理现金结算;出纳人员不能编制收付款凭证,不能兼管收入、费用、债权和债务账簿的登记工作及稽核工作和档案的保管工作;现金支票、印鉴不能全部由出纳人员保管;非出纳人员不能兼职现金管理工作。会计工作岗位的明确分工,有利于在财会部门建立相互制约、相互监督的机制,有利于会计核算和会计监督。

2. 收支合法原则

收支合法原则,要求企业应该根据现金管理规定,按照有关现金收支业务,严格审核业务内容,正确核实现金数额,在合法的范围内如数收支现金,避免产生错收错支及违法乱纪的问题。

3. 及时性原则

企业会计核算应当遵循及时性原则,同样应该合理安排现金收支时间,适当选择现金收支的方式,提高资金效率,避免因提前付款而占用资金或逾期付款而承担不必要的资金损失。

4. 安全性原则

企业应该严格保管现金,安全妥善放置现金,超过库存现金限额的部分应及时送存银行,防止现金因遭受抢劫、盗窃、贪污、挪用等而造成的损失,保证现金资产的安全完整。

5. 日清日结原则

出纳人员对每天发生的现金收支业务,都要依据现金收、付款凭证的顺序逐笔登入现金日记账,并结出每天的收入、支出及结存金额,并与库存现金实际金额相核对,与库存现金盘存单、库存现金总分类账相核对,检查现金日记账的正确性。

库存现金的日清日结制度分述如下:

第一,每天清理有关现金收、付款凭证,即检查原始凭证与现金收、付款凭证的内容是否一致,检查原始凭证上是否已盖齐"现金收讫"或"现金付讫"章。

第二,出纳人员应根据当天所发生的有关现金收、付业务的收、付款凭证全部登记入账,在登账的过程中再次核对现金收、付款凭证是否附有相关的原始凭证,并检查现金日记账所登记的内容、金额是否与现金收、付款凭证的内容、金额相一致。然后结出当天收、付方的发生额及当天库存现金账面的余额。现金日报表,如表 3-3 所示。

表 3-3

现 金 日 报 表

上日结存	本日收入	本日支出	本日结存

第三,每天终了,出纳人员应将保险柜中的库存现金分票面面值归类,分别清点数量,然后加总,得出当天库存现金的实存数。将盘得的现金余额与账面金额相核对,检查是否一致。如发现长款或短款,应进一步查明原因,及时进行处理。所谓长款,是指库存现金实存数大于账存数;所谓短款,是指库存现金实存数小于账存数。

第四,对于库存现金长款属于记账错误、丢失凭证等造成的,应及时作更正错账的处理或补办相关手续。若属于少付他人的,应查明退还当事人,若确实无法退回的,应报经批准后作为单位的收益;若属于短款的,如查明属于记账错误的应及时更正错账;若属于出纳人员工作疏忽或业务技术水平问题的,一律按规定由过失人赔偿。

第五,出纳人员发现库存现金实存数大于库存现金限额的,应将超出部分的现金在当天终了前及时送存开户银行,以保证现金管理安全;如果库存现金实存数小于库存现金限额的,可及时向开户银行提取不足部分,以备现金周转。

三、现金的清查制度

为了保护企业库存现金的安全,加强出纳人员的责任感,应由企业领导和专业人员组成财产清查小组,定期或不定期地对库存现金情况进行清查盘点。清查盘点账存数与实存数是否一致,有无"白条抵库"、私借公款、账外资金、挪用公款、监守自盗库存现金等违法行为。

　　为避免干扰正常的业务工作,库存现金的清查多采用突击式的临时清查,在不预先通知出纳人员的情况下,多选择在一天经济业务尚未开始之前或经济业务结束后,出纳人员将截止清查时所有现金收付款项登记入账,并结出账面余额之后进行。清查时,出纳人员应该始终在场,并给予积极的配合,会同清查人员一起清点现金数量,并将清点的实存数当场填入"库存现金盘存单",如表3-4所示。清查完毕,应由清查人员填制"库存现金盘点报告表",如表3-5所示。如核对不符,要由出纳人员说明原因,记入盘点表内,上报有关部门或负责人进行处理。

表3-4

库存现金盘存单

单位：　　　　　　　　年　月　日

票面	壹佰元	伍拾元	贰拾元	壹拾元	伍元	贰元	壹元	伍角	贰角	壹角	伍分	贰分	壹分
张数													
合计													

会计主管：　　　　　　　　出纳：

表3-5

库存现金盘点报告表

单位：　　　　　　　　年　月　日

账面金额	实存金额	清查结果		问题简要说明
		盘盈	盘亏	
单位负责人处理意见				备注

财务负责人：　　　出纳：　　　监盘人：　　　盘点人：

第 四 章

现金业务的出纳处理

第一节 现金收入业务的处理

现金收入业务是各单位在生产经营和非生产经营性过程中取得现金的业务,包括企事业单位由于销售商品、提供劳务和让渡资产使用权取得现金的业务,机关、团体、部队、事业单位提供非经营性服务而取得现金的业务,以及单位内部,如出差人员报销差旅费退回多余款项、向单位职工收取违反制度的罚款和行政执法部门取得的罚没收入等取得现金的业务。

出纳人员办理现金收入业务时,都要对原始凭证和记账凭证进行审核,对现金的收入及现金日记账的登记进行监督。

一、现金收入业务的原始凭证

由于经济业务性质的多样性和各单位不同的经济性质,在办理现金收款业务时,可以采用种类各不相同的原始凭证。从实际经济业务来看,涉及现金收入业务的原始凭证可以分为四种。

1. 发票

发票是一切生产经营单位和个人出售商品、提供劳务取得收入时,开给付款方的一种商事凭证。它是会计核算的原始凭证,是财务收支的法定凭证,也是税务稽核的重要依据。对于出售商品或提供劳务、服务的当事人而言,是实现销售收入和取得业务收入并据以计算盈亏和纳税的原始资料;对于购买商品或接受劳务、服务的当事人而言,则是实现权利占有并据以核算成本的原始资料。发票包括普通发票和增值税专用发票两种。普通发票由省、自治区、直辖市税务部门指定的企业印刷,如表4-1～4-3所示;增值税专用发票由国家税务总局统一印制(参见表4-4所示)。

表4-1

上海市工业统一发票　　　　　No.
发 票 联

购货单位_____　　　年　月　日

货号	品名规格或加工修理	计量单位	数量	单价	金　　　　额								备注
					十万	千	百	十	元	角	分	
合计人民币(大写)												

企业(盖章有效)　　　　　财务　　开单　　营业执照　　　　字　　　号

　　　　　　　　　　　　　　　　　　　　　　税务登记　　　　字　　　号

地址　　　　　　　　　　　　　　　　　　　　银行账号

(1) 发票的内容。发票的基本内容包括:发票的名称、字轨号码、联次及用途、客户名称、商品名称或经营项目、计量单位、数量、单价、大小写金额、开票人、开票日期、开票单位(个人)或名称(章)等。

有代扣、代收、委托代征税款的,其发票内容应当包括有代扣、代收、委托代征税的税种名称、税率和代扣、代收、委托代征税额。

表 4-2

上海市商业统一发票
发 票 联

购货单位_____　　　　年　月　日

货号	品名规格	计量单位	数量	单价	金　　　额						
					万	千	百	十	元	角	分
合计人民币(大写)											

企业(盖章有效)　　　　财务　　开单　　　　营业执照　　　　字　　号

　　　　　　　　　　　　　　　　　　　　　税务登记　　　　字　　号

地址　　　　　　　　　　　　　　　　　　银行账号

表 4-3

上海市行政事业单位统一收据
（适用于非行政事业性收入）
　　　　年　月　日

今收到_____

交　来_____

人民币(大写)_____

　　　　　　　　　　　　　　　　　　¥_____

收款单位　　　　　　　　　　　收款人

公　　章　　　　　　　　　　　签　章

(2) 发票的基本联次。发票的基本联次为三联,第一联为存根联,开票方留存备查;第二联为发票联,收执方作为付款或收款的原始凭证;第三联为记账联,开票方作为记账原始凭证。除增值税专用发票外,县(市)以上的税务部门可以根据需要适当增删联次并确定其用途。

(3) 发票的领购。依法办理税务登记的单位和个人,在领取税务登记证件后,向主管税务部门申请领购发票。申请领购发票的单位和个人应当提出购票申请,提供经办人的身份证明、税务登记的证件或其他有关证明,以及财务印章或发票专用章的印模,经主管税务机关审核后,取得发票领购簿,领购发票的单位和个人凭发票领购簿核准的种类、数量以及购票方式,向主管税务部门领购发票。

申请领购增值税专用发票的单位和个人,除应提供上述规定的证明外,还必须提供加盖"增值税一般纳税人"确认专章的税务登记证(副本),才能领取增值税专用发票。

需要临时使用发票的单位,可以直接向税务部门申请办理。

临时到本省、自治区、直辖市以外从事生产经营活动的单位,除了具备领购发票的一般条件外,应当凭所在地主管税务部门的证明,向经营地税务部门申请领购发票。经营地税务部门可以要求其提供证人或者根据所领购发票的票面限额及数量交纳不超过1万元的保证金,并限期缴销发票。

(4) 发票的开具。销售商品、提供服务以及从事其他经营活动的单位,对外发生经营业务收取款项时,均应向付款方开具发票。特殊情况下,即收购单位和扣缴义务人支付个人款项时,可以由付款方向收款人开具发票。付款方应当向收款方收取发票,但不得要求变更品名和金额。

发票应当按照发生经济业务的时间顺序填列,在一张发票上应逐项、全部联次以复写的方式一次性如实开具,并加盖单位财务印章或发票专用章。不符合规定的发票,不得作为财务报销凭证,任何个人或单位有权拒收。

使用电子计算机开具发票的,须经主管税务部门批准,并使用税务部门统一监制的机外发票,开具后的存根联应当按照顺序号装订成册。

发票不得转借、转让、代开;未经税务部门批准不得拆本使用;不得擅自扩大专业发票的使用范围;禁止倒卖倒买发票;对填写错误的发票,应当全部保留,加盖"作废"戳记,不得涂改、撕毁、挖补。

(5)发票的保管。开具发票的单位应按照税法的相关规定存放和保管发票,不得擅自损毁。单位如办理变更或注销税务登记,应同时办理发票和发票领购簿的变更、缴销手续。已开具的发票存根联和发票登记簿,至少应当保存 5 年,保存期满,报经税务机关核准后销毁。

(6)发票的检查及对违反发票管理办法的处罚。税务主管部门有权对单位的发票的印刷、领购、开具、取得和保管等情况进行检查,单位和个人必须接受税务部门的税务核查,主动积极地反映情况,提供有关资料,不得拒绝和隐瞒。

对违反发票管理上述原则的,税务部门可责令其限期改正,没收非法所得,可以并处 1 万元以下的罚款,有前款所列两种或两种以上行为的,可以分别处罚。

对非法携带、邮寄、运输或者存放空白发票的,由税务部门收缴发票,没收非法所得,可处 1 万元以下的罚款。

对非法印刷、伪造变造、倒卖倒买发票,私自制作发票监制章、发票防伪专用品的,可以并处 1 万元以下的罚款;构成犯罪的,依法追究刑事责任。

违反发票管理条例,导致其他单位或个人未缴、少缴或骗取税款的,由税务部门没收其非法所得,可并处未缴、少缴或骗取税款 1 倍以下的罚款。

(7)发票的种类。发票可以从不同的角度,按照不同管理要求进行科学分类,主要方法有:

第一,按用票者的经济性质不同,可分为国有企事业单位发票,集体企事业发票,中外合资、合营企业发票,私营企业及个体工商户发票。

第二,按用票者的所属行业不同,可分为工业类、商业类、服务业类、运输业类、建筑安装类等等。各类发票还可以进一步细分,这是目前各地税务部门采用的主要分类方法。

第三,按发票反映的业务范围不同,可分为普通发票和增值税专用发票两大类。

第四,按发票填写的额度不同,可分为定额发票、非定额发票及限额发票。定额发票是指票面印明固定金额,使用时无需填写的发票;非定额发票是指票面金额不固定,由用票人自行填开的发票;限额发票是指为了控制税收,减少发票漏洞,票面金额有所控制的发票。

2. 增值税专用发票

增值税专用发票只限于增值税的一般纳税人领购使用,是计算和交纳增值税的原始资料,也是兼记销货方纳税义务和购货方进项税额的合法证明。

增值税一般纳税人应交税额的计算,是通过销项税额抵扣进项税额来实现的,而进项税的取得,主要是凭购入货物或应税劳务取得的增值税专用发票上注明的增值税额确定的。增值税一抵一扣的计征过程,完全是通过增值税专用发票的传递联系起来的。

一般纳税人销售货物或提供劳务,应纳税额为当期销项税额抵扣当期进项税额后的余额。其计算公式为:

应纳税额＝当期销项税额－当期进项税额

当期销项税额＝当期销售额×征收率

当期进项税额＝当期购进额×征收率

(1) 增值税专用发票的基本内容。主要包括以下内容:① 购货方、销货方的纳税人名称;② 购货方、销货方的地址;③ 购货方、销货方的增值税纳税人税务登记号;④ 发票字轨号码;⑤ 销售货物或劳务的名称;⑥ 不包括增值税在内的单位售价及货物总金额;⑦ 增值税税率、税额;⑧ 填开的日期。增值税专用发票,如表4-4所示。

表 4-4

上海市增值税专用发票
此联不作报销、扣税凭证使用　　　　　No.
　　　　　　　　　　　　　　　　　　开票日期：

购货单位	名　　称： 纳税人识别号： 地　址、电　话： 开户行及账号：			密码区					
货物或应税 劳务名称		规格型号	单位	数量	单价	金　额	税率	税　额	
合　　　　计									
价税合计 （大写）					（小写）				
销货单位	名　　称： 纳税人识别号： 地　址、电　话： 开户行及账号：			备注					

收款人：　　　　　　　复核：　　　　　　　开票人：

销货单位：（章）

　　(2) 增值税专用发票的基本联次统一规定为三联，各联次必须按以下规定用途使用：① 第一联为抵扣联，购货方扣税凭证；② 第二联为发票联，购货方用作付款的记账凭证；③ 第三联为记账联，销货方用作销售的记账凭证。

　　(3) 增值税专用发票的领购。增值税的小规模纳税人和非增值税纳税人不得领购增值税专用发票，一般纳税人有下列情形之一者，不得领购使用增值税专用发票：① 会计核算不健全，即不能按会计制度和税务部门的要求准确核算增值税的销项税额、进项税额和应纳税额者。② 不能向税务部门准确提供销项税额、进项税额和应纳税额数据及其有关增值税税务资料者。③ 有以下行为，经税务部门责令限期改正而未改正者：一般纳税人私自印刷增值税专用发票的，向个人或税务机关以外的单位和个人买取增值税专用发票的；借用他人增值税专用发票的；向他人提供增值税专用发票的；未按规定要求开具增值税专用发票的；未按规定保管增值税专用发票的；未按规定申报增值税专用发票的购、用、存情况的；未按规定接受税务部门检查的。④销售的货物全部属于免税项目者。有上述情形之一的一般纳税人如已经领购使用增值税专用发票，税务部门应收缴其全部的增值税专用发票。

(4) 增值税专用发票的开具。开具增值税专用发票的具体要求与普通发票相似。如使用电子计算机开具增值税专用发票，必须是有条件使用电子计算机开具增值税专用发票的，并报经主管税务部门批准并使用税务部门监制的"机外发票"。

(5) 增值税专用发票的管理规定。我国发票管理实行"统一领导，分级管理"的体制。纳税人应建立增值税专用发票的管理制度，由企业指定的专人负责在专门场所保管增值税专用发票，已开具的税款抵扣联应按税务机关的要求装订成册，未经税务部门查验不得擅自销毁增值税专用发票的基本联次，纳税人应加强管理，避免增值税专用发票丢失、盗窃，不得损坏、撕毁增值税专用发票。同时应按月如实填列反映发票购、用、存情况。

(6) 凡违反增值税专用发票使用规定的，应按《中华人民共和国发票管理办法》及《中华人民共和国税收征收管理办法》有关处罚规定办理，凡伪造、倒卖、盗窃发票的，依《最高人民法院、最高人民检察院办理伪造、倒卖、盗窃发票刑事案件适用法律的规定》办理。

3. 非经营性收据

非经营性收据是指国家机关、事业单位等按规定收取规定费用和咨询服务费用时所开具的收款收据。非经营性收据由国家财政部门统一印制或加盖监制章。国家机关、事业单位等在按规定收取规定费用和咨询服务费用时必须开具非经营性收据。

4. 内部收据

内部收据一般用于单位内部职能部门或与职工之间的现金往来及外部单位与个人之间的非经营性往来。比如，出差人员退回多余差旅费备用金，对员工违反规章制度的罚款等等。内部收据一般由单位根据自己的需要设计印制或向商店购买，税务部门不规定统一的格式。

二、现金收入业务的会计核算

出纳人员在办理现金收款业务时，应审核现金收款原始凭证，确认各要素，点收交款人交来的现金，收妥后，在原始凭证上加盖"现金收讫"戳记。出纳人员不得编制现金收款凭证。

不同行业、不同经济性质的单位，在收到现金时，编制现金收款凭证，其借方科目均为"库存现金"，而贷方科目则依据各该单位的性质与会计制度的规定来确定。

各单位收入的现金按其性质不同，可分为如下类型：

（1）业务收入，包括企业的营业收入，事业单位的业务收入，机关、团体等的行政拨款收入等。

（2）非业务收入，包括企业的投资收入、营业外收入、事业单位的其他收入等。

（3）预收现金款项，包括企事业单位按照合同规定预收的定金等。

（4）其他收入现金款项等。

（5）开户单位签发现金支票支取现金，是以自己为收款人而签发的支票，签发现金支票应认真填写支票的有关内容，如款项用途、支取金额、签发单位账号、收款人名称等等。

为了及时完整地核算现金收入、付出和结存的情况，确保现金安全完整，应设置"库存现金"账户。该账户用来核算企业的库存现金。企业应当严格按照国家有关现金管理规定收支现金，超过库存现金限额的部分应当及时交存银行，并严格按照《企业会计制度》规定核算现金的各项收支业务。

从银行提取现金或因其他原因收到现金时,按库存现金的增加额,借记"库存现金"科目,贷记"银行存款"等有关科目;企业因内部职工出差等原因支付的现金,按支付凭证所记载的金额借记"其他应收款"等科目,贷记"库存现金"科目,反映库存现金的减少。

工业生产经营企业的现金收入,包括主营业务收入、其他业务收入和营业外收入三部分。根据《现金管理暂行条例》规定,企业销售产品的现金收入只能是一些零星销售收入,大宗销售收入应通过开户银行结算。

工业企业在生产经营活动中的收入,主要来自于销售商品、提供劳务及让渡资产使用权等日常活动中所产生的收入。

东方公司是工业生产经营企业,为一般纳税人。

例1 8月1日,向客户销售甲产品100件,每件4元,货款400元,增值税税率为17%,客户以现金支付全部款项。

企业收到现金468元(其中甲产品货款400元,增值税销项税额68元),清点无误后,开出销货发票,现金交存出纳人员加盖"现金收讫"戳记。财务部门制单人员根据发票记账联,编制收款凭证,如表4-5所示。

表4-5

收款凭证

借方科目 库存现金		2007年8月1日		总号	1
				分号	现收1

摘要	应贷科目		√	金额
	一级科目	二级或明细科目		亿千百十万千百十元角分
销售甲产品	主营业务收入			4 0 0 0 0
征收销项税	应交税费	应交增值税 (销项税额)		6 8 0 0
合计				¥ 4 6 8 0 0

财会主管　　　记账　　　出纳　　　复核　　　制单 王明

其会计分录为：

借：库存现金   468
  贷：主营业务收入   400
     应交税费——应交增值税（销项税额）   68

工业企业除销售产品等取得销售收入外，也发生其他销售或其他业务的收入，如材料销售、代购代销、包装物出租等收入。

例2 8月8日，东方公司将库存剩余A材料200千克销售给利民工厂，每千克3元，增值税税率为17%，已收到利民工厂交来的现金款项。

出纳人员收到现金702元（其中A材料货款600元，增值税销项税额102元），清点无误后，开出销货发票，现金交出纳人员。财务部门制单人员根据发票记账联，编制收款凭证，如表4-6所示。

表4-6

收 款 凭 证

借方科目　库存现金				2007年8月8日		总号	7
						分号	现收3

摘要	应贷科目		√	金　额
	一级科目	二级或明细科目		亿千百十万千百十元角分
出售A材料	其他业务收入			6 0 0 0 0
征收销项税	应交税费	应交增值税（销项税额）		1 0 2 0 0
合　　　　　计				￥7 0 2 0 0

财会主管　　　记账　　　出纳　　　复核　　　制单 王 明

其会计分录为：

借：库存现金   702
  贷：其他业务收入   600
     应交税费——应交增值税（销项税额）   102

工业企业在生产经营活动中,经常会发生与其生产经营无直接关系的各项收入,包括固定资产盘盈、处置固定资产净收益、非货币性交易收益、出售无形资产、罚款净收入等。

例3 8月10日,东方公司对违纪违规的当事职工予以经济处罚500元。

出纳人员在收到当事职工递交的罚金500元后,开出企业内部收据,加盖"现金收讫"戳记。财务部门制单人员根据收据记账联,编制收款凭证,如表4-7所示。

表4-7

收款凭证

总号	9
分号	现收4

借方科目 库存现金　　2007年8月10日

摘要	应贷科目		√	金额
	一级科目	二级或明细科目		亿千百十万千百十元角分
职工交罚款	营业外收入			5 0 0 0 0
合计				¥ 5 0 0 0 0

财会主管　　记账　　出纳　　复核　　制单 王 明

其会计分录为:

　　借:库存现金　　　　　　　　　　　500
　　　　贷:营业外收入　　　　　　　　　　500

例4 8月11日,东方公司收到大田公司交来预付乙产品货款现金980元。

销售部门收到现金,清点无误后,开出普通发票,现金交存出纳人员。财务部门制单人员根据普通发票,编制收款凭证,如表4-8所示。

表 4-8

收 款 凭 证

借方科目　库存现金　　　2007 年 8 月 11 日

总号	10
分号	现收 5

摘要	应贷科目		√	金　　　　额
	一级科目	二级或明细科目		亿千百十万千百十元角分
预收大田公司货款	预收账款	大田公司		9 8 0 0 0
合　　　　　　　计				￥　　　　9 8 0 0 0

财会主管　　　记账　　　出纳　　　复核　　　制单 王 明

其会计分录为：

借：库存现金　　　　　　　　　　　　　　　　980
　　贷：预收账款——大田公司　　　　　　　　980

例 5　8 月 15 日，东方公司经临时抽查发现，产成品仓库甲产品短缺 750 元。财务部门制单人员根据"实存账存对比表"，编制转账凭证，如表 4-9 所示。

表 4-9

转 账 凭 证

2007 年 8 月 15 日

总号	12
分号	转 3

摘要　盘亏产成品

借方科目		√	贷方科目		√	金　　　额
一级科目	二级和明细科目		一级科目	二级和明细科目		千百十万千百十元角分
待处理财产损溢	甲产品		库存商品	甲产品		7 5 0 0 0
合　　　　　　　计						7 5 0 0 0

财会主管　　　记账　　　复核　　　制单 王 明

其会计分录为:

借:待处理财产损溢——甲产品　　　　　　　　　750
　　贷:库存商品——甲产品　　　　　　　　　　750

例6　8月18日,短缺甲产品系计量不准造成的,报经批准,由保管员赔偿30%,其余作为管理费用,保管员已交来所赔现金。

出纳人员点清所收款项后,开出企业内部收据。财务部门制单人员根据企业内部收据,编制收款凭证,如表4-10所示;转账凭证,如表4-11所示。

表4-10

收　款　凭　证

总号	14
分号	现收6

借方科目　库存现金　　2007年8月18日

摘要	应贷科目		√	金额
	一级科目	二级或明细科目		亿千百十万千百十元角分
保管员赔款	待处理财产损溢	甲产品		2 2 5 0 0
合　　计				¥　　　2 2 5 0 0

财会主管　　　记账　　　出纳　　　复核　　　　制单　王　明

其会计分录为:

借:库存现金　　　　　　　　　　　　　　　　225
　　贷:待处理财产损溢——甲产品　　　　　　225

表 4-11

转 账 凭 证
2007 年 8 月 18 日

总号	15
分号	转 4

摘要 结转库存商品盘亏														
借 方 科 目			贷 方 科 目			金 额								
一级科目	二级和明细科目	√	一级科目	二级和明细科目	√	千	百	十	万	千	百	十	元	角	分
管理费用			待处理财产损溢	甲产品							5	2	5	0	0
合 计										￥	5	2	5	0	0

财会主管　　　记账　　　复核　　　制单 王 明

其会计分录为：

借：管理费用　　　　　　　　　　　　　　　525
　贷：待处理财产损溢——甲产品　　　　　　525

例 7　8 月 25 日，收到红光商场交来的包装物押金 600 元。

收到现金 600 元，经查验无误后，开出普通发票。财务部门制单人员根据普通发票记账联，编制收款凭证，如表 4-12 所示。

表 4-12

收 款 凭 证
借方科目　库存现金　　2007 年 8 月 25 日

总号	18
分号	现收 7

摘 要	应 贷 科 目		√	金 额								
	一级科目	二级或明细科目		亿	千	百	十	万	千	百	十	元	角	分
红光商场交押金	其他应付款	红光商场							6	0	0	0	0
合 计								￥	6	0	0	0	0

财会主管　　　记账　　　出纳　　　复核　　　制单 王 明

其会计分录为：

借：库存现金　　　　　　　　　　　　　　　　　　　600
　　贷：其他应付款——红光商场　　　　　　　　　　　600

例8　8月28日，公司退还外借包装物，收回原支付光明公司的押金450元。

收到现金450元，开出普通发票，财务部门制单人员据此编制收款凭证，如表4-13所示。

表4-13

收款凭证				总号	19
借方科目　库存现金　　2007年8月28日				分号	现收8

摘　要	应　贷　科　目		√	金　　　额
	一级科目	二级或明细科目		亿千百十万千百十元角分
收回押金	其他应收款	光明公司		45000
合　　　　计				¥　　　　45000

财会主管　　　记账　　　出纳　　　复核　　　制单　王　明

其会计分录为：

借：库存现金　　　　　　　　　　　　　　　　　　　450
　　贷：其他应收款——光明公司　　　　　　　　　　　450

各企事业单位、机关、团体、部队和其他单位在经营过程中，按国家有关规定都必须按月支付职工工资及工资性津贴、奖金等。按月发放的工资总额不在库存现金限额内，需要时由财务部门填写现金支票向企业开户银行提取现金。

第四章 现金业务的出纳处理

例9 8月31日,签发现金支票200 800元,提取现金备发本月工资。

由出纳人员根据"工资结算汇总表"的实发总金额开具现金支票到银行提现,在清点无误后,分装工资袋,如无差错,即可按人或按班组发放工资。财务部门制单人员根据现金支票存根联,编制付款凭证,如表4-14所示。

(为避免重复记账,有关"库存现金"和"银行存款"账户间的收支业务,一般只编制付款凭证,而不编制收款凭证。)

表4-14

		付 款 凭 证			总号	20
贷方科目 银行存款		2007年8月31日			分号	银付1

摘 要	应 借 科 目		√	金 额
	一级科目	二级或明细科目		亿千百十万千百十元角分
提现备发工资	库存现金			2 0 0 8 0 0 0 0
合 计				¥ 2 0 0 8 0 0 0 0

财会主管　记账　出纳　复核　制单 王　明　领款人签章　出纳人员

其会计分录为:

　　借:库存现金　　　　　　　　　　　　　　　　200 800
　　　贷:银行存款　　　　　　　　　　　　　　　　200 800

例10 8月31日,第一车间撤销定额备用金制度,退回现金800元。

公司财务部门出纳人员收回现金,开出内部收据,制单人员编制收款凭证,如表4-15所示。

表 4-15

收款凭证

2007年8月31日

借方科目　库存现金

总号　22
分号　现收 9

摘要	应贷科目		✓	金额
	一级科目	二级或明细科目		亿千百十万千百十元角分
一车间撤销备用金	其他应收款	第一车间		8 0 0 0 0
合计				¥ 8 0 0 0 0

财会主管　　记账　　出纳　　复核　　制单 王 明

其会计分录为：

借：库存现金　　　　　　　　　　　　　　　　800
　　贷：其他应收款——第一车间　　　　　　　　800

商品流通企业会计与工业企业会计有着许多共性，但由于商品流通企业属于非物质生产部门，主要从事商品购销的经营业务，销售的收入构成其主要营业收入。企业销售商品的方式多种多样，有的自行购进销售，有的委托外单位销售，有的代购代销，因而其收入的确认与核算方法不尽相同。而现金交易是零售企业的主要销售方式，其收款方式主要有两种：

一种是直接收款，即营业员采用一手交钱，一手交货的方法，货款由营业员保管，按时解缴。除集体消费外，一般不填制销售凭证，手续简便，交易迅速。但由于售货与收款由营业员一人进行，发生差错不易及时发现，原因不易查清，适用于规模较小的零售企业。

另一种是集中收款，即在门店或商场内设立收款台，由营业员填制销售凭证，收款员负责复核并收取货款。钱货分管、职责分明，可避免差错,但购货手续较繁杂,适用于大型商场。

实物负责人或收款员应根据当天销售收入的款项和有关凭证,填制"内部缴款单"连同货款一并送交出纳人员,经出纳人员确认后,加盖"现金收讫"戳记,送制单人员编制收款凭证。销货款均由出纳人员当天送存银行。

例11 9月20日,朝阳百货商厦收到各营业部交来的含税销售货款180 180元,其中家电部115 830元,日用百货部17 550元,服装鞋帽部46 800元。经审核无误后,开出内部收据,并由出纳人员加盖"现金收讫"戳记。制单人员据此编制收款凭证。其会计分录为:

借:库存现金　　　　　　　　　　　　　　　　180 180
　贷:主营业务收入　　　　　　　　　　　　　154 000
　　　应交税费——应交增值税(销项税额)　　　26 180

出纳人员当即填制"现金解款单",将当天所收全部货款及销项税额送开户银行。财务部门制单人员根据现金解款单回执,编制付款凭证。其会计分录为:

借:银行存款　　　　　　　　　　　　　　　　180 180
　贷:库存现金　　　　　　　　　　　　　　　　180 180

房地产开发企业的主营业务收入主要是企业对外转让、销售、结算和出租开发产品等所取得的收入。按主营业务收入的类别不同,分别设置"土地转让收入"、"商品房销售收入"、"配套设施销售收入"、"代建工程结算收入"、"出租商品房收入"等明细科目进行明细核算。

例12 大鹏房地产开发公司一次收款销售平安小区一套商品房,销售价款为1 000 000元。商品已移交,并将发票账单提交买主,同时如数收到现金。

出纳人员收到现金经查验无误后开出发票交于买主,并根据发票记账联编制内部收据,并加盖"现金收讫"戳记。财务部门制单人员据

此编制收款凭证。其会计分录为:

  借:银行存款   1 000 000

   贷:主营业务收入   1 000 000

  同时,结转已销售该套商品房的成本 600 000 元,制单人员编制转账凭证。其会计分录为:

  借:主营业务成本——商品房销售成本   600 000

   贷:开发产品——房屋   600 000

  出纳人员将当天营业收入的全部现金 4 500 000 元,随同"现金解款单"送存开户银行。财务部门制单人员根据现金解款单回执,编制付款凭证。其会计分录为:

  借:银行存款   45 000 000

   贷:库存现金   45 000 000

  交通运输企业应按收入的种类在"主营业务收入"科目下设置"运输收入"、"装卸收入"、"堆存收入"和"代理业务收入"等二级科目,用来核算主营业务收入的实现和结转情况。另外,设置"其他业务收入"科目,用来核算其他业务收入的实现和结转情况。

  例 13 途顺汽车运输公司有第一、第二两个中心站,第一中心站的营业日报为客运收入 8 800 元,第二中心站的营业日报为货运收入 10 400 元,均以现金方式交公司财务部门。公司出纳人员接到现金,点验无误后,开出企业内部收据,并在收据记账联上加盖"现金收讫"戳记,交财务部门制单人员根据收据记账联,编制收款凭证。其会计分录为:

  借:库存现金   19 200

   贷:主营业务收入——客运收入   8 800

        ——货运收入   10 400

  出纳人员将当天全部现金 19 200 元,随同"现金解款单"送存开户银行。财务部门制单人员根据现金解款单回执,编制付款凭证。其会计分录为：

  借：银行存款   19 200
   贷：库存现金   19 200

  商业银行是指从事吸收公众存款、发放贷款、办理结算等业务的信用机构。商业银行主要的现金收入来源是吸收公众存款及开户单位送存的营业款。

  例14 万家灯火商店将当天的营业收入款项现金 30 000 元送存开户银行，要求存入其活期存款账户。开户银行经核实后，在客户的"现金存款单"的回执上加盖"现金收讫"戳记后退回客户，根据"现金存款单"，编制"××银行现金收入传票"。其会计分录为：

  借：库存现金   30 000
   贷：活期存款——万家灯火商店   30 000

  例15 储户李远填写定期存款凭条，附上人民币 50 000 元，要求办理 3 年期存款。经审核无误后，根据储户的存款凭条，编制"××银行现金收入传票"。其会计分录为：

  借：库存现金   50 000
   贷：定期存款——李远   50 000

第二节 现金付出业务的处理

  现金支付业务是指各单位在其生产经营和非生产经营性业务过程中，向关联方支出现金的业务，包括各企事业单位和机关、团体、部队向外购买商品、接受劳务等方面支付现金的业务，向其他单位或个人支付押金的业务，发放本企业职工工资的业务，向单位内部职能部门支付备用金的业务，向本单位预借差旅费及其报销的业务以及其他向有关单位和个人支付现金的业务等。

  根据《现金管理暂行条例》的规定，企业支付现金，可以从本企业库存现金中支付或者从开户银行提取,非特殊需要,又未报经开户银行审查核准的,均不得坐支现金。

现金支付业务中使用的原始凭证可以分为外来原始凭证和自制原始凭证。外来原始凭证主要是由于外购货物或接受劳务、服务而由供货方或提供劳务、服务方填写的原始凭证,如购货发票、乘坐交通工具的车票、船票、飞机票等。本单位在发生现金支付款项业务时,应填制由本单位财务部门统一制作的原始凭证。常用的有:发放本单位职工的工资单;单位内部有关部门或人员因公出差等原因向财务部门支款时的支款凭证;在向本单位职工发放各种非工资性奖金、津贴、补贴、劳务费和其他各种现金款项时填写的领款收据;向其他单位或个人发放各种劳务、服务费时填制的作为付款单位现金付款的凭证。

对现金支出等业务的处理,应采取下列控制方式:

(1) 所有大额付款,一律以银行支票支付。

(2) 员工薪资委托银行转账支付,尽可能不核发现金。

(3) 各部门申请开立支票付款,应先检查备齐有关核准文件,经会计部门审核并作传票,出纳部门方得签发支票。

(4) 支票印鉴应由财务部经理与总经理会同签章,方得提款。

(5) 小额付款以备用金支付,按期依据原始单据办理报支,并按付款总额出具银行支票。

(6) 采购与核准采购的职责应与验收及保管存货的职责完全分开;签发支付与编制付款凭证的职责也应完全分开。

在进行现金支付时,根据有关原始凭证,编制记账凭证。其会计分录通常为:

借:相关科目
　　贷:库存现金

单位发生部分业务需出纳人员填制现金支出等原始凭证,出纳人员应按规定方法如实填制该凭证的各项内容,并由单位负责人、会计主管、经办人签名或盖章。

一、工资的发放

出纳人员根据工资结算汇总表实发合计数,签发现金支票向开户银行提取现金。在提取现金后,应按照每个职工的工资数或集体发放时将整个部门的工资总额分装在不同的工资袋,并附以工资发放清单。装袋时,可由财会部门其他人员协同复核,以免出现差错。出纳人员不可边装袋、边发放,而应等全部装袋无误后才能发放。工资的发放可采用个人发放和集体发放两种形式。个人发放是指由职工个人到出纳人员处直接领取工资并签名或盖章;集体发放则是指以一个部门为单位,指派专人到出纳处统一领取本部门职工的工资,取回后,本部门按工资清单发放给职工个人。两种方式要视单位的规模、组织管理的情况而定,出纳人员可以采用其中一种方式,也可以两种方式并用,灵活掌握。

例 1 光辉灯具厂 5 月份工资结算汇总表,如表 4-16 所示。

出纳人员根据"工资结算汇总表"实发工资合计数,开具现金支票向开户银行提取现金。财务部门制单人员根据"现金支票存根",编制付款凭证。其会计分录为:

 借:库存现金   821 389
  贷:银行存款   821 389

出纳人员根据"工资结算表"或"工资结算汇总表"发放个人或部门工资,财务部门制单人员按"工资结算汇总表"编制付款凭证及转账凭证。其会计分录为:

 借:应付职工薪酬——工资   797 089
   管理费用   23 100
   应付职工薪酬——职工福利   1 200
  贷:库存现金   821 389

表4-16

光辉灯具厂工资结算汇总表
2007年5月

车间,部门	标准工资	加班工资	奖金	价格补贴	合计	扣发 病假工资	扣发 事假工资	发 缺勤奖金	应付工资	非工资性津贴 交通补贴	非工资性津贴 独生子女补贴	扣款 房租	扣款 工会会费	扣款 家属医药费	实发工资
第一生产车间															
生产工人	144 500	12 000	38 000	25 460	219 960	1 185	315	3 500	214 960	9 100	500	13 600	722.50	1 800	208 437.50
车间管理人员	46 000	7 000	16 000	10 720	79 720	578	122	1 200	77 820	1 700	100	2 100	230		77 290
第二生产车间															
生产工人	135 500	14 000	36 000	24 120	209 620	963	437	2 000	206 220	8 200	300	14 300	677.50	2 000	197 742.50
车间管理人员	56 400	8 500	17 000	11 390	93 290	254		700	92 336	1 200	75	3 200	282	1 000	89 129
辅助生产车间	78 900		20 000	13 400	112 300	163		600	111 537	600	100	1 050	394.50	500	110 292.50
行政管理人员	65 500	9 650	30 000	20 100	125 250	382	118	2 600	122 150	160	125	2 000	327.50		121 547.50
医务福利人员	12 000		3 000	2 010	17 010				17 010	700		700	60		16 950
合 计	538 800	51 150	160 000	107 200	857 150	3 525	992	10 600	842 033	23 100	1 200	36 950	2 694	5 300	821 389

结转各项扣款。其会计分录为：

借：应付职工薪酬——工资　　　　　　　　　　44 944
　　贷：其他应付款——房租　　　　　　　　　　36 950
　　　　　　　　——工会会费　　　　　　　　　2 694
　　　　其他应收款——代垫家属医药费　　　　　5 300

一般的费用报销，应由部门提出申请，经批准后，转会计审核，审核无误后转出纳付款，其具体处理如下：

（1）报销人员根据原始凭证填制报销凭证，经本部门负责人审核后提交会计部门。

（2）经负责报账会计复核后交出纳付款。

（3）出纳人员付款后将报销单递交会计部门编制记账凭证并登账。

（4）定期进行相关账、证核对。

二、差旅费的预借和报销

单位职工因公出差，可以向财务部门预支一定的差旅费，其程序是：先向财务部门领取并填写借款单，然后由所在部门的负责人或有关人员审查签字，出纳人员根据手续完备的借款单支付现金。

东方公司2007年8月发生有关现金收支业务如下：

例2　8月3日，东方公司李翔因公出差，经部门领导审核同意预支差旅费1 000元。经出纳人员审核无误后，支付现金1 000元，并在借款单上加盖"现金付讫"戳记，财务部门制单人员据此编制付款凭证，如表4-17所示。

其会计分录为：

　　借：其他应收款——李翔　　　　　　　　　　1 000
　　　　贷：库存现金　　　　　　　　　　　　　1 000

表 4-17

付 款 凭 证

总号	2
分号	现付 1

贷方科目 库存现金　　2007 年 8 月 3 日

摘要	应 借 科 目		√	金 额
	一级科目	二级或明细科目		亿千百十万千百十元角分
李翔预借差旅费	其他应收款	备用金(李翔)		1 0 0 0 0 0
合　　　　计				￥1 0 0 0 0 0

财会主管　　记账　　出纳　　复核　　制单 王 明　　领款人签章 李 翔

例3 8月5日,东方公司李翔出差回来,途中往返程火车票共计460元,住宿费300元,其他杂费145元,退回多余现金95元,结清预支款项。

出纳人员收妥现金后,开出单位内部收据,并收齐有关发票等凭证,由财务部门制单人员根据内部收据,加盖"现金收讫"戳记。编制收款凭证,如表 4-18 所示。

表 4-18

收 款 凭 证

总号	3
分号	现收 2

借方科目 库存现金　　2007 年 8 月 5 日

摘要	应 贷 科 目		√	金 额
	一级科目	二级或明细科目		亿千百十万千百十元角分
李翔退回多余款	其他应收款	备用金(李翔)		9 5 0 0
合　　　　计				￥　　9 5 0 0

财会主管　　记账　　出纳　　复核　　　　制单 王 明

其会计分录为:

　　借:库存现金　　　　　　　　　　　　　　　　　　　95
　　　贷:其他应收款——李翔　　　　　　　　　　　　　　95

制单人员根据相关发票编制转账凭证,如表4-19所示。

表4-19

转账凭证 2007年8月5日					总号	4								
^					分号	转1								
摘要　李翔报销差旅费													
借方科目			贷方科目			金　　额							
一级科目	二级或明细科目	√	一级科目	二级或明细科目	√	千	百	十	万	千	百	十	元	角	分
管理费用	差旅费		其他应收款	李翔							9	0	5	0	0
合　　　　计							¥				9	0	5	0	0

财会主管　　　　记账　　　　复核　　　　制单　王　明

其会计分录为:

　　借:管理费用　　　　　　　　　　　　　　　　　　905
　　　贷:其他应收款——李翔　　　　　　　　　　　　　905

如果出差前预借800元,制单人员编制付款凭证,其会计分录为:

　　借:其他应收款——李翔　　　　　　　　　　　　　800
　　　贷:现库存金　　　　　　　　　　　　　　　　　800

报销实际花费905元,超过预借款部分由出纳人员另行支付出差

人员李翔现金 105 元,出纳人员在所收原始凭证上加盖"现金付讫"戳记。财务部门制单人员编制转账凭证,其会计分录为:

  借:管理费用   800
    贷:其他应收款——李翔   800

  财务部门制单人员根据预借金额与实际花费的差额,编制付款凭证,其会计分录为:

  借:管理费用   105
    贷:库存现金   105

三、备用金的预借与报销

  备用金是指付给单位内部各部门或工作人员以作零星采购紧急、小额支付、销货找零或差旅费等用途的款项。备用金经管人员应设"备用金登记账",记录每日拨入、支出、结存的金额。备用金制度能促使企业内部各部门或工作人员积极、灵活地开展业务,从而提高工作效率,加速资金周转,有效地发挥资金的效益。

  对备用金报销控制重点在于:

  (1) 备用金保管处所应注意安全。

  (2) 稽核单位应随时派人检查备用金。

  (3) 注意备用金支出性质或金额,不可超过规定范围。

  (4) 各项单据应逐笔审核、加盖"付讫"及"日期"戳记,以防重复报销。

  (5) 各项费用的报支应依据权限规定,经有权人核准。

  (6) 注意各项费用报销有无以假收据、假发票报销,或一笔支出故意分别开立数张发票者。

  备用金可分为非定额备用金和定额备用金两种。

  非定额备用金的预借和报销与差旅费的预借和报销十分相似,根据每次业务所需备用金的数额填制借款凭证,向出纳人员预借现金,使用后凭发票等原始凭证一次性到财务部门报销,多退少补,一次结清,下次再用时重新办理手续。

例4 8月6日,东方公司需购买一批办公用品,公司采购人员王辉到财务部门预借备用金800元,凭发票至出纳人员处报销,结清所借款项。

(1)出借时,出纳人员根据核准的借款凭证支付现金,交由财务部门制单人员编制付款凭证,如表4-20所示。

表4-20

付 款 凭 证

贷方科目 库存现金　　　2007年8月6日　　总号　5　　分号　现付2

摘要	应借科目		√	金额
	一级科目	二级或明细科目		亿千百十万千百十元角分
王辉预借备用金	其他应收款	备用金(王辉)		8 0 0 0 0
合　　　计				¥8 0 0 0 0

财会主管　　记账　　出纳　　复核　　制单 王 明　　领款人签章 王 辉

其会计分录为:

　借:其他应收款——备用金(王辉)　　　　　800
　　贷:库存现金　　　　　　　　　　　　　　　　800

(2)报销时,财务部门制单人员根据商业企业统一发票,编制转账凭证,如表4-21所示。

表 4-21

转 账 凭 证

2007 年 8 月 6 日

总号	6
分号	转 2

摘要　公司用办公用品						金　　额									
借 方 科 目			贷 方 科 目												
一级科目	二级或明细科目	√	一级科目	二级或明细科目	√	千	百	十	万	千	百	十	元	角	分
管理费用	办公用品费		其他应收款	备用金(王辉)						8	0	0	0	0	
合　　　　　计									¥	8	0	0	0	0	

财会主管　　　　记账　　　　复核　　　　制单 王 明

其会计分录为：

　　借：管理费用　　　　　　　　　　　　　　　　800
　　　贷：其他应收款——备用金(王辉)　　　　　　　800

非定额备用金制度的特点是：各部门在使用备用金后至财务部门报销，领回报销款后，备用金回复到原有的定额，并一直保持下去，直至撤销定额备用金制度。

例 5　东方公司医疗卫生处实行定额备用金制度，8 月 9 日，向财务部门领取现金 1 000 元。

公司出纳人员根据核准的医疗卫生处"定额备用金批准书"，发出现金 1 000 元，并由财务部门制单人员编制付款凭证，如表 4-22 所示。

第四章 现金业务的出纳处理

表 4-22

付 款 凭 证

总号	8
分号	现付 3

贷方科目 库存现金　　2007 年 8 月 9 日

摘　要	应　借　科　目		√	金　　额
	一级科目	二级或明细科目		亿千百十万千百十元角分
医卫处领备用金	其他应收款	备用金(医卫处)		１０００００
合　　　　计				¥　　　１０００００

财会主管　　记账　　出纳　　复核　　制单 王 明　　领款人签章

其会计分录为：

借：其他应收款——备用金(医卫处)　　　　1 000
　　贷：库存现金　　　　　　　　　　　　　　　1 000

例 6 8 月 12 日，公司医疗卫生处持零星购买医疗用品的发票 300 元，到财务部门报销。

公司出纳人员根据审核无误的报销凭证，付出现金 300 元，在相关单证上加盖"现金付讫"戳记，交由财务部门制单人员编制付款凭证，如表 4-23 所示。

表 4-23

付 款 凭 证

总号	11
分号	现付 4

贷方科目 库存现金　　2007 年 8 月 12 日

摘　要	应　借　科　目		√	金　　额
	一级科目	二级或明细科目		亿千百十万千百十元角分
医卫处报账	应付职工薪酬	福利费		３０００
合　　　　计				¥　　　　　３０００

财会主管　　记账　　出纳　　复核　　制单 王 明　　领款人签章

其会计分录为:

　　借:应付职工薪酬——福利费　　　　　　　　　　　300
　　　贷:库存现金　　　　　　　　　　　　　　　　　300

例7　8月16日,东方公司第一生产车间实行定额备用金制度,根据核准的"定额备用金批准书",向财务部门领取备用金800元。

公司出纳人员根据核准的"定额备用金批准书"向第一车间发出现金800元,并由财务部门制单人员编制付款凭证,如表4-24所示。

表4-24

付　款　凭　证

贷方科目	库存现金	2007年8月16日		总号	13
				分号	现付5

摘要	应　借　科　目		√	金　额
	一级科目	二级或明细科目		亿千百十万千百十元角分
第一车间领取备用金	其他应收款	备用金(第一车间)		80000
合　　　　　计				¥　　　90000

财会主管　　记账　　出纳　　复核　　制单 王 明　　　　领款人签章

其会计分录为:

　　借:其他应收款——备用金(第一车间)　　　　　　800
　　　贷:库存现金　　　　　　　　　　　　　　　　　800

例8　8月20日,东方公司总务部门申请设立定额备用金,经公司相关负责人批准,给予200元额度的定额备用金。

出纳人员根据核准的"定额备用金批准书",发出现金200元,并由财务部门制单人员编制付款凭证,如表4-25所示。

表 4-25

付 款 凭 证

总号 16
分号 现付 6

贷方科目　库存现金　　2007 年 8 月 20 日

摘　要	应借科目		√	金　额
	一级科目	二级或明细科目		亿千百十万千百十元角分
总务处领取备用金	其他应收款	备用金（总务处）		2 0 0 0 0 0
合　　　　计				￥2 0 0 0 0 0

财会主管　　记账　　出纳　　复核　　制单 王 明　　领款人签章 总务处

其会计分录为：

　　借：其他应收款——备用金（总务处）　　　　　　2 000
　　　　贷：库存现金　　　　　　　　　　　　　　　　　　2 000

例 9　8 月 22 日，总务部门采购人员零星购买财务部门所需账簿等会计用品 150 元，持发票到财务部门报销。

　　公司出纳人员根据审核无误的报销凭证，发出现金 150 元，并在相关单证上加盖"现金付讫"戳记，交由财务部门制单人员编制付款凭证，如表 4-26 所示。

表 4-26

付 款 凭 证

总号 17
分号 现付 7

贷方科目　库存现金　　2007 年 8 月 22 日

摘　要	应借科目		√	金　额
	一级科目	二级或明细科目		亿千百十万千百十元角分
总务处报账	管理费用			1 5 0 0 0
合　　　　计				￥1 5 0 0 0

财会主管　　记账　　出纳　　复核　　制单 王 明　　领款人签章

其会计分录为:

借:管理费用　　　　　　　　　　　　　　　　150
　贷:库存现金　　　　　　　　　　　　　　　　　150

例10　8月31日,以现金200 800元发放本月职工工资。

公司财务部门制单人员根据工资单,编制付款凭证,如表4-27所示。

表4-27

付　款　凭　证

贷方科目	库存现金	2007年8月31日		总号	20
				分号	现付8

摘　要	应借科目		√	金　　额
	一级科目	二级或明细科目		亿千百十万千百十元角分
发放本月职工工资	应付职工薪酬	应付工资		2 0 0 8 0 0 0 0
合　　　　计				￥2 0 0 8 0 0 0 0

财会主管　　记账　　出纳　　复核　　制单 王　明　　　领款人签章

其会计分录为:

借:应付职工薪酬——应付工资　　　　　　　200 800
　贷:库存现金　　　　　　　　　　　　　　　　200 800

例11　8月31日,财务部门将超出库存限额的现金570元解缴开户银行。

财务部门制单人员根据"现金解款单"回执,编制付款凭证,如表4-28所示。

表 4-28

付 款 凭 证

总号	23
分号	现付 9

贷方科目 库存现金　　　　2007 年 8 月 31 日

摘要	应借科目		√	金　　　　额
	一级科目	二级或明细科目		亿千百十万千百十元角分
现金解存银行	银行存款			5 7 0 0 0
	合　　　　　计			￥ 5 7 0 0 0

财会主管　　记账　　出纳　　复核　　制单 王 明　　领款人签章　出纳人员

其会计分录为:

　　借: 银行存款　　　　　　　　　　　　　　　570
　　　贷: 库存现金　　　　　　　　　　　　　　　　　570

现金核算与控制程序图,如图 4-1 所示。

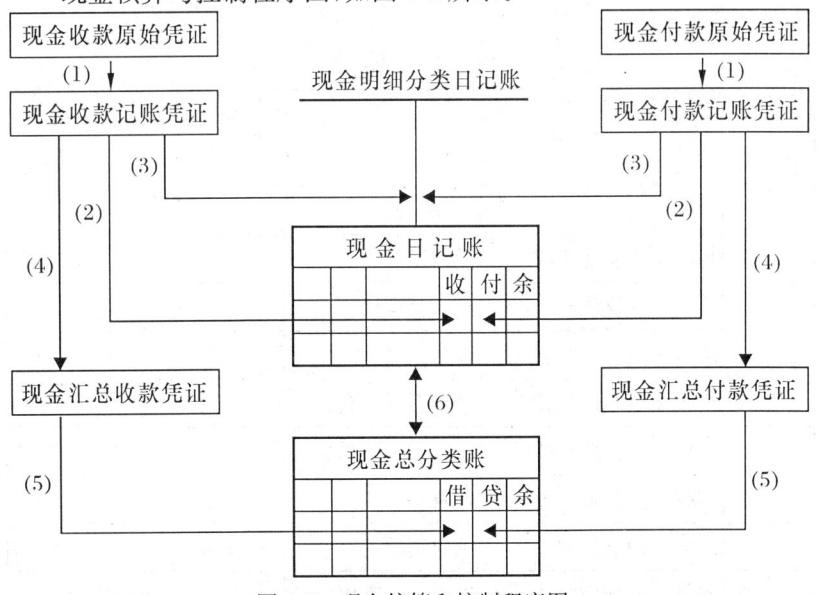

图 4-1　现金核算和控制程序图

第三节 现金保管业务的处理

一、现金日记账的登记

现金日记账是根据与现金有关的收、付款凭证或有关银行存款付款凭证按时间顺序登记的。账户的收入(借方)栏根据现金收款凭证和向银行提取现金的银行存款付款凭证登记,支出(贷方)栏根据现金付款凭证登记。

现金日记账每天都应结出结存数,同时编制现金日报表,以便和实有现金数核对,做到日清日结,账款相符。

假设东方公司7月末现金日记账余额为3 000元(为该公司库存现金限额)。公司出纳人员根据审核无误的记账凭证及所附的原始凭证登记"现金日记账",如表4-29所示。

表4-29

现 金 日 记 账

20×7年		凭证号数	对方科目	摘要	√	收入金额	付出金额	结存金额
月	日							
8	1			期初余额				3 000
8	1	现收1	主营业务收入	销售甲产品		400		3 400
			应交税费	征收销项税		68		3 468
	3	现付1	其他应收款	李翔预借差旅费			1 000	2 468
	5	现收2	其他应收款	李翔退回多余款		95		2 563
	6	现付2	其他应收款	王辉预借备用金			800	1 763
	8	现收3	其他业务收入	出售A材料		600		2 363
			应交税费	征收销项税		102		2 465
	9	现付3	其他应收款	医卫处领备用金			1 000	1 465

(续表)

20×7年		凭证号数	对方科目	摘要	√	收入金额	付出金额	结存金额
月	日							
8	10	现收 4	营业外收入	职工交罚款		500		1 965
	11	现收 5	预收账款	预收大田公司货款		980		2 945
	12	现付 4	应付职工薪酬	医卫处报账			300	2 645
	16	现付 5	其他应收款	第一车间领备用金			800	1 845
	18	现收 6	待处理财产损溢	保管员赔款		225		2 070
	20	现付 6	其他应收款	总务处领备用金			200	1 870
	22	现付 7	管理费用	总务处报账			150	1 720
	25	现收 7	其他应付款	红光商场交押金		600		2 320
	28	现收 8	其他应收款	收回押金		450		2 770
	31	银付 1	银行存款	提现		200 800		203 570
	31	现收 9	其他应收款	第一车间撤销备用金		800		204 370
	31	现付 8	应付职工薪酬	以现金发放工资			200 800	3 570
	31	现付 9	银行存款	现金解存银行			570	3 000
				本期发生额及余额		205 620	205 620	3 000

二、库存现金的保管

现金是企业中流动性最强的资产,因而更容易被侵占、挪用、盗窃、贪污,是犯罪分子的直接目标。出纳人员在按章办理现金收、付业务的同时,应十分缜密地保管好库存现金,保证国家、企业的财产不受侵犯。

1. 库存现金的管理体制

为加强对库存现金的保管,单位应当建立货币资金业务的岗位责任制,明确相关部门和岗位的职责权限,确保办理货币资金业务的不相容岗位相互分离、制约和监督。

（1）出纳人员不得兼任稽核、会计档案保管以及收入、支出、费用、债权债务账目的登记工作。

（2）单位不得由一人办理货币资金业务的全过程。

（3）单位办理货币资金业务，应当配备合格人员，并根据情况进行岗位轮换。办理货币资金业务的人员应当具备良好的职业道德，忠于职守、廉洁奉公、遵纪守法、客观公正，不断提高会计业务素质和职业道德水平。

2. 库存现金保管的安全设施

（1）库存现金的保管要求有相应的安全设施，主要是场地和保险柜。

（2）保管现金的场地要选择坚固适用的房屋，能防火、防水、通风，要加装防盗门窗、屋顶要牢固。

（3）存放库存现金的保险柜一般由会计师或财务部门负责人授权出纳人员负责管理使用。

（4）保险柜一般配备两把钥匙：一把由出纳人员保管，供出纳人员日常工作开启使用；另一把由保卫部门封存，或由总会计师或财务部门负责人保管，以备特殊情况下经有关领导批准后开启保险柜使用。出纳人员不得将保险柜钥匙交由他人代管。

（5）每日终了后，出纳人员应将其使用的空白支票、收据发票、印章等放入保险柜内。私人物品不得存入保险柜内。出纳人员不得向他人泄露保险柜密码，如果他人接替担任出纳员工作，应更换并使用新的密码。

（6）保险柜一旦发生故障，应到生产厂家特约的维修点进行修理，以免泄密或失窃。遇到保险柜被窃被盗的，应保护好现场，迅速报告单位保卫部门，通报公安机关，待公安机关勘验现场时，清理财务被盗情况。

（7）遇到节假日，应在保险柜锁孔处贴上封条，出纳人员到岗位上班时揭封。有异常情况,应向保卫部门或公安机关报告。

三、现金差错的处理

在现金收付过程中,可能出现的差错,既有人为造成的责任性差错,也有技术性、事故性的差错,情况不尽相同。在现金收付过程中,首先,要提高出纳人员的业务操作水平,力求现金收入、付出的正确,不出差错;其次,一旦发生差错,应及时采取有力措施,认真查找原因,实事求是地确定差错的性质,区别对待,正确处理。

出纳人员应根据现金日记账编制现金日报表,同时对库存现金进行清查盘点,发现差错,不论是长款还是短款,均应上报有关领导,不得以长补短、隐瞒不报,并主动分析差错原因,根据造成差错的不同原因,按以下规定处理:

第一,不论发生长款或是短款,报经领导后,作"待处理财产损溢"列账,并积极查处,及时销账,长款作为冲减企业管理费用,短款由责任人尽快赔偿。

(1) 发现长款时,编制会计分录为:

借:库存现金
　　贷:待处理财产损溢

报经领导批准,冲减企业管理费用时,编制会计分录为:

借:待处理财产损溢
　　贷:管理费用

(2) 发生短款时,编制会计分录为:

借:待处理财产损溢
　　贷:库存现金

报经领导批准,由责任人赔偿时,编制会计分录为:

借:其他应收款——责任人
　　贷:待处理财产损溢

责任人赔偿现金时,编制会计分录为:

借:库存现金
　　贷:其他应收款——责任人

第二,对因不负责任、玩忽职守、违反纪律、有章不循等原因造成现金短缺的重大责任事故,应追究失职者的经济责任,并给予适当的纪律处分,或调离出纳岗位。数额大、影响恶劣的,应追究其法律责任。

第三,对监守自盗及侵吞长款者,均应以贪污罪论,追回赃款,并按金额大小和情节轻重,给予行政处分或法律制裁。

四、人民币现钞的送存

按规定,企业在日常现金收支业务中,除了经申请批准可以坐支现金和非业务零星收入收取的现金可以用于补足库存现金限额的不足外,其他业务活动取得的现金以及超过库存现金限额的现金都必须按规定于当日送存开户银行。

为了提高效率,便于银行柜面清点现金,单位出纳人员在将现金送存银行之前,应对送存现金进行整理。送存现金的基本程序如下。

1. 人民币的整点

人民币的整点要求做到:准确、挑净、捆紧。具体要求如下:

(1) 按规定对票币的票面金额分类。对 50 元、100 元票面的初点必须用手工进行,点钞机只能复点。

(2) 整点过的人民币票币不得折角,每 100 张用纸条扎在票面的 1/2 处,为一把;每十把为一捆,正面向上,用线绳捆扎,线头打结处贴封签。封签上必须写明企业名称、券别、金额、日期、封包人、复核人等。

(3) 硬币百枚为一卷,十卷为一捆。

2. 人民币损伤票币的挑剔

在整点送存现金时,应按规定挑出残破人民币。如下票币必须挑出：

(1) 票面缺少部分损及行名、花边、字头、号码、国徽之一的。

(2) 票面缺口超过纸幅1/3或损及花边、图案的。

(3) 票面纸质较旧、四周或中间有裂缝断开而修补的。

(4) 由于油浸、墨渍造成脏污面较大或涂写字迹较多，妨碍票面整洁的。

(5) 票面变色严重，影响图案清晰的。

(6) 硬币残缺、穿孔、变形、磨损、氧化损坏花纹的。

3. 填写"现金解款单"

现金整理完后，出纳人员应根据整理后的金额填写"现金解款单"。"现金解款单"一式二联，第一联为回单，由银行签章后作为送款单位的记账依据；第二联为银行收入的传票。出纳人员在填写"现金解款单"时，要按格式如实填写有关项目，包括收款单位的名称、开户账号、解款部门、送存日期、款项来源、送款金额的大小写金额及各券别的数量等。现金解款单，如表4-30、表4-31所示。

表4-30

中国工商银行上海市（　　　）现金解款单（回单）①

科目：　　　　　20　年　月　日　　　　　对方科目：

收款单位	全称				款项来源							
	账号				解款部门							
人民币：(大写)						十万	千	百	十	元	角	分
票面	张数	票面	张数	种类	百	十	元	角	分			
一百元		五元		角票								
五十元		二元		分币								
十元		一元		封包								
					（收款银行盖章）							

表 4-31

中国工商银行上海市( )现金解款单(收入凭证)②

总	字	第	号
现金日记账			
顺	序		号

科目：　　　　　　20 年 月 日　　　　对方科目：

<table>
<tr><td rowspan="11">此联由收款单位开户银行代凭证</td><td rowspan="2">收款单位</td><td>全称</td><td colspan="3"></td><td>款项来源</td><td colspan="8"></td></tr>
<tr><td>账号</td><td colspan="3"></td><td>解款部门</td><td colspan="8"></td></tr>
<tr><td colspan="4">人民币：
（大写）</td><td></td><td>十万</td><td>千</td><td>百</td><td>十</td><td>元</td><td>角</td><td>分</td></tr>
<tr><td>票面</td><td>张数</td><td>票面</td><td>张数</td><td>种类</td><td colspan="2">百 十 元 角 分</td><td colspan="7">会计分录：</td></tr>
<tr><td>一百元</td><td></td><td>五元</td><td></td><td>角票</td><td colspan="2"></td><td colspan="7">（收入）</td></tr>
<tr><td>五十元</td><td></td><td>二元</td><td></td><td>分币</td><td colspan="2"></td><td colspan="7">对方
科目（付出）____</td></tr>
<tr><td>十元</td><td></td><td>一元</td><td></td><td>封包</td><td colspan="2"></td><td colspan="3">会计
复核</td><td colspan="4">记账
出纳</td></tr>
<tr><td colspan="7">（收款银行盖章）</td><td colspan="7"></td></tr>
</table>

出纳人员在填写"现金解款单"时，应注意以下事项：

（1）出纳人员必须如实填写"现金解款单"的各项内容，特别是款项来源。

（2）解款日期应当填写送存银行当日的日期。

（3）券别的明细张数和金额与各券别的实际数一致，一元及一元以下的各种辅币（五角、二角、一角、五分、二分、一分）既有纸质又有铸币的，应填写纸币、铸币合计的张数和金额。

（4）出纳人员在填写"现金解款单"时，必须采用双面复写纸，字迹必须清楚、规范，不得涂改。

4. 送存交款

在按规定整理好现金并填写"现金解款单"后，应将现金连同"现金解款单"一起送交开户银行柜面收款员。在交款时，交款人应与银行柜面收款员当面清点。如银行柜面收款员清点无误后，按规定在"现金解款单"上加盖银行印章，并将回单第一联退还给交款人。如银行柜面收款员发现有差错,应告知交款人,交款人核对后,在银行设置的"单位交款差错登记簿"上登记并签章。交款人在取得回单后,当即检查确认为本单位交款回单,当银行有关手续均已办妥后,该业务结束。

如因单位交款数额较大,或者辅币较多,当面清点比较困难的,可事先与银行协商,双方确定有关条件,并签订协议书,采取封包交款的方法交款。

封包交款是指交款人将要交存银行的现金,按有关规定要求进行整理,按银行的规定进行捆包,在捆包上加贴封签,注明金额,加盖公章,连同"现金解款单"一并送存开户银行,必须在"现金解款单"上的"封包类"项目中标注金额。开户银行凭封签上的金额点清大数(即捆、把)后收款,首先,在"现金解款单"上加盖"收讫"章和收款员印章,将回单交给交款员;然后,按规定逐捆逐包清点细数。如发现长款或短款,再向交款单位办理多退少补手续。如发现差错金额较大时,应保持原封包(原封签、纸条不得遗失),及时通知交款单位派人复查,然后按封包协议处理。

出纳人员在送存现金时应注意以下事项:

(1) 凡经整理好准备送存银行的现金,在填好"现金解款单"后,一般不宜再调换票币,如确有需要,应重新复点,同时重新填写"现金解款单"。

(2) 交款人最好是现金整理人,有利于明确责任。

(3) 如交款金额较大时,单位应派人专车送存。

(4) 与银行柜面收款员交接时,应当面点清,做到一次交清,不得边清点便交款。

(5) 交款人交款时,如遇到人多拥挤,应按次序等候。等候过程中,应保持钱不离手。

出纳人员将现金交存银行后,取得的"现金解款单"回单是财务部门制单人员编制记账凭证的原始凭证。

第四节 识别人民币与反假币知识

一、识别人民币

(一) 第五套人民币的防伪特征

第五套人民币于 1999 年起发行,到目前为止,已经发行了 100 元、50 元、20 元、10 元、5 元、1 元 6 种面额的纸币和 1 元、5 角、1 角 3 种面额的硬币。

第五套人民币采用了多项成熟的具有国际先进水平的防伪技术,如固定水印、光变油墨印刷图案、全息磁性开窗安全线、隐形面额数字、横竖双号码、双色横号码、阴阳互补对印图案、胶印缩微文字、红蓝彩色纤维、白水印、硬币边部滚字等。第五套人民币的主要防伪特征如下。

1. 固定水印

水印均位于各票面正面左侧空白处,仰光透视,立体感很强。100 元、50 元纸币的固定水印为毛泽东头像图案;20 元、10 元、5 元、1 元纸币的固定水印分别为荷花、月季花、水仙花和兰花图案。

2. 手工雕刻头像

各券别正面主景均为毛泽东头像,采用手工雕刻凹版印刷工艺,形象逼真、传神,凹凸感强,易于认别。

3. 隐形面额数字

各券别正面右上方均有一装饰图案,将票面置于与眼睛接近平行的位置,面对光源作平面旋转 45 度或 90 度时,分别可看到面额数字"100"、"50"、"20"、"10"、"5"、"1"字样。

4. 胶印缩微文字

纸币各券别正面或背面胶印图案中,多处印有缩微文字。100 元券的缩微文字为"RMB"和"RMB100",50 元券的为"50"和"RMB50",20 元券的为"RMB20",10 元券的为"RMB10",5 元券的为"RMB5"和

"5"字样,1元券的为"人民币"和"RMB1"字样。

5. 雕刻凹版印刷

各券别正面主景的毛泽东头像、"中国人民银行"行名、面额数字、盲文面额标记和背面主景图案（20元、1元纸币除外）等均采用雕刻凹版印刷,用手指触摸有明显凹凸感。

6. 冠字号码

各券别冠字号码均采用两位冠字,八位号码。100元、50元纸币票面正面均采用横竖双号码印刷,横号码均为黑色,竖号码分别为蓝色和红色。20元、10元、5元、1元票面均采用双色横号码印刷,左侧部分均为红色,右侧部分均为黑色。

7. 红、蓝彩色纤维

100元、50元、20元、10元、5元纸币票面上均可以看到纸张中有不规则分布的红色和蓝色纤维。

8. 安全线

100元、50元、20元、10元、5元纸币票面正面中间偏左,均有一条安全线。100元、50元纸币的安全线,迎光透视,分别可以看到缩微文字"RMB100"、"RMB50";10元、5元纸币安全线均为开窗式,即安全线局部埋入纸张中,局部裸露在纸面上,开窗部分分别可以看到由缩微字符"￥100"、"￥50"组成的全息图案;20元纸币,迎光透视,则是一条明暗相间的安全线。

9. 光变油墨面额数字

100元、50元纸币票面正面左下方分别印有"100"、"50"字样,与票面垂直角度观察分别为绿色和金色,倾斜一定角度则分别变为蓝色和绿色。

10. 阴阳互补对印图案

100元、50元、10元纸币票面正面左下角和背面右下角均有一图形局部图案,迎光透视,均可以看到正、背面图案合并组成一个完整的古钱币图案。

11. 白水印

10元、5元纸币票面正面在双色横号码下方,迎光透视,分别可以看到透光很强的水印图案"10"和"5"。

(二) 2005年版第五套人民币与1999年版第五套人民币的异同点

1. 人民币100元纸币

(1) 2005年版与1999年版的相同点。2005年版100元纸币的规格、主景图案、主色调、"中国人民银行"行名和汉语拼音行名、面额数字、花卉图案、国徽、盲文面额标记、民族文字等票面特征,固定人像水印、手工雕刻头像、胶印缩微文字、雕刻凹版印刷等防伪特征,均与1999年版的相同。

(2) 2005年版与1999年版的区别。

第一,调整防伪特征布局。正面左下角胶印对印图案调整到主景图案左侧中间处,光变油墨面额数字左移至原胶印对印图案处。背面右下角胶印对印图案调整到背面主景图案右侧中间处。

第二,调整以下防伪特征。隐形面额数字:调整隐形面额数字观察角度。正面右上方有一装饰性图案,将票面置于与眼睛接近平行的位置,面对光源做上下倾斜晃动,可以看到数字"100"字样。

其一,全息磁性开窗安全线:将原磁性缩微文字安全线改为全息磁性开窗安全线。背面中间偏右,有一条开窗安全线,开窗部分可以看到由缩微字符"￥100"组成的全息图案,仪器检测有磁性。

其二,双色异形横号码:将原横竖双号码改为双色异形横号码。正面左下角印有双色异形横号码,左侧部分为暗红色,右侧部分为黑色。字符由中间向左右两边逐渐变小。

第三,增加以下防伪特征。

其一,白水印:位于正面双色异形横号码下方,迎光透视,可以看到透光性很强的水印"100"字样。

其二,凹印手感线:正面主景图案右侧,有一组自上而下规则排列的线纹,采用雕刻凹版印刷工艺印制,用手指触摸,有极强的凹凸感。

第四,取消纸张中的红蓝彩色纤维。

第五,背面主景图案下方的面额数字后面,增加人民币单位的汉语拼音"YUAN";年号改为"2005年"。

2. 人民币50元纸币

(1) 2005年版与1999年版的相同点。2005年版50元纸币的规格、主景图案、主色调、"中国人民银行"行名和汉语拼音行名、面额数字、花卉图案、国徽、盲文面额标记、民族文字等票面特征,固定人像水印、手工雕刻头像、胶印缩微文字、雕刻凹版印刷等防伪特征,均与1999年版的相同。

(2) 2005年版与1999年版的区别。

第一,调整防伪特征布局。正面左下角胶印对印图案调整到主景图案左侧中间处,光变油墨面额数字左移至原胶印对印图案处。背面右下角胶印对印图案调整到背面主景图案右侧中间处。

第二,调整以下防伪特征。

其一,隐形面额数字:调整隐形面额数字观察角度。正面右上方有一装饰性图案,将票面置于与眼睛接近平行的位置,面对光源做上下倾斜晃动,可以看到数字"50"字样。

其二,全息磁性开窗安全线:将原磁性缩微文字安全线改为全息磁性开窗安全线。背面中间偏右,有一条开窗安全线,开窗部分可以看到由缩微字符"￥50"组成的全息图案,仪器检测有磁性。

其三,双色异形横号码:取消原横竖双号码中的竖号码。将横号码改为双色异形横号码。正面右下角印有双色异形横号码,左侧部分为暗红色,右侧部分为黑色。字符由中间向左右两边逐渐变小。

第三,增加以下防伪特征。

其一,白水印:位于正面双色异形横号码下方,迎光透视,可以看到透光性很强的水印"50"字样。

其二,凹印手感线:正面主景图案右侧,有一组自上而下规则排列的线纹,采用雕刻凹版印刷工艺印制,用手指触摸,有极强的凹凸感。

第四,取消纸张中的红蓝彩色纤维。

第五,背面主景图案下方的面额数字后面,增加人民币单位的汉语拼音"YUAN";年号改为"2005年"。

3. 人民币20元纸币

(1) 2005年版与1999年版的相同点。2005年版20元纸币的规格、主景图案、主色调、"中国人民银行"行名和汉语拼音行名、面额数字、花卉图案、国徽、盲文面额标记、民族文字等票面特征,固定花卉水印、手工雕刻头像、胶印缩微文字、双色横号码等防伪特征,均与1999年版相同。

(2) 2005年版与1999年版的区别。

第一,调整以下防伪特征。

其一,雕刻凹版印刷:背面主景图案桂林山水、面额数字、汉语拼音行名、民族文字、年号、行长章等均采用雕刻凹版印刷,用手指触摸,有明显凹凸感。

其二,隐形面额数字:调整隐形面额数字观察角度。正面右上方有一装饰性图案,将票面置于与眼睛接近平行的位置,面对光源做上下倾斜晃动,可以看到面额数字"20"字样。

其三,全息磁性开窗安全线:将原安全线改为全息磁性开窗安全线。正面中间偏左,有一条开窗安全线,开窗部分可以看到由缩微字符"￥20"组成的全息图案,仪器检测有磁性。

第二,增加以下防伪特征。

其一,白水印:位于正面双色横号码下方,迎光透视,可以看到透光性很强的水印"20"字样。

其二,胶印对印图案:正面左下角和背面右下角均有一圆形局部图案,迎光透视,可以看到正背面的局部图案合并为一个完整的古钱币图案。

其三,凹印手感线:正面主景图案右侧,有一组自上而下规则排列的线纹,采用雕刻凹版印刷工艺印制,用手指触摸,有极强的凹凸感。

第三,取消纸张中的红蓝彩色纤维。

第四,取消正面原双色横号码下方的装饰性图案;背面主景图案下方的面额数字后面,增加人民币单位元的汉语拼音"YUAN";年号改为"2005年"。

4. 人民币10元纸币

(1) 2005年版与1999年版的相同点。10元纸币的规格、主景图案、主色调、"中国人民银行"行名和汉语拼音行名、面额数字、花卉图案、国徽、盲文面额标记、民族文字等票面特征,固定花卉水印、白水印、全息磁性开窗安全线、手工雕刻头像、胶印缩微文字、胶印对印图案、雕刻凹版印刷、双色横号码等防伪特征,均与1999年版相同。

(2) 2005年版与1999年版的区别。

第一,调整隐形面额数字观察角度。正面右上方有一装饰性图案,将票面置于与眼睛接近平行的位置,面对光源做上下倾斜晃动,可以看到面额数字"10"字样。

第二,凹印手感线:正面主景图案右侧,有一组自上而下规则排列的线纹,采用雕刻凹版印刷工艺印制,用手指触摸,有极强的凹凸感。

第三,取消纸张中的红蓝彩色纤维。

第四,背面主景图案下方的面额数字后面,增加人民币单位元的汉语拼音"YUAN";年号改为"2005年"。

5. 人民币5元纸币

(1) 2005年版与1999年版的相同点。2005年版5元纸币的规格、主景图案、国徽、盲文面额标记、民族文字等票面特征,固定花卉水印、白水印、全息磁性开窗安全线、手工雕刻头像、胶印缩微文字、雕刻凹版印刷、双色横号码等防伪特征,均与1999年版相同。

(2) 2005年版与1999年版的区别。

第一,调整隐形面额数字观察角度。正面右上方有一装饰性图案,将票面置于与眼睛接近平行的位置,面对光源做上下倾斜晃动,可以看到面额数字"5"字样。

第二,增加凹印手感线:正面主景图案右侧,有一组自上而下规则排列的线纹,采用雕刻凹版印刷工艺印制,用手指触摸,有极强的凹凸感。

第三,取消纸张中的红蓝彩色纤维。

第四,背面主景图案下方的面额数字后面,增加人民币单位元的汉语拼音"YUAN";年号改为"2005年"。

6. 人民币1角硬币

第五套人民币1角硬币材质由铝合金改为不锈钢,色泽为钢白色。其正背面图案、规格、外形与现行流通的第五套人民币1角硬币相同,即正面为"中国人民银行"、"1角"和汉语拼音字母"YIJIAO"及年号,背面为兰花图案及中国人民银行的汉语拼音"ZHONG GUO REN MIN YIN HANG",直径为19毫米。

二、目前发现的第五套人民币假币的主要特点

1. 伪造固定人像、花卉水印

假人民币伪造水印的方法有两种:一种是在纸张夹层中上白色浆料,迎光透视,水印所在位置的纸张明显偏厚;另一种是在票面正面、背面或正背面同时使用无色或淡黄色油墨印刷类似水印的图案,该图案无须迎光透视也清晰可见,立体感较差。

2. 伪造安全线

假人民币伪造安全线的方法主要有四种:第一种是在钞票表面用深色油墨印刷一个线条来伪造全埋式安全线。第二种是在纸张夹层中放置金属或聚酯类线状物来伪造全埋式安全线,该线状物与纸张结合较差,极易抽出。线上的缩微文字也较为粗糙。第三种是使用双层纸张,在正面的纸张上,对应开窗位置留出断口,用以伪造全息开窗安全线,这种伪造的安全线与纸张结合较差,线表面无全息图案。第四种是用银色金属油墨间断地印刷在纸张表面或是采用烫金的方式在纸张表面间断地烫上金属膜来伪造全息开窗安全线。该种假安全线也无全息

图案。

3. 伪造雕刻凹版印刷图案

假人民币的正背面主景图案大多是由细点或实线条组成,图案颜色不正、缺乏层次、明暗过渡不自然。特别是人像图案目光无神,发丝线条模糊,无凹凸感。但是,目前也发现有一部分假币在凹凸印图案部位涂抹胶水或压痕来模仿凹印效果。

4. 伪造隐形数字

假人民币的隐形面额数字是使用无色油墨印刷而成的,图文线条与真币差别较大,而且即使与票面垂直角度观察也可以看到。

5. 伪造胶、凹印缩微文字

在放大镜下观察,假人民币的缩微文字模糊不清或文字不全。

6. 伪造光变油墨面额数字

假人民币一般使用两种方式伪造光变面额数字:一种是用普通单色油墨平版印刷,无真币特有的颜色变换特征,用手触摸无凹凸感;另一种是使用珠光油墨印刷,其变色特征与真币有明显区别。如新版100元假币,使用绿色珠光油墨伪造光变面额数字,虽有一定的光泽,但其线条粗糙,只有绿色珠光效应,无变色效果。

7. 伪造有色、无色荧光图案

在紫外光下观察,假人民币要么没有有色、无色荧光图案,要么其颜色及亮度与真币有一定的差别。

三、识别真假人民币的四种简易方法

对假币的识别、鉴别、鉴定应采取综合方法。作为企业出纳人员,应该掌握以下四种方法。

1. 眼看

用眼睛仔细地观察票面外观颜色、固定人像水印、安全线、胶印缩微文字、红色和蓝色纤维、隐形面额数字、光变油墨面额数字、阴阳互补对印图案、横竖双号码等。人民币的图案颜色协调,图案、人像层次丰富,富有立体感,人物形象表现传神,色调柔和;票面中的水印立体感强,层次分明,灰度清晰;安全线牢固地与纸张粘合在一起,并有特殊的防伪标记;阴阳互补对印图案完整、准确,各种线条粗细均匀,直线、斜线、波纹线明晰、光洁。

2. 手摸

依靠手指触摸钞票的感觉来分辨人民币的真伪。人民币是采用特种原料,由专用制造设备特制的印钞专用纸张印制,其手感光滑、厚薄均匀,坚挺有韧性,且票面上的行名、盲文、国徽和主景图案一般采用凹版印刷工艺,用手轻轻触摸,有凹凸感,手感与摸普通纸张感觉不一样。

3. 耳听

通过抖动使钞票发出声响,根据声音来判断人民币真伪。人民币是用专用特制纸张印制而成的,具有挺括、耐折、不易撕裂的特点,手持钞票用力抖动、手指轻弹或两手一张一弛轻轻对称拉动钞票,均能发出清脆响亮的声音。

4. 检测

检测就是借助一些简单工具和专用仪器进行钞票真伪识别的方法,如借助放大镜来观察票面线条的清晰度、胶、凹印缩微文字等;用紫外灯光照射钞票,观察有色和无色荧光油墨印刷的图案,纸张中不规则分布的黄、蓝两色荧光纤维;用磁性检测仪检测黑色横号码的磁性。

第五章

银行存款的管理制度

第一节 银行存款控制要点与控制措施

银行存款是企业存放在开户银行的货币资产。企业根据国家现金管理制度和结算制度的规定,对转账起点以上的经济往来业务,一律由银行办理转账划拨手续。它是现代经济交往中的一种主要的资金清算工具。

根据国务院、财政部、中国人民银行等主管部门颁布的《现金管理条例》、《人民币银行结算账户管理办法》和《支付结算办法》的有关规定,凡是独立核算的企业,都必须在当地选择一家银行申请开户,填写"开立单位银行结算账户申请书"(见表5-1),经相关银行审核开立账户后,除按库存现金限额批准书核准保留一定量的现金外,超过限额部分的现金都必须及时送存开户银行。除按《现金管理条例》的有关规定,可以用现金直接支付的款项外,其余款项的清算都必须按照《支付结算办法》的规定,通过开户银行进行转账结算。

表 5-1

开立单位银行结算账户申请书

存款人名称			电 话	
地 址			邮 编	
存款人类别		组织机构代码		
法定代表人( ) 单位负责人( )	姓 名			
	证件种类		证件号码	
行业分类	A( )B( )C( )D( )E( )F( )G( )H( )I( ) J( )K( )L( )M( )N( )O( )P( )Q( )R( ) S( )T( )			
注册资金	币种: 金额:		地区代码	
经营范围				

(续表)

证明文件种类		证明文件编号	
国税登记证号		地税登记证号	
关 联 企 业	关联企业信息填列在"关联企业登记表"上。		
账 户 性 质	基本（ ） 一般（ ） 专用（ ） 临时（ ）		
资 金 性 质		有效日期至	年 月 日

以下为存款人上级法人或主管单位信息：

上级法人或主管单位名称			
基本存款账户开户许可证核准号		组织机构代码	
法定代表人（ ）	姓　　名		
单位负责人（ ）	证件种类	证件号码	

以下栏目由开户银行审核后填写：

开户银行名称			
开户银行代码		账　　号	
账 户 名 称			
基本存款账户开户许可证核准号		开户日期	
本存款人申请开立单位银行结算账户，并承诺所提供的开户资料真实、有效。 存款人（公章） 年　月　日	开户银行审核意见： 业务人员　　业务主管 会计经办　　会计主管 开户银行（签章） 年　月　日	人民银行审核意见： （非核准类账户除外） 经办人（签章） 人民银行（签章） 年　月　日	

填写说明：

1. 申请开立临时存款账户，必须填列有效日期；申请开立专用存款账户，必须填列资金性质。

2. "行业分类"中各字母代表的行业种类如下：A:农、林、牧、渔业；B:采矿业；C:制造业；D:电力、燃气及水的生产供应业；E:建筑业；F:交通运输、仓储和邮政业；G:信息传输、计算机服务及软件业；H:批发和零售业；I:住宿和餐饮业；J:金融业；K:房地产业；L:租赁和商务服务业；M:科学研究、技术服务和地质勘查业；N:水利、环境和公共设施管理；O:居民服务和其他服务业；P:教育业；Q:卫生、社会保障和社会福利业；R:文化、教育和娱乐业；S:公共管理和社会组织；T:其他行业。

3. 带括号的选项填"√"。

4. 申请开立核准类账户，填写本表一式三联，三联申请书由开户银行报送人民银行上海分行，加盖审核章后，一联开户单位留存，一联开户银行留存，一联中国人民银行上海分行留存；申请开立备案类账户，填写本表一式二联，一联存款人留存，一联开户银行留存。

第五章 银行存款的管理制度

在银行存款控制流程中,主要应确定如下控制点和相应的控制措施。

1. 审批

业务部门批准的业务人员办理有关银行存款事项或经办有关业务,必须核实原始凭证内容并签章,交业务部门负责人审核并签章;超出业务部门权限规定的银行存款收支业务,须报上级主管部门审批并签字盖章。审批银行存款收支业务,可以保证业务办理的正确性和合法性,加强经办人员的责任感,避免违纪违规情况发生。

2. 审核

会计主管人员或指定人员审核原始凭证和结算凭证,签章同意办理银行存款结算。审核原始凭证,可以检查经济业务是否合理合法,保证银行存款结算正确有效;审核结算凭证,可以检查银行存款结算是否正确,保证存款安全和核算正确。

3. 结算

出纳人员根据审签的凭证,或按照授权办理银行存款收、付业务;出纳人员办理结算业务前,复核原始凭证及有关合同文本;按不同的结算方式填制结算凭证或取得结算凭证;结算凭证应加盖财务专用章和出纳人员私章,财务专用章、签发支票印鉴和财务负责人印鉴应由主管会计和出纳人员分别保管;支票和结算凭证必须按编号顺序连续使用;作废的支票应加盖"作废"戳记;收、付款项后应在凭证上加盖"收讫"或"付讫"戳记;非出纳人员不得经管银行存款业务。按此原则办理银行存款结算,能有效地监管银行存款收、付业务工作,防止套取存款、出借账户和转让支票等违纪违规的行为。

4. 复核

稽核人员审核银行存款收付记账凭证是否附有原始凭证及结算凭证,结算金额是否一致,记账科目是否正确,有关人员是否签字盖章等,审核无误后由稽核人员签字盖章。复核记账凭证,可以发现银行存款收付错误和记账凭证编制差错,保证银行存款核算正确。

5. 记账

出纳人员根据银行存款收、付凭证登记银行存款日记账;会计人员根据银行存款收、付凭证登记相关明细分类账;总账会计登记银行存款总分类账;各有关记账人员均应在记账凭证上签章。登记银行存款相关账户,可以保证银行存款收支业务的可查性,防止或发现结算中的违规违纪不法行为,及时提供真实可靠的银行存款结算信息。

6. 核对

由稽核人员或其他非记账人员核对银行存款日记账和有关明细分类账、总分类账;如有误差应报经批准后予以处理;参与核对的人员应签字盖章。

第二节　银行存款的管理

银行存款管理是指国家、银行、企业等有关各方对银行存款及相关内容进行的监督和管理。其直接、具体的管理者是各个开户单位。

银行存款管理的内容,根据管理对象的不同,可以分为银行存款账户的管理、银行存款结算的管理、银行存款核算的管理。

为了及时、正确地核算银行存款的收入、支出和结存情况,确保银行存款的安全完整,企业应在开户银行开立存款账户。银行账户是各单位通过开户银行办理转账结算、信贷以及现金解款、取款业务的主要渠道。

一、银行账户的分类

银行账户根据资金管理和使用的不同,可分为基本存款账户、一般存款账户、临时存款账户和专用存款账户。

1. 基本存款账户

基本存款账户是指开户单位存款人办理日常转账结算和现金解款、取款的账户。基本存款账户是独立核算的单位在开户银行开立的主要账户,根据不同行业性质,可分为存款户、结算户、经费限额支出户和预算外存款户等。工商企业在开户银行设立的基本存款账户就是存款户;实行全额预算管理的行政事业单位,以其预算内资金在开户银行设立的基本存款账户就是预算内存款户;实行全额预算管理的行政事业单位以其预算外资金在开户银行设立的基本存款户和实施经费限额拨款的单位在开户银行设立的基本存款账户。

按中国人民银行规定,每一个开户单位只能在开户银行设立一个基本存款账户,开户单位的工资、奖金等现金的提取,应通过该账户办理。

2. 一般存款账户

一般存款户是指存款人(开户人)在基本存款账户以外的银行,借款转存或与基本存款账户的存款人不在同一地点,依附于独立核算单位的非独立核算单位设立的账户。

符合以下两种情况之一的,均可向银行申请开立一般存款账户:

(1) 附属的非独立核算单位与基本存款账户的开户人不在同一地的(须征得开户单位主管部门的核准)。

(2) 在开立基本存款账户以外的银行取得借款。

经开户银行审查同意后,申请开户人可以在借款银行或附属非独立核算单位指定的银行开设一般存款账户。

一般存款账户只办理转账结算和现金解款,不办理现金支取业务。该账户只与主管的独立核算单位和预算单位的基本账户发生款项收付,与其他账户的结算或是只收不付或是只付不收。只收不付账户的存款余额,由非独立核算单位(一般存款账户存款人)定期自行划归主管单位的基本存款账户;只付不收账户的所需资金由主管单位(独立核算单位)定期划拨。

3. 临时存款账户

临时存款账户是指存款人、开户人因临时经营活动需要而开立的资金账户。

符合以下两种情况之一的,均可向银行申请开立临时存款账户:

(1) 设立异地临时机构。

(2) 临时经营活动的需要。

存款人(开户人)可以通过临时存款账户办理转账结算和根据《现金管理条例》、《支付结算方法》的有关规定办理现金收、付业务。

4. 专用存款账户

专用存款账户是指存款人(开户人)因特殊用途需要而申请开立的账户。它主要包括:

(1) 为基本建设所需的资金开设的账户。

(2) 为更新改造固定资产所需的资金开设的账户。

(3) 为具有特定用途,需要专门管理等专项资金开设的账户。

二、银行存款管理的基本原则

根据《银行结算账户管理办法》的规定,银行账户的管理应遵循以下原则。

1. 自愿选择的原则

存款人(开户人)可以自愿选择银行开立账户,银行也可以自愿接受存款人(开户人)开立账户,满足双方的意愿,任何机关或个人均不得干预存款人(开户人)和银行开立或使用银行账户。

2. 一个基本账户原则

除国家另有特殊许可,存款人(开户人)在银行只能开立一个基本存款账户,不允许多头开立基本存款账户。存款人(开户人)在银行开立基本存款账户,实行由中国人民银行当地分支机构核发开户许可证制度。存款人(开户人)在其开立的账户内必须有足够的资金,保证支

第五章　银行存款的管理制度

付结算。

3. 存款保密原则

开户银行依法为存款人(开户人)保密,除国家法律规定的外,银行不能为任何单位或个人查询、冻结、拨划存款人(开户人)账户内的存款,以维护存款人(开户人)资金的安全与自主支配权。

申请开立银行账户必须满足开户必备的基本条件,而后填写向开户银行递交有关的证明文件,填制并提交印鉴卡片,如表 5-2 所示,接受开户银行的审查核准以后,取得银行账号,登记开户,并取得有关银行结算的各种凭证。启用、更换印鉴通知书,如表 5-3 所示。

表 5-2

交通银行上海分行印鉴卡
BANK OF COMMUNICATIONS

户名		账号	
地址		邮编	
启用日期	电话	联系人	
使用说明	共＿＿＿章凭公章＿＿＿章/私章＿＿＿章有效。		账户性质
单位财务公章	法定代表人或其授权人印章		

开户行名　　　　　　复核员　　　　　　经办员

表 5-3

启用、更换印鉴通知书

通知日期　　年　月　日

致：交通银行

　　1. 前送印鉴卡，现拟更换（式样见本卡背面），自　　年　月　日起启用。旧印鉴同日作废，请代为注销。（在更换印鉴以前本户开出的票据凭证在规定期限内前来取款时，旧印鉴继续有效）

　　2. 启用印鉴卡（式样见本卡背面），本公章视作本单位授权启用。

原单位财务公章 （加盖全部旧印鉴）	原法定代表人或其授权人 印章（加盖全部旧印鉴）	本公章证明我单位所留 印鉴（见背面）有效

旧卡附入传票日期

三、账户名称的变更、迁移、合并与撤销

1. 账户名称的变更

　　存款人（开户人）由于客观原因需要变更账户名称时，应向开户银行交验企业主管部门的批准文件，交验由工商行政管理部门重新核发的"工商企业营业执照"正本。经原开户银行核准，同意变更账户名称后，撤销原账号，按新开户条件重新申请办理相关手续，取得新账号。如表5-4所示。

表 5-4

变更银行结算账户申请书

账 户 名 称				
开户银行代码			账号	
账 户 性 质	基本（ ） 一般（ ） 专用（ ） 临时（ ） 个人（ ）			
开户许可证核准号				
变更事项及变更后内容如下：				
账 户 名 称				
地　　　址				
邮 政 编 码				
电　　　话				
注册资金金额				
证明文件种类				
证明文件编号				
经 营 范 围				
法定代表人或单位负责人	姓　　名			
	证件种类			
	证件号码			
关 联 企 业	变更后的关联企业信息填列在"关联企业登记表"中。			
上级法人或主管单位基本存款账户核准号				
上级法人或主管单位的名称				

(续表)

上级法人或主管单位法定代表人或单位负责人	姓　　名	
	证件种类	
	证件号码	
本存款人申请变更上述银行账户内容,并承诺所提供的资料真实、有效。 存款人(签章) 年　月　日	开户银行审核意见: 经办人(签章) 开户银行(签章) 年　月　日	人民银行审核意见: 经办人(签章) 人民银行(签章) 年　月　日

填表说明:

1. 带括号的选项填"√"。

2. 存款人申请变更核准类账户,填写本表一式三联,三联申请书由开户银行报送人民银行上海分行,加盖审核章后,一联存款人留存,一联开户银行留存,一联中国人民银行上海分行留存。

3. 存款人申请变更备案类账户,填写本表一式二联,一联存款人留存,一联开户银行留存。

开户人(存款人)如因主管财务的人事变动等原因,需要填写"变更银行结算账户申请书",如表5-4所示,出具开户单位的有关证明,经开户银行核准后,重新填制"印鉴卡片",并注销原预留印鉴卡片。

2. 账户的迁移

开户人的经营地点发生迁移时,应及时到开户银行办理迁移手续。若迁移后经营地址仍在同城的,凭迁出开户银行出具的证明,到迁入开户银行开立的新账号;若迁移至异地的,应按规定程序重新申请办理开户手续,以取得新账号。在开户人的搬迁过程中,允许迁移单位保留单位原账号。迁移结束后,应在1个月内结清原账号。

3. 账户的合并或撤销

开户人因合并、撤销、停业等原因需要合并或撤销账户的,应会同开户银行核对开户企业的存、贷款账户的余额,经双方确认无误后结清余款及全部利息。同时,开户人交回各种未使用的由银行核发的空白凭证和开户许可证,填写"撤销银行结算账户申请书",如表5-5所示。开户企业销户后,由于撤销企业未交回开户银行的空白凭证而引起的一切后果均由原开户单位承担。

表5-5

撤销银行结算账户申请书

账户名称						
开户银行名称						
开户银行代码			账号			
账户性质	基本（ ）	专用（ ）	一般（ ）	临时（ ）	个人（ ）	
开户许可证核准号						
销户原因						
交回空白票据和凭证	凭证名称	张　数		起　讫　号　码		
本存款人申请撤销上述银行结算账户,承诺所提供的证明文件真实、有效。 　　　　　　　　　　存款人（签章） 　　　　　　　　　　　　年　月　日			开户银行审核意见： 业务人员：　　　业务主管： 会计经办：　　　会计主管： 　　　　　　开户银行（签章） 　　　　　　　　　年　月　日			

填表说明：
1. 带括号选项填"√"。
2. 撤销基本存款账户、临时存款账户和预算单位专用存款账户,填写本表一式三联,一联存款人留存,一联开户银行留存,一联由开户银行报送中国人民银行上海分行。撤销一般存款账户、非预算单位专用存款账户、个人银行结算账户,填写本表一式二联,一联存款人留存,一联开户银行留存。

企业在取得银行账号后,连续1年(可以跨会计年度)未发生银行结算业务的,经开户银行核实后,认为无必要继续保留该账户的,可通知开户人在发出通知起30天内办理销户手续,逾期,开户银行视同自愿销户。存款账户内如有余额,视为银行收益。

4. 开户人(开户单位)在撤销基本存款账户后,重新申请开立基本存款账户时,应填写"已开立银行结算账户清单",如表5-6所示。

表5-6

已开立银行结算账户清单

存款人名称					
基本存款账户开户许可证核准号					
顺序	开户银行名称	银行机构代码	账 号	账户性质	开户日期
1					
2					
3					
4					
5					
6					
7					
8					
9					
10					
11					
12					
13					
14					
15					
16					
17					
18					

(续表)

顺序	开户银行名称	银行机构代码	账　号	账户性质	开户日期
19					
20					
21					
22					
23					
24					
25					
26					

填表说明：

1. 存款人在撤销基本存款账户后申请重新开立基本存款账户时，需要填写该表。

2. 存款人应准确、完整地填写所有已开立且未撤销的银行结算账户。如不敷填写，可增加清单。

3. 存款人可凭密码到原基本存款账户开户银行或中国人民银行上海分行（上海地区）查询开立银行结算账户的详细情况。

4. 本清单一式三联，二联存款人留存（存款人申请重新开立基本存款账户需提交一联），一联开户银行留存。

四、加强信贷结算监督、促进资金管理

加强对银行账户使用的管理是维护正常结算秩序的基础，是加强信贷结算监督、促进资金管理的重要措施。为此，开户单位应当严格遵守银行结算纪律，不准签发没有资金保证的票据或远期支票，套取银行信用；不准签发、取得和转让没有真实交易和债权债务的票据，套取银行和他人资金；不准无理拒绝付款，任意占用他人资金；不准违反规定开立和使用银行账户。

银行存款与现金一样具有很强的流动性，在资产负债表中排在流动资产的首要位置。企业的许多经营业务活动都是通过银行存款账户

的收付进行的。银行存款的核算和控制程序图,如图 5-1 所示。

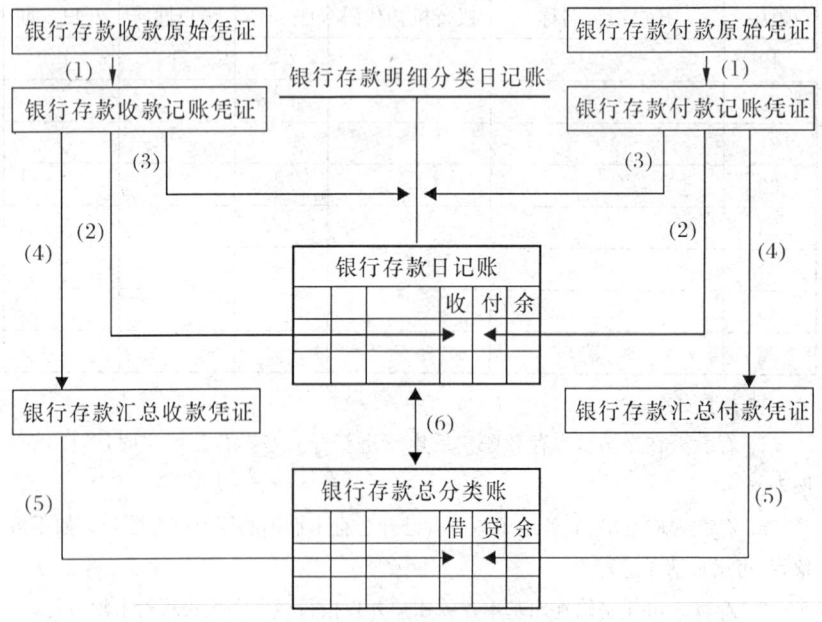

图 5-1 银行存款核算和控制程序图

第三节 银行存款收支业务的核算

企业在生产经营活动过程中,大量通过银行划拨转账收付款项的经济业务需要使用转账支票进行结算。会计部门应加强对空白转账支票的管理,建立空白转账支票的领取备查簿,严禁滥领空白转账支票。领用时,应经主管人员批准,并明确规定控制使用数额,不得任意超支;要制定领用责任制,明确规定经济业务使用数额。如发现遗失,除及时在公开媒体声明作废,并追究有关人员的责任。致使国家、企业财产遭受损失者,视情节轻重,给予相应的纪律处分或追究其刑事责任。

为了及时、正确地核算银行存款收入、付出和结存的情况,确保银行存款安全完整,应设置"银行存款"账户。该账户用来核算企业存入银行的各种存款,企业如果有存入其他金融机构的存款,也在此账户核算。企业应当严格按照国家有关支付结算方法进行核算,企业将款项存入银行或其他金融机构时,表示存入款项增加,借记"银行存款"账户,贷记"库存现金"等有关账户;提取和支出存款时,表示存入款项减少,借记"库存现金"等有关账户,贷记"银行存款"账户。该账户的余额在借方,表示企业银行存款在期末的结存数。

企业的外埠存款、银行本票存款、银行汇票存款、信用卡存款、信用证保证金存款等在"其他货币资金"账户核算,不在"银行存款"账户核算。

一、工业企业业务的处理

(一)银行存款收入业务的核算

工业企业的收入包括主营业务收入、其他业务收入和营业外收入。主营业务收入是指销售产品、自制半成品和提供工业性劳务等取得的收入;其他业务收入是指产品销售收入以外的其他销售或业务的收入,如材料销售、固定资产及包装物出租、运输收入等非工业性收入;营业外收入是指与其生产经营无直接关系的各项收入,包括固定资产盘盈、处置固定资产净收益、非货币性交易收益、出售无形资产收益、罚款净收入等。

宏远公司为工业生产经营企业,经核定为一般纳税人。2007年8月,该企业发生以下关于银行存款的收支业务:

例1 8月1日,宏远公司上月向南大工厂销售的A产品100台,每台售价4 500元,货款合计450 000元,增值税销项税额76 500元,全部款项今收到一张转账支票抵付。

收到南大工厂转账支票后,会计部门制单人员根据银行存款进账单,编制收款凭证,如表5-7所示。

表 5-7

	收款凭证			总号	1
借方科目 银行存款		2007年8月1日		分号	银收1

摘　要	应 贷 科 目		√	金　　额
	一级科目	二级或明细科目		亿千百十万千百十元角分
收回上月销货款	应收账款	南大工厂		5 2 6 5 0 0 0 0
合　　　计				¥ 　 5 2 6 5 0 0 0 0

财会主管　　　记账　　　出纳　　　复核　　　制单 李 文

其会计分录为：

　　借：银行存款　　　　　　　　　　　　　　526 500

　　　贷：应收账款——南大工厂　　　　　　　526 500

例2　8月3日，宏远公司销售给方大公司B产品80台，每台售价15 000元，现已发货，增值税专用发票注明价款1 200 000元，增值税销项税额204 000元。款项当即收妥存入银行。

　　会计部门出纳人员收妥方大工厂的转账支票，开出增值税专用发票，制单人员根据增值税专用发票记账联，编制收款凭证，如表5-8所示。

其会计分录为：

　　借：银行存款　　　　　　　　　　　　　　1 404 000

　　　贷：主营业务收入　　　　　　　　　　　1 200 000

　　　　　应交税费——应交增值税（销项税额）　204 000

表 5-8

收 款 凭 证

借方科目 银行存款　　　2007 年 8 月 3 日

总号	2
分号	银收 2

摘　要	应 贷 科 目		√	金　　额
	一级科目	二级或明细科目		亿千百十万千百十元角分
销售 B 产品	主营业务收入			1 2 0 0 0 0 0 0
征收销项税	应交税费	应交增值税(销项税额)		2 0 4 0 0 0 0
合　　　　计				¥ 1 4 0 4 0 0 0 0

财会主管　　　记账　　　出纳　　　复核　　　制单 李 文

例 3　8 月 4 日,宏远公司以赊销方式销售给正大工厂 B 产品 15 台,每台售价 15 000 元,增值税专用发票注明货款金额 225 000 元,增值税销项税额 38 250 元。

出纳人员根据赊销合同,开出增值税专用发票,会计部门制单人员根据增值税专用发票记账联,编制转账凭证,如表 5-9 所示。

表 5-9

转 账 凭 证

2007 年 8 月 4 日

总号	3
分号	转 1

摘要　销售 B 产品						
借 方 科 目			贷 方 科 目			金　　额
一级科目	二级或明细科目	√	一级科目	二级或明细科目	√	千百十万千百十元角分
应收账款	正大工厂		主营业务收入			2 2 5 0 0 0 0 0
			应交税费	应交增值税(销项税额)		3 8 2 5 0 0 0
合　　　　计						¥ 2 6 3 2 5 0 0 0

财会主管　　　记账　　　复核　　　制单 李 文

其会计分录为：

  借：应收账款——正大工厂   263 250
   贷：主营业务收入   225 000
    应交税费——应交增值税（销项税额）   38 250

例4 8月6日，根据赊销合同，宏远公司收到由远大工厂承付的上月购货款项789 750元。

制单人员根据开户银行送达的进账单记账联，编制收款凭证，如表5-10所示。

表5-10

摘要	应贷科目		√	金额									
	一级科目	二级或明细科目		亿	千	百	十	万	千	百	十	元	角	分
收回正大厂货款	应收账款	远大工厂					7	8	9	7	5	0	0	0
合计					¥		7	8	9	7	5	0	0	0

收款凭证 总号 5
借方科目 银行存款 2007年8月6日 分号 银收3

财会主管 记账 出纳 复核 制单 李 文

其会计分录为：

  借：银行存款   789 750
   贷：应收账款——远大工厂   789 750

例5 8月10日，宏远公司销售原材料一批，价款82 000元，增值税销项税额13 940元，款项收妥存入银行。

出纳人员收到转账支票，开出增值税专用发票，会计部门制单人员根据增值税专用发票记账联，编制收款凭证，如表5-11所示。

表 5-11

收 款 凭 证

借方科目 银行存款　　2007 年 8 月 10 日　　总号 7　分号 银收 4

摘要	应贷科目		✓	金额
	一级科目	二级或明细科目		亿千百十万千百十元角分
出售原材料	其他业务收入			8 2 0 0 0 0 0
征收销项税	应交税费	应交增值税(销项税额)		1 3 9 4 0 0 0
合　计				¥ 9 5 9 4 0 0 0

财会主管　　记账　　出纳　　复核　　制单 李 文

其会计分录为：

　借：银行存款　　　　　　　　　　　　　　　95 940
　　贷：其他业务收入　　　　　　　　　　　　82 000
　　　　应交税费——应交增值税(销项税额)　　13 940

例 6　8 月 18 日，宏远公司出租一批包装物，收到客户交来租金 7 800 元，当即存入银行。

出纳人员收到转账支票，当即开出增值税专用发票，会计部门制单人员根据增值税专用发票记账联，编制收款凭证，如表 5-12 所示。

其会计分录为：

　借：银行存款　　　　　　　　　　　　　　　7 800.00
　　贷：其他业务收入　　　　　　　　　　　　6 666.67
　　　　应交税费——应交增值税(销项税额)　　1 133.33
　　　　其他业务收入＝7 800÷(1＋17％)＝6 666.67(元)
　　　　销项税额＝7 800－6 666.67＝1 133.33(元)

表 5-12

收 款 凭 证

借方科目 银行存款　　2007 年 8 月 18 日　　总号 10　分号 银收 5

摘要	应贷科目		√	金额
	一级科目	二级或明细科目		亿千百十万千百十元角分
收出租包装物租金	其他业务收入			6 6 6 6 6 7
征收销项税	应交税费	应交增值税(销项税额)		1 1 3 3 3 3
合　计				￥7 8 0 0 0 0

财会主管　　记账　　出纳　　复核　　制单 李 文

例 7 8 月 21 日,宏远公司收到客户单位交来的转账支票,支付违约罚款金 5 680 元,公司当即存入银行。

出纳人员收到客户送达的转账支票,当即开出企业普通发票,会计部门制单人员根据普通发票记账联,编制收款凭证,如表 5-13 所示。

表 5-13

收 款 凭 证

借方科目 银行存款　　2007 年 8 月 21 日　　总号 12　分号 银收 6

摘要	应贷科目		√	金额
	一级科目	二级或明细科目		亿千百十万千百十元角分
收取罚款	营业外收入			5 6 8 0 0 0
合　计				￥5 6 8 0 0 0

财会主管　　记账　　出纳　　复核　　制单 李 文

其会计分录为：

借：银行存款　　　　　　　　　　　　　　　　　　5 680
　　贷：营业外收入　　　　　　　　　　　　　　　　　5 680

例8　8月25日，宏远公司销售B产品50台给振兴工厂，增值税专用发票注明货款金额750 000元，增值税销项税额127 500元。收到振兴工厂转账支票800 000元，其余暂欠。

会计部门人员根据销售合同、转账支票等开出增值税专用发票，制单人员根据合同、增值税专用发票记账联等，编制收款凭证，如表5-14所示；转账凭证，如表5-15所示。

表5-14

收 款 凭 证

借方科目　银行存款　　　2007年8月25日　　总号　14　　分号　银收7

摘要	应贷科目		√	金额
	一级科目	二级或明细科目		亿千百十万千百十元角分
销售B产品	主营业务收入			6 8 3 7 6 0 6 8
征收销项税	应交税费	应交增值税（销项税额）		1 1 6 2 3 9 3 2
合　　计				￥8 0 0 0 0 0 0 0

财会主管　　记账　　出纳　　复核　　制单　李　文

其会计分录为：

借：银行存款　　　　　　　　　　　　　　　800 000.00
　　贷：主营业务收入　　　　　　　　　　　683 760.68
　　　　应交税费——应交增值税（销项税额）　116 239.32
　　　　主营业务收入＝800 000÷(1＋17％)＝683 760.68(元)
　　　　销项税额＝683 760.68×17％＝116 239.32(元)

表 5-15

转账凭证		总号	15
2007 年 8 月 25 日		分号	转 2

摘要	振兴工厂部分欠款												
借方科目			贷方科目			金额							
一级科目	二级或明细科目	√	一级科目	二级或明细科目	√	千	百	十	万	千	百	十	元	角	分
应收账款	振兴工厂		主营业务收入					6	6	2	3	9	3	2
			应交税费	应交增值税（销项税额）				1	1	2	6	0	6	8
合计								7	7	5	0	0	0	0

财会主管　　　　记账　　　　复核　　　　制单　李　文

其会计分录为：

　　借：应收账款——振兴工厂　　　　　　　77 500.00
　　　　贷：主营业务收入　　　　　　　　　　66 239.32
　　　　　　应交税费——应交增值税（销项税额）　11 260.68
　　　　　主营业务收入＝77 500÷(1＋17％)＝66 239.32(元)
　　　　　销项税额＝66 239.68×17％＝11 260.68(元)

按照有关规定，在同一笔经济业务中，既涉及银行存款（现金）的收、付业务，又涉及转账业务时，应同时编制收款（或付款）凭证和转账凭证。

(二) 银行存款支出业务的核算

工业企业是生产经营型企业，销售是其生产的产品。工业企业的生产过程同时也是生产消费过程，产品的生产成本是由生产费用逐步积累和对象化而形成的。工业企业为了管理和组织生产、销售产品取得收入进而创造利润，会发生期间费用，包括销售费用、管理费用和财务费用，也会发生除产品成本以外的其他业务支出，包括销售材料、提供劳务等而发生的相关成本、费用,以及相关税金及附加等,还会发生与其生产经营无直接关系的各项营业外支出,如固定资产盘亏、处置固定资产净损失、出售无形资产损失、债务重组损失、计提固定资产减值准备、计提无形资产减值准备、计提在建工程减值准备、罚款支出、捐赠支出、非常损失等。

工业企业发生的成本、费用支出有一些是通过内部转账完成的,有一些则需要通过银行存款进行清偿。

2007年8月,宏远公司发生以下有关银行存款的收支业务:

例9 8月5日,宏远公司为备发8月份工资,向开户银行提取现金350 000元。

会计部门出纳人员根据"工资结算汇总表"签发现金支票提取现金,制单人员根据现金支票存根联,编制付款凭证,如表5-16所示。

表5-16

付 款 凭 证

贷方科目 银行存款　　2007年8月5日　　总号 4　　分号 银付1

摘要	应借科目		✓	金额
	一级科目	二级或明细科目		亿千百十万千百十元角分
提现备发工资	库存现金			3 5 0 0 0 0 0 0
合　　　计				￥3 5 0 0 0 0 0 0

财会主管　　记账　　出纳　　复核　　制单 李 文　　领款人签章　　出纳人员

其会计分录为:

借:库存现金　　　　　　　　　　　　　　　350 000
　　贷:银行存款　　　　　　　　　　　　　　350 000

例10 8月8日,宏远公司从钢材市场购买方钢20吨,单价10 500元,槽钢35吨,单价12 000元,增值税专用发票注明钢材货款630 000元,进项税额107 100元,当即以支票结清有关款项。

会计部门出纳人员收到增值税专用发票,当即签发企业转账支票支付全部款项,制单人员根据转账支票的存根及增值税专用发票的发票联,编制付款凭证,如表5-17所示。

表5-17

		付 款 凭 证		总号	6
贷方科目 银行存款		2007年8月8日		分号	银付2

摘 要	应 借 科 目		√	金 额
	一级科目	二级或明细科目		亿千百十万千百十元角分
购入钢材	材料采购	钢材		6 3 0 0 0 0 0 0
征收销项税	应交税费	应交增值税(进项税额)		1 0 7 1 0 0 0 0
合 计				¥ 7 3 7 1 0 0 0 0

财会主管   记账   出纳   复核   制单 李 文   领款人签章 转账支票

其会计分录为:

　借:材料采购　　　　　　　　　　　　　　　　　630 000
　　　应交税费——应交增值税(进项税额)　　　　107 100
　贷:银行存款　　　　　　　　　　　　　　　　　737 100

例11 8月11日,从钢材市场采购的钢材由销售方运回公司,以银行存款支付运杂费2 310元(运杂费按重量比例分摊)。

会计部门出纳人员收到运费发票,开出转账支票支付运费,制单人员根据运费发票及转账支票存根联,编制付款凭证,如表5-18所示。

表 5-18

付 款 凭 证

2007 年 8 月 11 日

贷方科目 银行存款

总号 8
分号 银付 3

摘要	应借科目		√	金额
	一级科目	二级或明细科目		亿千百十万千百十元角分
支付运杂费	材料采购	方钢		8 4 0 0 0
		槽钢		1 4 7 0 0 0
合计				¥ 2 3 1 0 0 0

财会主管   记账   出纳   复核   制单 李 文   领款人签章 转账支票

其会计分录为:

　　借:材料采购——方钢　　　　　　　　　　　　840
　　　　　　——槽钢　　　　　　　　　　　　 1 470
　　　　贷:银行存款　　　　　　　　　　　　　2 310

　　　　运杂费分配率＝2 310÷(20＋35)＝42
　　　　方钢应分配的运杂费＝20×42＝840(元)
　　　　槽钢应分配的运杂费＝35×42＝1 470(元)

例 12　8 月 15 日,宏远公司收到开户银行转来付款通知书(本月电费 35 000 元,增值税额 5 950 元)。

会计部门制单人员根据付款通知书,编制付款凭证,如表 5-19 所示。

其会计分录为:

　　借:应付账款——电力公司　　　　　　　　　40 950
　　　　贷:银行存款　　　　　　　　　　　　　40 950

表 5-19

付款凭证

2007 年 8 月 15 日

总号 9
分号 银付 4

贷方科目 银行存款

摘要	应借科目		√	金额
	一级科目	二级或明细科目		亿千百十万千百十元角分
支付电费	应付账款	电力公司		4 0 9 5 0 0 0
合计				¥ 4 0 9 5 0 0 0

财会主管　记账　出纳　复核　制单 李 文　领款人签章 银行付账通知

例 13 8 月 20 日,宏远公司以银行存款支付设备维修保养费 1 000 元(其中企业管理部门负担 400 元,生产车间负担 600 元)。

公司出纳人员收到对方开具的发票,经审核无误,签发转账支票,制单人员根据发票及转账支票存根,编制付款凭证,如表 5-20 所示。

表 5-20

付款凭证

2007 年 8 月 20 日

总号 11
分号 银付 5

贷方科目 银行存款

摘要	应借科目		√	金额
	一级科目	二级或明细科目		亿千百十万千百十元角分
设备维修费	管理费用			4 0 0 0 0
	制造费用			6 0 0 0 0
合计				¥ 1 0 0 0 0 0

财会主管　记账　出纳　复核　制单 李 文　　领款人签章 转账支票

第五章 银行存款的管理制度

其会计分录为：

　　借：管理费用　　　　　　　　　　　　　　　　　　400
　　　　制造费用　　　　　　　　　　　　　　　　　　600
　　　贷：银行存款　　　　　　　　　　　　　　　　　1 000

例 14　8月23日，宏远公司开户银行转来第一期借款利息付款通知书，计3 000元。

会计部门制单人员根据付款通知书，编制付款凭证，如表5-21所示。

表5-21

付　款　凭　证

总号	13
分号	银付6

贷方科目　银行存款　　　2007年8月23日

摘　要	应　借　科　目		√	金　　　额
	一级科目	二级或明细科目		亿千百十万千百十元角分
支付第一期借款利息	财务费用	借款利息		3 0 0 0 0 0
合　　　　　计				¥　　　3 0 0 0 0 0

财会主管　　记账　　出纳　　复核　　制单 李 文　　　领款人签章 转账支票

其会计分录为：

　　借：财务费用　　　　　　　　　　　　　　　　　3 000
　　　贷：银行存款　　　　　　　　　　　　　　　　3 000

例 15　8月26日，根据购销合同约定，支付上月购买材料应付给朝辉工厂的货款45 000元。

会计部门出纳人员根据合同，签发转账支票支付购货款项，制单人员根据转账支票存根，编制付款凭证，如表5-22所示。

表 5-22

付 款 凭 证

贷方科目 银行存款　　2007 年 8 月 26 日　　总号 16　分号 银付 7

摘要	应借科目		√	金　　　额
	一级科目	二级或明细科目		亿千百十万千百十元角分
支付前欠货款	应付账款	朝辉工厂		4 5 0 0 0 0
	合　　　计			¥　　　4 5 0 0 0 0

财会主管　　记账　　出纳　　复核　　制单 李 文　　领款人签章 转账支票

其会计分录为：

　　借：应付账款——朝晖工厂　　　　　　　　　45 000

　　　贷：银行存款　　　　　　　　　　　　　　　　45 000

例 16 8 月 27 日，宏远公司以银行存款支付开设在外地的销售部门经费 50 000 元。

会计部门出纳人员经授权签发转账支票，制单人员根据转账支票存根，编制付款凭证，如表 5-23 所示。

表 5-23

付 款 凭 证

贷方科目 银行存款　　2007 年 8 月 27 日　　总号 17　分号 银付 8

摘要	应借科目		√	金　　　额
	一级科目	二级或明细科目		亿千百十万千百十元角分
支付销售部门经费	销售费用			5 0 0 0 0 0 0
	合　　　计			¥　　　5 0 0 0 0 0 0

财会主管　　记账　　出纳　　复核　　制单 李 文　　领款人签章 转账支票

其会计分录为：

借：销售费用　　　　　　　　　　　　　　　　　50 000
　　贷：银行存款　　　　　　　　　　　　　　　　　　50 000

例17　8月29日，宏远公司预交所得税 30 000 元。

经审核，出纳人员开出转账支票支付所得税，制单人员根据转账支票存根，编制付款凭证，如表5-24所示。

表5-24

付款凭证				总号	18
贷方科目　银行存款　　2007年8月29日				分号	银付9

摘要	应借科目		✓	金　　　额
	一级科目	二级或明细科目		亿千百十万千百十元角分
预交所得税	应交税费	应交所得税		3 0 0 0 0 0 0
合　　　　　计				￥　　3 0 0 0 0 0 0

财会主管　　记账　　出纳　　复核　　制单 李 文　　领款人签章 转账支票

其会计分录为：

借：应交税费——应交所得税　　　　　　　　　 30 000
　　贷：银行存款　　　　　　　　　　　　　　　　　　30 000

例18　8月30日，宏远公司支付当月公司办托儿所经费 20 000 元。

会计部门出纳人员经授权开出转账支票，制单人员根据转账支票存根，编制付款凭证，如表5-25所示。

表 5-25

付款凭证			总号	19
贷方科目 银行存款		2007 年 8 月 30 日	分号	银付 10

摘要	应借科目		√	金　　额
	一级科目	二级或明细科目		亿千百十万千百十元角分
支付托儿所经费	营业外支出			2 0 0 0 0 0
合　　　计				￥　　2 0 0 0 0 0

财会主管　　记账　　出纳　　复核　　制单 李 文　　领款人签章 转账支票

其会计分录为：

　　借：营业外支出　　　　　　　　　　　　20 000
　　　　贷：银行存款　　　　　　　　　　　　　　20 000

例 19　8 月 31 日，宏远公司支付投资者利润 500 000 元。

会计部门出纳人员经授权，开出转账支票 500 000 元，制单人员根据转账支票存根，编制付款凭证，如表 5-26 所示。

表 5-26

付款凭证			总号	20
贷方科目 银行存款		2007 年 8 月 31 日	分号	银付 11

摘要	应借科目		√	金　　额
	一级科目	二级或明细科目		亿千百十万千百十元角分
支付投资者利润	应付股利			5 0 0 0 0 0 0 0
合　　　计				￥5 0 0 0 0 0 0 0

财会主管　　记账　　出纳　　复核　　制单 李 文　　领款人签章 转账支票

其会计分录为：

借：应付股利　　　　　　　　　　　　　　　　　　500 000
　　贷：银行存款　　　　　　　　　　　　　　　　　500 000

宏远公司会计部门出纳人员根据审核无误的记账凭证及所附原始凭证登记银行存款日记账，如表 5-27 所示（银行存款日记账上月期末余额为 3 323 500 元）。

二、商品流通企业业务的处理

商品流通业是专门组织商品流通，介于生产和消费之间的一个经济行业，习惯上称为商业。从事商品流通的企业按照其在商品流通中所处的地位，可以分为批发企业和零售企业等。

商品流通企业的经营活动具有不同于其他行业的特征，其中，最主要的特征是"不从事生产而只从事商品交换"，商品流通企业通过组织商品收购、运输、储存、销售活动，不仅方便生产企业的产品销售，也为消费者的购买和消费提供了很大的便利。购销商品是商品流通企业的主营业务。当今市场的商品流通形式已经相当发达，它的交换方式主要是从货币到商品，再从商品到货币，即 G—W—G′ 的过程。在这种形式下，在生产者向消费者出售商品的过程中，生产者与消费者之间会有商品经营者——商人介入，由商人组织商品流通，专事媒介商品交换。商品经营者的经济活动是以货币投入为起点，以购买活动 G—W 来实现生产者的出售，然后以销售活动 W—G′ 来实现消费者或生产者的购买，同时换回增值了的货币，完成价值与使用价值的统一——商品交换。

从事批发商品购销业务的商业批发企业，从生产企业或其他企业购进商品，供应给零售企业或其他批发企业，用以转售或供应给其他单位。商业批发企业处于商品流通过程的中间环节，是连接生产企业和零售企业的桥梁，有助于商品价值与使用价值的统一。

表5-27

银行存款日记账

20×7年		凭证号数	对方科目	摘要	∨	收入金额	付出金额	结存金额
月	日							
8	1			期初余额				3 323 500.00
	1	银收1	应收账款	收回上月销货款		526 500.00		3 850 000.00
	3	银收2	主营业务收入	销售B产品		1 200 000.00		5 050 000.00
			应交税费	征收销项税		204 000.00		5 254 000.00
	5	银付1	库存现金	提现			350 000.00	4 904 000.00
	6	银收3	应收账款	收正大厂货款		789 750.00		5 693 750.00
	8	银付2	材料采购	购入钢材			630 000.00	5 063 750.00
			应交税费	计征进项税			107 100.00	4 956 650.00
	10	银收4	其他业务收入	出售原材料		82 000.00		5 038 650.00
			应交税费	征收销项税		13 940.00		5 052 590.00
	11	银付3	材料采购	支付运杂费			2 310.00	5 050 280.00

第五章 银行存款的管理制度

日	凭证号	对方科目	摘要	借方	贷方	余额
15	银付4	应付账款	支付电费		40 950.00	5 009 330.00
18	银收5	其他业务收入	收包装物租金	6 666.67		5 015 996.67
		应交税费	计征销项税	1 133.33		5 017 130.00
20	银付5	管理费用	设备维修费		400.00	5 016 730.00
		制造费用	设备维修费		600.00	5 016 130.00
21	银收6	营业外收入	收罚金	5 680.00		5 021 810.00
23	银付6	财务费用	支付一季度借款利息		3 000.00	5 018 810.00
25	银收7	主营业务收入	销售B产品	683 760.68		5 702 570.68
		应交税费	征收销项税	116 239.32		5 818 810.00
26	银付7	应付账款	支付前欠货款		45 000.00	5 773 810.00
27	银付8	销售费用	支付销售部经费		50 000.00	5 723 810.00
29	银付9	应交税费	预交所得税		30 000.00	5 693 810.00
30	银付10	营业外支出	支付托儿所经费		20 000.00	5 673 810.00
31	银付11	应付股利	支付投资者利润		500 000.00	5 173 810.00
8			本期发生额及余额	3 629 670.00	1 779 360.00	5 173 810.00

批发企业经营的特点决定了批发商品要同时进行数量、金额核算。大、中型批发企业、农副产品收购企业的库存商品一般采用进价数量金额核算法。规模较小的基层批发企业通常采用售价数量金额法核算库存商品。

根据《企业会计制度——会计科目》的规定,商品流通企业采用进价核算的商品,对于收到的商品,应按商品进价借记"库存商品"账户,贷记"在途物资"账户,采用售价核算的商品,应按商品售价,借记"库存商品"账户,按商品进价,贷记"在途物资"账户,按商品售价与进价间的差额,贷记"商品进销差价"账户。

商品购进按照地区不同,可以分为同城购进和异地购进。

(一)商品流动企业同城购销业务的核算

1. 同城商品购进

同城商品购进,一般采用"提货制"或"送货制"方式交接商品,货款一般采用转账支票结算。通常,同城商品交易货款的结算与商品验收入库能在同一天完成。

例20 春光贸易公司从本市 101 工厂购进一批家用电器。增值税专用发票上注明的货款总额 420 000 元,增值税进项税额 71 400 元,合同约定商品由 101 厂负责送达。款项一并以转账支票付讫。

公司会计部门出纳人员根据 101 工厂开具的增值税专用发票,经授权签发本公司转账支票,制单人员根据转账支票存根,编制付款凭证,其会计分录为:

借:在途物资——家用电器	420 000
应交税费——应交增值税(进项税额)	71 400
贷:银行存款	491 400

同时,制单人员根据"商品验收入库报告单",编制转账凭证,其会计分录为:

借:库存商品——家用电器	420 000
贷:在途物资——家用电器	420 000

2. 商品流通企业代销商品的核算

商品代销是指委托方将商品委托其他企业代为销售的一种经营方式。代销业务有两个特点：一是委托方将商品发运给受托方时，商品所有权不发生转移，不结算货款；二是受托方将商品售出后，委托方根据收到的代销清单确认收入的实现。企业的商品代销业务有委托代销和受托代销两种。

委托代销商品是企业委托其他商品流通企业代理销售商品的一种销售方式。双方签订委托代销合同，规定代销商品的品名、规格、手续费标准以及结算方式等。按现行《增值税暂行条例》规定，企业委托他人销售货物，应视同销售，企业销售受托代销货款时，也应视同销售，都应按规定征收增值税。

(1) 批发企业委托代销商品的核算。企业发生委托其他单位代销商品的业务，应通过"委托代销商品"账户核算。该账户的借方登记企业委托代销商品的实际成本（或进价，采用计划成本或售价核算的按计划成本或售价），同时记入"库存商品"账户的贷方。

例21 长远商贸公司（批发企业）委托甲公司代销某型号微波炉40台，每台进价220元，已发往甲公司。

长远商贸公司会计部门制单人员根据代销合同、"商品出库单"，编制转账凭证，其会计分录为：

借：委托代销商品——甲公司　　　　　　　　　　8 800
　　贷：库存商品——微波炉　　　　　　　　　　　8 800

根据代销合同约定，该批代销商品的不含税售价为每件350元，增值税税率为17%。该批微波炉现已全部售出，收到代销清单。

会计部门出纳人员收到甲公司开具的"代销清单"，开出增值税专用发票，制单人员根据增值税专用发票记账联，编制转账凭证，其会计分录为：

借：应收账款——甲公司　　　　　　　　　　　　16 380
　　贷：主营业务收入　　　　　　　　　　　　　　14 000
　　　　应交税费——应交增值税(销项税额)　　　 2 380

同时，制单人员编制结转已销商品成本的转账凭证，其会计分录为：

借：主营业务成本　　　　　　　　　　　　　　　 8 800
　　贷：委托代销商品——××微波炉　　　　　　 8 800

根据合同约定，按销售收入3%，支付甲公司代销手续费，收到甲公司扣除手续费后的货款及增值税销项税额15 960元(16 380－14 000×3%)。

会计部门制单人员根据开户银行转来的"进账单回单"，编制收款凭证，其会计分录为：

借：银行存款　　　　　　　　　　　　　　　　　15 960
　　销售费用——委托代销手续费　　　　　　　　　 420
　　贷：应收账款——甲公司　　　　　　　　　　 16 380

· (2) 零售企业委托代销商品的核算。由于零售企业普遍采用售价金额法核算，因而"库存商品"账户按售价登记，在销售实现、结转商品销售成本时，应分摊商品进销差价。

例22　兴业超市委托乙公司销售电动助动车50辆，每辆含税进价1 170元，零售价格每辆1 521元，已发交乙公司。

会计部门制单人员根据合同及商品出库单，编制转账凭证，其会计分录为：

借：委托代销商品——乙公司　　　　　　　　　　65 000
　　贷：库存商品——电动助动车　　　　　　　　 65 000
　　　　发出库存商品总额=50×[1 521÷(1+17%)]=65 000(元)

1个月后，该批电动助动车全部售出，收到乙公司开具的代销清单。会计部门出纳人员收到乙公司开具的"代销清单"，开具增值税专

用发票,制单人员根据增值税专用发票记账联,编制转账凭证,其会计分录为:

  借:应收账款——乙公司   76 050
   贷:主营业务收入   65 000
    应交税费——应交增值税(销项税额) 11 050

同时,制单人员编制结转已销商品成本的转账凭证,其会计分录为:

  借:主营业务成本   65 000
   贷:委托代销商品——电动助动车   65 000

制单人员结转该批商品的进销差价 15 000 元[65 000 — 50×1 170÷(1+17%)],其会计分录为:

  借:商品进销差价   15 000
   贷:主营业务成本   15 000

根据合同约定,按销售收入的 5%支付乙公司的代销手续费,收到乙公司扣除手续费后的商品货款及销项税额 72 800 元(76 050 — 65 000×5%)。

会计部门制单人员根据开户银行转来的"进账单",编制收款凭证,其会计分录为:

  借:银行存款   72 800
    销售费用   3 250
   贷:应收账款——乙公司   76 050

(二)商品流通企业异地购进业务的核算

异地商品购进的交接方式一般采用"发货制",货款清偿通常采用银行结算方式进行。"发货制"下的商品是由交通运输部门运送的,而货款的结算凭证则需要通过交易双方的开户银行传递,因此,就可能出现支付货款的时间与商品验收入库的时间不相一致的情况,主要有:单到货同到、单到货未到和货到单未到等。

在这种交易方式下,依据《企业会计准则——会计科目》的相关规定,企业可以设置"在途物资"账户进行核算。

1. 支付货款和商品验收入库同时完成,又称单到货同到

例23 上海春光贸易公司向广州市百货供应站购进日用商品一批。采购员随货一同返沪,增值税专用发票上注明该批日用百货的价款30 000元,进项税额5 100元,货物运费3 000元,由销货方代垫,公司随即委托银行付清款项。

公司出纳人员根据审核无误的增值税专用发票委托开户银行付款,制单人员根据相关凭证,编制付款凭证,其会计分录为:

借:在途物资——日用百货	30 000
应交税费——应交增值税(进项税额)	5 100
销售费用	3 000
贷:银行存款	38 100

同时,制单人员根据"商品验收入库报告单"编制转账凭证,其会计分录为:

借:库存商品——日用百货	30 000
贷:在途物资——日用百货	30 000

2. 先支付货款,商品后验收入库,又称单到货未到

例24 上海春光贸易公司向青岛海尔公司采购家用电脑一批,增值税专用发票上注明该批电脑的价款150 000元,进项税额25 500元,对方代垫铁路运输部门运杂费9 000元。银行转来托收承付结算凭证,经验单无误后全部予以承付。

公司出纳人员经授权开出"承付通知书",制单人员据此编制付款凭证,其会计分录为:

借:在途物资——家用电脑	150 000
应交税费——应交增值税(进项税额)	25 500
销售费用	9 000
贷:银行存款	184 500

5天后,海尔的家用电脑运达,经验收入库,制单人员根据"商品验收入库报告单",编制转账凭证,其会计分录为:

  借:库存商品——家用电脑   150 000
   贷:在途物资——家用电脑   150 000

3. 先验收商品,后支付货款,又称货到单未到

  购货企业遇到这种情况,通常可以先将商品验收入库但暂不入账,月内发票账单到达并付出款项时,再进行账务处理,会计处理的方法与单到货同到相同。

  如果已验收入库的商品,发票账单到月末仍未达到,货款无法支付的,可以根据合同价暂估入账,借记"库存商品"账户,贷记"应付账款"账户;下月初用红字编制相同的转账凭证予以冲销,等发票账单到达、支付货款后,再按照货到单同到的情况一样处理。

例25 上海春天贸易公司向四川省机电公司购进A型电机一批,合同价款25 000元,增值税税率为17%,当月20日,A型电机运达公司,发票账单尚未到达。仓库部门将A型电机按合同价验收入库。

  当月20日会计部门不作会计处理。月末,该批电机的发票账单仍未到达,会计部门制单人员根据"商品验收入库报告单",编制转账凭证,其会计分录为:

  借:库存商品——A型电机   25 000
   贷:应付账款——四川省机电公司   25 000

  次月初,会计部门制单人员用红字编制转账凭证,其会计分录为:

  借:库存商品——A型电机 |25 000|
   贷:应付账款——四川省机电公司 |25 000|

  次月5日,公司收到对方发票账单注明除商品价款、进项税额外,代垫运杂费500元。

  经公司出纳人员审核无误,授权委托开户银行付出全部款项,制单人员据此编制付款凭证,其会计分录为:

借：在途物资——A型电机 25 000
　　应交税费——应交增值税（进项税额） 4 250
　　销售费用 5 000
　贷：银行存款 34 250

同时，制单人员根据"商品验收入库报告单"，编制转账凭证，其会计分录为：
　借：库存商品——A型电机 25 000
　贷：在途物资——A型电机 25 000

（三）商品流通企业的增值税业务

从事商品零售或批零兼营的商品流通企业，有的属于小规模纳税人，有的被认定为一般纳税人，根据《增值税暂行条例》规定，小规模纳税人销售货物，按销售额的6％计征应纳增值税额，但不得抵扣进项税额。

小规模纳税人购进商品征收的进项税额应计入商品的进价成本中。《企业会计准则》规定，小规模纳税人，其增值税专用发票上注明的增值税额，计入购入物资及接受劳务的成本，不通过"应交税费——应交增值税（进项税额）"账户核算。

1. 一般纳税人的会计处理

例26　上海红光百货公司为一般纳税人，从合肥百货供应站购进美菱洗衣机45台，每台价款1 000元，增值税税率17％。合肥百货供应站代垫运杂费1 500元。该批洗衣机已验收入库，红光百货公司以银行存款支付全部款项。

红光公司会计部门出纳人员根据合同及"商品验收入库报告单"授权开户银行付清货款，制单人员据此编制付款凭证及转账凭证，其会计分录为：
　借：在途物资——洗衣机 45 000
　　应交税费——应交增值税（进项税额） 7 650
　　销售费用——运杂费 1 500
　贷：银行存款 54 150

同时，

借：库存商品——洗衣机	45 000
贷：在途物资——洗衣机	45 000

2. 小规模纳税人的会计处理

例27 晨光百货店为小规模纳税人，从本市日用百货批发站购进日用百货一批，价款3 000元，征收率6%，款项已用转账支票付讫，日用百货已由仓库验收，该批商品零售总价为4 770元。

百货店出纳人员根据增值税专用发票及"商品验收入库报告单"，开出转账支票，制单人员据此编制付款凭证及转账凭证，其会计分录为：

借：在途物资——日用百货	3 180
贷：银行存款	3 180
借：库存商品——日用百货	4 770
贷：在途物资——日用百货	3 180
商品销价差价	1 590

日用百货进价成本=3 000+(3 000×6%)=3 180(元)

（四）受托代销业务的处理

受托代销商品收入的核算。

1. 不收取手续费方式代销商品的核算

以不收取手续费方式代为销售其他单位的商品的方式又称买断方式，即委托方和受托方签订合同，委托方按合同价收取所代销商品的货款及销项税额，实际销售价格由受托方自定，实际售价与合同价之间的差额由受托方所有的销售方式。在这种销售方式下，委托方在交付商品时不确认销售的实现，受托方也不确认为购进商品处理。当受托方将商品销售后，应按实际售价确认为销售收入，并向委托方开具代销清单。委托方收到代销清单时，才确认销售收入。

例28 长远贸易公司（批发企业）接受A工厂（一般纳税人）的委托，代销空调500台，双方签订代销合同规定每台空调器的接收价为

2 200元,2个月内销售完毕,售价由批发企业自定。

长远商贸公司根据合同约定,收到该批空调器时,会计部门制单人员根据"商品验收入库报告单",编制转账凭证,其会计分录为:

借:受托代销商品——空调器　　　　　　　　　1 100 000
　贷:代销商品款——A工厂　　　　　　　　　　1 100 000

2个月后,空调器全部售出,售价(不含税价)每台2 400元。

公司会计部门出纳人员将销售款项交存开户银行,取得"现金解款单回单",制单人员根据回单编制收款凭证,其会计分录为:

借:银行存款　　　　　　　　　　　　　　　　1 404 000
　贷:主营业务收入　　　　　　　　　　　　　　1 200 000
　　应交税费——应交增值税(销项税额)　　　　　204 000

同时,制单人员编制转账凭证,结转销售成本,其会计分录为:

借:主营业务成本　　　　　　　　　　　　　　1 100 000
　贷:受托代销商品——空调器　　　　　　　　　1 100 000

公司开具代销清单,交给A工厂。

公司会计部门收到A工厂开具的增值税专用发票,由制单人员编制转账凭证,注销代销商品款,其会计分录为:

借:代销商品款——A工厂　　　　　　　　　　1 100 000
　　应交税费——应交增值税(进项税额)　　　　　187 000
　贷:应付账款——A工厂　　　　　　　　　　　1 287 000

受托代销企业长远商贸公司偿还商品款项。

公司出纳人员开出转账支票,将空调器货款及进项税额交付A工厂时,由制单人员根据转账支票存根,编制付款凭证,其会计分录为:

借:应付账款——A工厂　　　　　　　　　　　1 287 000
　贷:银行存款　　　　　　　　　　　　　　　　1 287 000

2. 收取手续费方式代销商品的核算

企业受托代销商品,如果采取收取手续费方式核算,不应作为自营商品核算。在这种代销方式下,商品的售价由委托方确定,委托方在受托方将商品销售并收到受托方代销清单时,确认销售收入的实现;受托企业按销售收入的一定比例确认营业收入。

例 29　长远商贸公司与 B 工厂(一般纳税人)签订小五金商品代销合同,合同约定该批小五金商品的接收价(不含税价)为 220 000 元,售价(不含税价)为 250 000 元,受托企业长远商贸公司按 5% 收取代销商品的手续费。

公司会计部门制单人员根据合同及"商品验收入库报告单",编制转账凭证,其会计分录为:

　　借:受托代销商品——小五金商品　　　　　　　220 000
　　　　贷:代销商品款——B 工厂　　　　　　　　　220 000

小五金商品销售完毕,货款及销项税额全部收存开户银行。

会计部门出纳人员向委托方 B 工厂开出代销清单,制单人员根据"现金解款单回单"(或转账支票存根),编制收款凭证,其会计分录为:

　　借:银行存款　　　　　　　　　　　　　　　　292 500
　　　　贷:应付账款——B 工厂　　　　　　　　　　250 000
　　　　　　应交税费——应交增值税(销项税额)　　 42 500

收到 B 工厂开具的增值税专用发票。

公司制单人员根据收到的增值税专用发票,编制转账凭证,其会计分录为:

　　借:应交税费——应交增值税(进项税额)　　　　 42 500
　　　　贷:应付账款——B 工厂　　　　　　　　　　 42 500

公司按销售收入的 5% 提取手续费,余款通过开户银行偿还 B 工厂。

公司制单人员编制转账凭证,同时按销售收入与手续费的差额,编制付款凭证,其会计分录为:

　　借:应付账款——B 工厂　　　　　　　　　　　 12 500
　　　　贷:主营业务收入——代购代销收入　　　　　 12 500

借:应付账款——B工厂	237 500
贷:银行存款	237 500

公司按代购代销收入的5%计提营业税,计625元。

会计部门制单人员编制转账凭证,其会计分录为:

借:营业税金及附加	625
贷:应交税费——应交营业税	625

公司注销已销售的受托代销商品。

公司制单人员编制转账凭证,其会计分录为:

借:代销商品款——B工厂	220 000
贷:受托代销商品——小五金	220 000

3. 零售商业企业接受生产企业委托代销业务的核算

例30 益众商店专事商品零售。接受C工厂(一般纳税人)的委托代销电饭煲400台,含税零售价为每台234元,接收价(不含税)每台180元。

益众商店财务人员根据合同及"商品验收入库报告单",按不含税价编制转账凭证,其会计分录为:

借:受托代销商品——电饭煲	80 000
贷:代销商品款——C工厂	72 000
商品进销差价	8 000

受托代销商品金额 = 400 × 234 ÷ (1+17%) = 80 000(元)

代销商品款 = 400 × 180 = 72 000(元)

商品进销差价 = 80 000 − 72 000 = 8 000(元)

电饭煲全部售出,货款及增值税销项税额送存银行。

商店的出纳人员填写"现金解款单"将款项送存银行,制单人员编制收款凭证,其会计分录为:

借:银行存款	93 600
贷:主营业务收入	80 000
应交税费——应交增值税(销项税额)	13 600

商店结转销售成本。

商店制单人员编制转账凭证,其会计分录为:

 借:主营业务成本   80 000
  贷:受托代销商品——电饭煲   80 000

商店将受托代销清单交给C工厂,取得增值税专用发票。

商店制单人员根据增值税专用发票编制转账凭证,其会计分录为:

 借:代销商品款——C工厂   72 000
   应交税费——应交增值税(进项税额)   12 240
  贷:应付账款——C工厂   84 240

商店按合同偿还C工厂代销商品款项。

商店出纳人员开出转账支票支付商品款项,制单人员根据转账支票存根,编制付款凭证,其会计分录为:

 借:应付账款——C工厂   84 240
  贷:银行存款   84 240

月末,计算与结转已售出代销商品的进销差价。

商店制单人员编制转账凭证,其会计分录为:

 借:商品进销差价   8 000
  贷:主营业务成本   8 000

三、事业单位业务的处理

事业单位会计是反映和监督事业单位业务资金活动的会计。事业单位的会计对象是各类事业单位资金的划拨、使用及其结存,其中,取得的预算收入和有关业务收入是事业单位资金的来源;拨出的经费和费用支出是事业单位资金的运用;尚未使用的货币资金和已购入的财产物资是事业单位资金的结存。

事业单位收支相抵后的结余一般由单位留用。因而,对于收支结余,要按照政策规定合理分配,通常可用于事业发展和职工福利两个方面;事业单位按照规定的比例加以分配,用以事业发展的部分要优先保证;用于职工福利的部分要按规定最高比例予以控制,不得突破,既要防止损害事业单位的发展,又要防止消费基金过度扩张。

例31 学校向新华书店预订教材,预付货款 80 000 元。

根据转账支票存根编制付款凭证,其会计分录为:

借:预付账款——××新华书店　　　　　　　　　80 000
　贷:银行存款　　　　　　　　　　　　　　　　　80 000

例32 学校采购人员李阳预借差旅费 1 500 元,以现金支付;职工王平应急需要,经批准向单位取得临时借款,开出现金支票 3 000 元。

根据采购人员填制的"支款凭条"、借款职工填制的"借款凭条",编制付款凭证,其会计分录为:

借:其他应收款——李阳　　　　　　　　　　　　1 500
　贷:库存现金　　　　　　　　　　　　　　　　　1 500
借:其他应收款——王平　　　　　　　　　　　　3 000
　贷:银行存款　　　　　　　　　　　　　　　　　3 000

例33 学校购入教材(已预订)80 000 元,校医务部门购入药品 20 000 元,以银行存款支付。

根据新华书店开具的发票及教材管理部门的收料单,编制转账凭证,其会计分录为:

借:材料——教材　　　　　　　　　　　　　　　80 000
　贷:预付账款——××新华书店　　　　　　　　　80 000

根据药店开具的发票及医务部门的收料单,编制付款凭证,其会计分录为:

借:材料——药品　　　　　　　　　　　　　　　20 000
　贷:银行存款　　　　　　　　　　　　　　　　　20 000

例34 发放学生教材 75 000 元,学生诊疗领用药品 1 200 元。

根据教材发放清单及医务部门处方单,编制转账凭证,其会计分录为:

  借:代办费——××班级   75 000
    事业支出——对个人和家庭支出   1 200
   贷:材料——教材   75 000
     ——药品   1 200

例 35 学校以自有流动资金 500 000 元,对外单位进行投资。

根据双方投资协议及转账支票存根,编制付款凭证及转账凭证,其会计分录为:

  借:对外投资   500 000
   贷:银行存款   500 000
  借:专用基金——事业基金(一般基金)   500 000
   贷:专用基金——事业基金(校资占用基金) 500 000

例 36 取得投资收益 30 000 元,已存入银行。

根据银行收账通知编制收款凭证,其会计分录为:

  借:银行存款   30 000
   贷:其他收入——投资收益   30 000

例 37 学校以银行存款购入大客车一辆,车价 560 000 元,增值税额 95 200 元,客车已投入使用。

根据购车发票及验收单编制付款凭证及转账凭证,其会计分录为:

  借:事业支出——公用支出(设备购置费)   655 200
   贷:银行存款   655 200
  借:固定资产   655 200
   贷:固定资金   655 200

例 38 学校报废旧电脑一批,原始价值 40 000 元,取得残值收入 2 000 元。

根据报废清单及取得残值收入的转账支票,编制转账凭证及收款凭证,其会计分录为:

  借:固定资金   40 000
   贷:固定资产   40 000
  借:银行存款   2 000
   贷:专用基金——修购基金(固定资产变价收入) 2 000

例39 校图书馆购入图书资料 200 000 元,当即以银行存款支付。

根据转账支票存根及图书馆入库验收清单,编制付款凭证及转账凭证,其会计分录为:

  借:事业支出——公用支出(图书设备购置费) 200 000
   贷:银行存款   200 000
  借:固定资产   200 000
   贷:固定资金   200 000

例40 校图书馆年末清理报损图书 6 000 元,经批准予以核销。

根据图书报损核销清单,编制转账凭证,其会计分录为:

  借:固定基金   6 000
   贷:固定资产   6 000

例41 学期初,收到学生交纳的学费 15 000 000 元、住宿费 900 000元、代办费 600 000 元,款项全部解存银行,根据"现金解款单"回单,编制收款凭证,其会计分录为:

  借:银行存款   16 500 000
   贷:应缴财政专户款   15 900 000
    代办费——××班级   600 000

例42 所收学费及住宿费上缴财政。

根据转账支票存根,编制付款凭证,其会计分录为:

  借:应缴财政专户款   15 900 000
   贷:银行存款   15 900 000

例 43 学校收到财政拨款 20 000 000 元,其他经费拨款 10 000 000 元。

根据银行收款通知,编制收款凭证,其会计分录为:

借:银行存款	30 000 000
贷:财政拨款	20 000 000
其他经费拨款	10 000 000

例 44 财政返还学费收入 15 000 000 元,住宿费收入 900 000 元。

根据银行收款通知,编制收款凭证,其会计分录为:

借:银行存款	15 900 000
贷:教育事业收入	15 900 000

例 45 本月发生教职工书报费支出 15 000 元,以现金支付;学校电信费 30 000 元,开出转账支票支付;职工家属医疗费报销 2 000 元,以现金支付。

根据相关单据,编制付款凭证,其会计分录为:

借:事业支出——人员支出	15 000
——对个人家庭支出	2 000
贷:库存现金	17 000
借:事业支出——公用支出	30 000
贷:银行存款	30 000

例 46 学校获国家级课题 1 项及市级课题 2 项,共获得科研经费 200 000 元存入银行。

根据立项批文及银行收款通知,编制收款凭证,其会计分录为:

借:银行存款	200 000
贷:科研收入——国家级课题	100 000
——市级课题	100 000

例 47 本月发生科研经费支出,国家级课题 50 000 元、市级课题 60 000 元,均以银行存款支付。

根据支票存根,编制付款凭证,其会计分录为:

借:科研收入——国家级课题　　　　　　　　50 000
　　　　　　——市级课题　　　　　　　　　60 000
　　贷:银行存款　　　　　　　　　　　　　110 000

例48　学校举办专题短训班,取得学杂费收入100 000元,存入银行。

根据开具的税务发票及"银行进账单"回执,编制收款凭证,其会计分录为:

借:银行存款　　　　　　　　　　　　　　100 000
　　贷:其他收入——短训班收入　　　　　　100 000

例49　本期培训班支付兼职教师工资40 000元,文教资料费15 000元,均以现金支付。

根据兼职教师工资单及文教资料费发票,编制付款凭证,其会计分录为:

借:其他支出——培训班支出　　　　　　　55 000
　　贷:库存现金　　　　　　　　　　　　　55 000

例50　按工资结算汇总表,以银行存款转账支付本月职工及离退休人员工资。

根据"工资结算汇总表",编制转账凭证,其会计分录为:

借:事业支出——人员支出工资　　　　　　850 000
　　　　　　——离退休人员费用　　　　　50 000
　　贷:银行存款　　　　　　　　　　　　900 000

例51　按员工人数每人40元,计提职工及离退休人员福利费。

根据"职工福利费计算表",编制转账凭证,其会计分录为:

借:事业支出——公用支出　　　　　　　　120 000
　　贷:专用基金——福利基金　　　　　　　120 000

例 52 按学费收入 15 000 000 元的 5%,计提本学年度奖学金。根据"年度奖学金计算表",编制转账凭证,其会计分录为:

　　借:事业支出——对个人家庭支出(奖学金)　　750 000
　　　贷:专用基金——奖学金　　　　　　　　　　　　　750 000

例 53 年终结转。

(1) 日常收入与支出的结转,其会计分录为:

　　借:教育经费拨款
　　　　其他经费拨款
　　　　教育事业收入
　　　　其他收入
　　　　捐赠收入
　　　贷:事业结余

　　借:事业结余
　　　贷:事业支出
　　　　　其他支出

(2) 拨入专款及专款专用的结转,其会计分录为:

　　借:拨入专款
　　　贷:专款结存

　　借:专款结存
　　　贷:专项支出

(3) 科研收入与科研支出的结转,其会计分录为:

　　借:科研结余
　　　贷:科研收入

　　借:科研支出
　　　贷:科研结余

(4) 事业结余的结转,其会计分录为:

　　借:事业结余
　　　贷:结余分配

(5) 按"结余分配"账户的 60% 和 40% 从"结余分配"账户结转至"事业基金"及"专用基金"账户,其会计分录为:

借:结余分配　　　　　　　　　　　　　　(100%)
　　贷:事业基金——一般基金　　　　　　　(60%)
　　　　专用基金——职工福利基金　　　　　(40%)

四、施工企业业务的处理

从事建筑安装工程施工的企业,一般称为建筑安装企业,又称施工企业。

施工企业主要从事建筑安装工程的施工,其主要业务收入来源于承包工程所取得的工程合同收入(包括工程合同规定的初始收入和追加收入)。为本企业完成的建筑安装工程合同收入也包括在内。

施工企业及所属内部独立核算单位从事工业性生产、机械化施工、运输作业等所取得的产品销售收入、机械作业收入等,属于其他业务收入。另外,材料销售收入、无形资产转让收入、固定资产出租收入等,属于其他业务收入。

例 54　大鹏房地产公司开发建设的阳光小区已全部完工,经验收合格,准予销售。该工程开发成本共计 30 000 000 元,其中写字楼 8 000 000 元,民用居住房 15 000 000 元,配套设施(普教及商业设施) 7 000 000 元。

公司会计部门制单人员根据"小区验收报告",编制转账凭证,其会计分录为:

借:开发产品——房屋(写字楼)　　　　　8 000 000
　　　　　　　——房屋(住宅)　　　　　15 000 000
　　　　　　　——配套设施(普教及商业设施)　7 000 000
　　贷:开发成本　　　　　　　　　　　　30 000 000

例 55　大鹏房地产公司对外一次收款销售阳光小区商品房(住宅)5 套,销售价款共 4 500 000 元存入银行。公司开出发票账单交于买主,并将商品房移交。

公司出纳人员填写"现金解款单"(或转账支票)送存开户银行,制单人员根据"现金解款单回单"(或转账支票存根),编制收款凭证,其会计分录为:

借:银行存款　　　　　　　　　　　　　　4 500 000
　　贷:主营业务收入　　　　　　　　　　　　4 500 000

同时,制单人员编制转账凭证,结转已销 5 套商品房的实际成本 2 700 000 元,其会计分录为:

借:主营业务成本——商品房销售成本　　　2 700 000
　　贷:开发产品——房屋(住宅)　　　　　　2 700 000

例 56　大鹏房地产公司开发建设的阳光小区现已销售完毕,现用配套设施开设小区物业管理服务机构。本月已向小区住户收取物业管理费计 8 600 元,存入银行。

物业管理部门出纳人员填制"现金解款单"将现金送存银行,制单人员根据"现金解款单回单",编制收款凭证,其会计分录为:

借:银行存款　　　　　　　　　　　　　　　　8 600
　　贷:其他业务收入　　　　　　　　　　　　　8 600

例 57　阳光小区物业管理机构本月应付管理服务人员工资 2 400 元,计提职工福利费 336 元,其会计分录为:

借:其他业务支出　　　　　　　　　　　　　　2 736
　　贷:应付职工薪酬——工资　　　　　　　　2 400
　　　　　　　　　　——职工福利　　　　　　 336

《增值税暂行条例》规定,施工企业购入建筑安装工程所用材料的增值税不能抵扣增值税款,应计入材料成本。因此,施工企业及房地产开发企业材料采购成本的构成项目,除工业企业外购材料成本的买价、运杂费等项目外,还包括购入材料的增值税额以及企业发生的材料采购保管费。

假设施工企业采购材料仅用于施工,该企业按材料类别核算材料实际采购成本,采用实际分配率分配采购保管费。

例58 远景房地产开发公司从大华钢铁厂购入螺纹钢一批,材料买价35 800元,运杂费1 200元,增值税额6 290元,从开户银行付出此笔业务款项。另按2%预定分配率分配该批钢材应负担的采购保管费。

会计部门出纳人员根据大华钢铁厂开具的增值税专用发票签发转账支票,制单人员根据转账支票存根,编制付款凭证,其会计分录为:

  借:在途材料——螺纹钢   43 290
    贷:银行存款   43 290

螺纹钢运到经验收入库。会计部门制单人员根据"商品验收入库报告单",编制转账凭证,其会计分录为:

  借:原材料——螺纹钢   44 155.80
    贷:在途材料——螺纹钢   43 290.00
      ——采购保管费   865.80

该批螺纹钢应负担的增值税额 $= (35\,800 + 1\,200) \times 17\% = 6\,290$(元)

该批螺纹钢应负担的材料保管费 $= (35\,800 + 1\,200 + 6\,290) \times 2\% = 865.80$(元)

该批螺纹钢的实际成本 $= 35\,800 + 1\,200 + 6\,290 + 865.80 = 44\,155.80$(元)

五、交通运输业业务的处理

交通运输是指使人或物产生位移的生产性活动。交通运输业则是专门从事货物或旅客运输活动的一个经济行业。交通运输业是一种特殊的生产行业,具有物质生产的特征,即运输生产活动的结果能使"劳动对象发生某种物质变化——空间的、位置的变化"。交通运输业按运输方式的不同分为铁路运输业、公路运输业,内河运输业、海洋运输业、航空运输业和管道运输业。本节以公路运输业为例。

公路运输业(汽车运输业)的营业收入是指运输企业完成客货运输

业务、装卸业务、其他业务等按照规定的费率向旅客、货物托运人收取的运费、装卸费和杂费的收入。经营运输业务产生的收入是运输业的主营业务收入,按照收入的不同来源,可分为客运收入、货运收入和其他运输收入。

能确认公路运输业(汽车运输业)的营业收入额的原始凭证是营运票据,营运票据是货物和旅客运输的业务凭证,按其内容可分为客运票据、货运票据和其他票据。

按有关制度规定,企业发生退票、退运等业务时,其款项应冲减主营业务收入;发现少收、漏收的款项,应补列主营业务收入。

例59 市北汽车运输公司有中环和外环两个中心站,中环中心站分设A、B两个分站,外环中心站分设C、D两个分站,月末根据各基层站点的营业收入月报汇总编制营业收入汇总表,如表5-28所示。

表5-28

市北汽车运输公司营业收入汇总表

2007年9月　　　　　　　　　　　　　　　　　单位:元

站　名	运　输　收　入			装卸收入	代理业务收入	营业收入合计
	客运收入	货运收入	小　计			
中环中心站						
本站	180 000	110 000	290 000	2 900	3 000	295 900
A分站	70 000	80 000	150 000	1 500	800	152 300
B分站	50 000	90 000	140 000	1 400	700	142 100
小　　计	300 000	280 000	580 000	5 800	4 500	590 300
外环中心站						
本站	220 000	150 000	370 000	3 700	2 000	375 700
C分站	60 000	85 000	145 000	1 450	650	147 100
D分站	80 000	75 000	155 000	1 550	350	156 900
小　　计	360 000	310 000	670 000	6 700	3 000	679 700
合　　计	660 000	590 000	1 250 000	12 500	7 500	1 270 000

公司会计部门制单人员根据"营业收入汇总表",编制转账凭证,其会计分录为:

借:应收内部单位款——中环中心站	590 300
——外环中心站	679 700
贷:主营业务收入——运输收入(客运收入)	660 000
(货运收入)	590 000
(装卸收入)	12 500
(代理业务收入)	7 500

公司会计部门收到开户银行"进账单记账联",内部单位款项已经入账,制单人员编制收款凭证,其会计分录为:

借:银行存款	1 270 000
贷:应收内部单位款——中环中心站	590 300
——外环中心站	679 700

例60 市北汽车运输公司总站候车厅小件行李寄存处,本月收入现金5 700元,小卖部本月收入现金12 650元,一并送存开户银行。

公司会计部门出纳人员收入现金并开出"内部收据",同时填写"现金解款单"将现金送存开户银行。制单人员根据"现金解款单回单",编制收款凭证,其会计分录为:

借:银行存款	18 350
贷:其他业务收入——小件寄存收入	5 700
——小卖部收入	12 650

例61 按汽车运输行业的纳税规定,对市北汽车运输公司9月份的营业收入按3%计征营业税,另分别按0.35%和0.1%计征城市维护建设税和教育费附加。

公司会计部门制单人员根据9月份"营业收入汇总表",编制转账凭证,其会计分录为:

借：营业税金及附加 43 815
　　贷：应交税费——应交营业税 38 100
　　　　　　　　——应交城市维护建设税 4 445
　　　其他应付款——教育费附加 1 270

根据税法规定，对交通运输业的运输劳务收入征收营业税，因而购进材料物资所征收的增值税进项税额不能抵扣销项税额(并不征收销项税额)。交通运输业采购的材料类物资，其采购成本包括购入材料物资的买价、运杂费及购入材料物资的增值税款。

例 62 平安汽车运输公司向中石油市西供应站购入♯80 汽油 15 000 元，增值税额 2 550 元，消费税 1 000 元，一并以银行存款支付。汽油由本公司自行运回。

公司出纳人员根据中石油市西供应站开具的增值税专用发票开出转账支票，制单人员据此编制付款凭证，其会计分录为：

借：在途物资——♯80 汽油 17 550
　　应交税费——应交消费税 1 000
　贷：银行存款 18 550

制单人员根据汽油验收入库报告单编制转账凭证，其分计分录为：

借：原材料——♯80 汽油 17 550
　贷：在途物资——♯80 汽油 17 550

交通运输企业的生产经营成本即营运成本，是指企业在营运生产过程中实际发生的与运输、装卸、堆存和代理业务等营运生产直接有关的支出。根据《运输企业财务制度》规定，其营运成本主要有以下三部分：

第一，企业在生产营运过程中实际消耗的燃料、材料等各种存货支出。

第二，企业直接从事生产营运活动人员的工资、福利费、奖金、津贴和补贴。

第三，企业在营运过程中发生的固定资产折旧费、养路费、公路运输管理费、车辆路桥费等等。

例63 平安汽车运输公司于2006年12月末按规定交纳全公司车辆养路费计268 000元,其中客车145 000元、货车118 000元、公务用车5 000元。

公司会计部门出纳人员经授权开出转账支票,制单人员据此编制付款凭证,其会计分录为:

借:主营业务成本——运输支出——客车(养路费)　　145 000
　　　　　　　　　　　　　　——货车(养路费)　　118 000
　　管理费用——公务车(养路费)　　　　　　　　　　5 000
　贷:银行存款　　　　　　　　　　　　　　　　　　　268 000

例64 平安汽车运输公司于2006年12月交纳的营运车辆管理费、车辆路桥费及行车杂费共计56 700元,其中客车24 500元,货车30 100元,公务用车2 100元。

会计部门出纳人员根据有关发票经授权签发转账支票,制单人员据此编制付款凭证,其会计分录为:

借:主营业务成本——运输支出——客车(其他费用)　　24 500
　　　　　　　　　　　　　　——货车(其他费用)　　30 100
　　管理费用——公务车(其他费用)　　　　　　　　　　2 100
　贷:银行存款　　　　　　　　　　　　　　　　　　　56 700

第四节　银行存款账单核对

银行存款业务登记入账以后,为防止差错,掌握银行存款的实有数额,企业必须定期对银行存款账户进行清查。这种清查包括两个方面:一是企业出纳人员登记的银行存款日记账与企业会计登记的银行存款总分类账相核对;二是企业的银行存款日记账与银行对账单相核对。银行存款日记账与银行存款总分类账的核对是企业内部的账账核对,是账账相符、会计信息真实的保障。银行存款日记账和银行对账单的核对体现了银行的监管功能,为保障企业银行存款的资产安全增设了一道屏障。如果企业银行存款日记账同银行对账单不符,那么必须查找原因,若是由会计处理或登账差错造成的,应及时更正;若是由于未达账项引起的,企业必须编制银行存款余额调节表进行调节,直到双方余额一致为止。银行对账单,如表5-29所示。

表5-29

交通银行(对公活期存款)对账单

机构　　　　　　　　　　币种　　　　　　　第　页

账号　　　　　　　　　　单位名称

年		凭证种类	凭证号码	发生额		余额	记账部门	流水号
日期	摘要			借方	贷方			

企业以开户银行每月定期提供给开户单位银行复写账的副本作为银行对账单,对账单上的存款余额,在通常情况下与企业银行存款日记账上的余额是不相符合的。企业出纳人员将银行对账单同自己登记的银行存款日记账逐笔进行核对。核对时,需要对凭证的种类、编号、内容摘要、记账方向、金额等内容进行逐项相对。凡是对账单与银行存款日记账记录内容一致的,可用"√"在对账单和日记账上分别批注,以表明该笔业务核对一致,若只有一方登记,另一方没有登记的,应及时查明原因。

造成企业存款日记账与对账单不一致的,有两种情况:一种情况是由于记录和计算上的错误引起的,如企业出纳人员记账时的纰漏、重记、多记、少计,银行方面登账时串户等。这类错误应由银、企双方及时查明原因,予以更正。另一种情况则是由于"未达账项"引起的。所谓未达账项,是指由于银行结算凭证传递的时间引起的银企双方入账时间的不一致,而造成开户银行与开户单位之间一方已入账,而另一方尚未入账的款项。未达账项是造成银行对账单上余额与企业账面余额不一致的主要原因。未达账项一般有以下四种情况:

(1) 企业已收款入账,而银行尚未收到的款项。例如,企业送存开户银行的转账支票。

(2) 企业已付款入账,而银行尚未支付的款项。例如,企业签发的转账支票,签发企业在当天即入账作为银行存款的减少,但开户银行尚未收到办理支票转账的凭证,因而尚未减少开户企业的银行存款。

(3) 银行已收款入账,而企业尚未收到的款项。例如,银行存款利息的收入,在委托收款结算的方式下,开户银行收到付款单位支付的款项并直接划入收款单位账户内,而收款单位未能及时得到银行的收账通知,无法入账。

(4) 银行已付款,而企业尚未支付的款项。例如,银行代收

第五章 银行存款的管理制度

的各种公共事业费,由开户银行直接从开户单位的银行存款账户中划出,而开户单位尚未收到付款通知不能入账减少企业的银行存款。

当发生上述第(1)、第(4)两种情况时,企业存款账面余额将大于银行对账单余额;当发生第(2)、第(3)两种情况时,企业银行存款余额将小于银行对账单余额。

由于发生"未达款项",致使企业银行存款日记账余额与银行对账单的余额不一致时,应将两者调节相符,一般通过编制"银行存款余额调节表"进行调节。其基本公式为:

$$\text{单位银行存款余额} + \text{银行已收而单位未收的款项} - \text{银行已付而单位未付的款项} = \text{银行对账单余额} + \text{单位已收而银行未收的款项} - \text{单位已付而银行未付的款项}$$

下面举例说明"银行存款余额调节表"的编制:

例 65 锦华公司 2007 年 8 月 31 日收到开户银行提供的银行存款对账单余额为 241 580 元。同日,企业银行存款日记账余额为 425 940 元。经过逐笔核对,发现有以下未达款项:

(1) 28 日,银行替该公司扣交电费 31 200 元已入账,企业尚未入账。

(2) 29 日,银行将企业的存款利息收入 4 880 元已入账,企业尚未入账。

(3) 29 日,银行替该公司代收客户货款 118 200 元已入账,企业尚未入账。

(4) 30 日,企业存入销货款转账支票 280 000 元,银行尚未收妥,未能入账。

(5) 30 日,锦华公司开出转账支票,支付机器设备修理费 3 760 元,对方未及办理转账手续,银行还未入账。

根据以上资料,编制"银行存款余额调节表",如表 5-30 所示。

表 5-30

银行存款余额调节表

2007 年 8 月 31 日　　　　　　　　　金额：元

项　　　目	余　　额	项　　　目	余　　额
银行存款日记账账面余额	425 940	银行对账单账面余额	241 580
加：银行已收，企业未收款项		加：企业已收，银行未收款项	
(2) 利息收入	4 880	(4) 存入转账支票	280 000
(3) 代收货款收入	118 200		
减：银行已付，企业未付款项		减：企业已付，银行未付款项	
(1) 扣交电费	31 200	(5) 开出转账支票	3 760
调节后余额	517 820	调节后余额	517 820

应该说明的是：

(1) 编制"银行存款余额调节表"只是为了核对账户余额，检查账簿记录是否正确，所以，调整的未达账项并不入账。

(2) 调整后双方余额相符，表明账簿记录基本无误，若不相等，则说明账簿记录有错误。

(3) 该方法也适用于银行借款的清查。

第六章

票据结算业务

第一节 概 述

一、结算的含义与意义

1. 结算的含义

结算是货币结算或资金结算的简称,是指对经济主体之间因商品交易、劳务供应、资金调拨及其他款项往来而产生的货币收付关系,是对债权债务进行清偿的行为。

结算按性质不同,可分为现金结算和转账结算。现金结算是指在经济往来中直接使用现金进行货币支付的一种结算形式。现金结算应该遵循《现金管理暂行条例实施细则》的规定,一般适用于小额、零星交易,主要是涉及日用消费品的买卖以及与个人有关的货币支付活动。转账结算又称非现金结算,是指以票据和结算凭证为依据,通过银行转账,将款项从付款人账户转到收款人账户的一种结算方式。这种方式适用于大额交易,主要是社会经济组织之间的大宗生产资料的交易。

结算按地域不同,可分为同城结算和异地结算。同城结算是指在同一城市或同一票据交换区域,收、付款人之间的经济往来通过银行办理划拨转账的收付行为。异地结算是指收、付款人不在同一城市或同一票据交换区域内的银行开户,而进行款项划拨的收付行为。

现金结算按有关现金管理的规定办理。本章主要介绍票据结算。

2. 结算的意义

由于社会商品化程度的不断提高,目前,票据支付已成为现代商业银行货币结算业务的主要形式。它是商品交换的媒介,是实现各类经济主体利益的重要手段,大力推广和使用银行转账结算具有重要意义。

(1) 加速整个社会资金周转,提高资金使用效益,促进经济发展。各经济主体之间的经济往来款项通过银行进行清算,能及时、迅速地进行资金划拨,简化结算手续,缩短结算过程,减少流通环节的资金沉淀,从而加速资金和商品周转,提高资金使用效益,为经济发展创造良好的条件。

(2) 通过银行结算,可以节省现金使用,减少货币发行,调节货币流通,降低社会流通费用。票据结算和转账结算都属于非现金结算方式。以票据结算、银行转账结算代替现金的实际收付,各单位之间只有在结算起点以下和符合国家现金开支规定范围内的业务才可以使用现金,大大减少了流通中的现金数量,同时使大量货币以银行存款形式存于银行,便于国家宏观货币政策的实施,从而为国家调节流通中的货币总量、防止和抑制通货膨胀创造了条件。

(3) 有利于资金流通的安全。通过银行转账结算,款项的收付不以现金方式出现,可以避免因使用现金结算而发生的现金清点、运送、保管的问题,从而避免现金失窃的损失。同时,通过银行进行转账结算,有据可依,可以保证交易双方的财产安全。

(4) 通过银行结算,有利于银行对各单位经济活动的监督,实行转账结算使各单位的款项收支都处于银行的监督之下,防止非法活动发生,促使各企业更好地遵守财经法纪。

(5) 有利于聚集社会闲散资金,提高资金的规模利用。通过银行结算,可以使单位暂未使用的资金都汇入银行账户上,形成一股强大的资金源,再通过银行信贷方式贷出,可为银行带来经济利益,同时,促进社会生产力发展。

二、银行结算的基本原则

银行结算是社会经济活动中各项资金清算的中介,银行结算过程是一个复杂的款项收付过程。在这一过程中,要涉及收款单位、收款银行、付款单位、付款银行等几个相互关联的经济主体,以及多个业务环节和繁杂的资金收付过程。为保证银行结算的顺利进行,各经济主体都应严格遵守银行结算的基本原则。它是正确处理结算关系、解决结算矛盾的基本依据。

1. 恪守信用,履约付款

这一原则主要是为了确定结算当事人(包括出票人、付款人、收款人等)的权利和义务。恪守信用是指结算各方在结算时必须按照约定承担义务。"经商信为本",信用是企业生存发展的基础,是整个社会经济有序运行的重要保证,也是经济往来款项能够及时、正常清算的前提条件。在经济交易中钱货不能同时结清的业务是经常发生的,但必须保证到期结清货款。

2. 谁的钱进谁的账,由谁支配

这一原则是为了保护客户的资金所有权和客户对资金的自由支配权,体现了作为中介机构的银行在办理结算的过程中,遵循存款人的委托,维护存款人的意志。对存款人的资金,除国家法律另有规定外,必须由存款人自主支配,客户委托银行把资金交给谁,就应交给谁,其他单位和个人以及银行都不得对其资金进行干预和侵害,并为客户的存款保密。

3. 银行不垫款

我国的银行结算是建立在付款人与收款人的商业信用的基础上的。银行作为社会经济活动各项资金清算的中介,在办理结算业务的过程中,只负责把付款单位账上的款项划转到收款人账户,以实现商品交易等经济活动的清算,银行不承担替任何单位垫付任何款项的责任。贯彻这一原则的实质就是不能随意挤占银行资金,否则会迫使银行扩大信用规模、影响货币的稳定。同时，要求商品交易的买方只能在自己的存款余额内对外签发支票或其他结算凭证，不得签发空头支票；银行在办理结算业务时，坚持"先收后付，收妥抵用"的原则。

三、支付结算纪律

支付结算纪律是指通过银行办理转账结算的单位和个人，在办理具体结算业务的过程中，应当遵守的行为规范。银行结算纪律是正确处理结算过程中有关各方关系，保护各方利益，维护经济效率的有力保障。它规定了必须禁止的、违反规章的结算行为，比结算原则更具体。为维护结算纪律的严肃性，对于违反结算纪律的行为必须予以处罚。

（一）应遵守的纪律

根据《支付结算办法的规定》，单位和个人办理支付结算时，应遵守以下纪律：

（1）各企事业单位或个人在银行开立的账户是其办理资金收付的工具，只能供本单位或本人使用，开户单位和个人不得出租、出借账户。

（2）不准签发空头支票和远期支票，不准套取银行信用。超过其存款余额签发的支票是一种没有现实支付能力的支票，即"空头支票"。远期支票是指付款人在支票上签发的付款日期为未来日期的支票。远期支票实际上是一种没有现实支付能力的票据，因为即使到付款日期，付款人也不一定有充足资金支付票款，这样很容易成为空头支票。

（3）不准多头开立基本账户。《银行账户管理办法》明确规定，符合开立基本账户条件的单位和个人，只能在一家金融机构开立一个基本账户，严禁多头开立基本账户。

（4）不准无理拒绝付款，任意占用他人资金。

(二)违规的处罚

办理结算的单位和个人违反银行结算规定和纪律,银行按规定予以处罚:

(1) 存款人签发空头支票或者印章与预留印鉴不符的支票,不以骗取财物为目的的,由中国人民银行处以票面金额5%但不低于1 000元的罚款;持票人有权要求出票人赔偿支票金额2%的赔偿金。

(2) 票据的收款人对见票即付或者到期的票据,故意压票、拖延支付的,由中国人民银行处以压票、拖延支付期间内每日票据金额0.7‰的罚款;对直接的主管人员和其他直接责任人员给予警告、记过、撤职或者开除的处分。

(3) 收款人对同一付款人发货托收累计3次收不回货款的,收款人开户银行应暂停收款人向该付款人托收;付款人累计3次提出无理拒付的,付款人开户银行应暂停其向外办理托收。

(4) 银行承兑汇票的出票人于汇票到期日未能足额交存票款时,承兑银行除凭票向持票人无条件付款外,对出票人尚未支付的汇票金额按照每天0.5‰计收利息。

(5) 收款人到期无款支付又逾期不退回托收承付单证的,开户银行自发出通知的第三天起,按照每笔尚未付清欠款的金额,每天处以0.5‰但不低于50元的罚款,并暂停付款人向外办理结算业务,直到退回单证为止。

四、银行票据的基本规定

银行现行的支付结算工具以票据为基础,其票据的概念按票据法的界定,即支票、汇票和本票。银行票据是出票人无条件约定自己或委托第三人支付一定的金额,并可流通转让的有价证券。

1. 票据的签发基础

票据的签发、取得和转让,必须具有真实的交易关系和债权债务关系。票据的取得,必须给付对价。但因税收、继承、赠与可以依法无偿取得的,不受给付对价的限制。

2. 票据的签章

单位在票据上的签章,应为该单位的财务专用章或者公章加其法定代表人或其授权的代理人的签章或者盖章。个人在票据上的签章,应为该个人的签名或盖章。支票的出票人和商业承兑汇票的承兑人在票据上的签章,应为其预留银行的签章。

3. 票据的转让条件

票据可以背书转让,但填明"现金"字样的银行汇票、银行本票和用于支取现金的支票不得背书转让。

区域性银行汇票仅限于在本区域内背书转让。银行本票、支票仅限于在其票据交换区域内背书转让。

4. 票据的转让手续

票据背书转让时,由背书人在票据背面签章,记载被背书人名称和背书日期。背书未记载日期的,视为在票据到期日前背书。

5. 票据转让的限制

票据出票人在票据正面记载"不得转让"字样的,该票据不得转让;其直接后手再背书转让的,出票人对其直接后手的被背书人不承担保证责任,对被背书人提示付款或委托收款的,银行不予受理。

票据背书人在票据背面背书人栏记载"不得转让"字样的,其后手再背书转让的,记载"不得转让"字样的背书人对其后手的被背书人不承担保证责任。

6. 票据权利的证明

以背书转让的票据,背书应当连续。持票人以背书的连续证明其票据权利。非经背书转让,而以其他合法方式取得票据的,依法举证,证明其票据权利。

7. 票据转让的背书

票据的被背书人应在票据背面的背书栏依次背书。背书栏不敷背书的,可以使用统一格式的粘单,粘附在票据凭证上规定的粘接处。粘单上的第一记载人,应当在票据和粘单的粘接处签章。

8. 过期提示付款

商业汇票的持票人超过规定期限提示付款的,丧失对其前手的追索权,持票人在作出说明后,仍可以向承兑人请求付款。

银行汇票、银行本票的持票人超过规定期限提示付款的,丧失对出票人以外的前手的追索权,持票人在作出说明后,仍可以向出票人请求付款。

支票的持票人超过规定的期限提示付款的,丧失对出票人以外的前手的追索权。

9. 票据的提示付款

通过委托收款银行或者通过票据交换系统向付款人或代理付款人提示付款的,视同持票人提示付款,其提示付款日期以持票人向开户银行提交票据日为准。

付款人或代理付款人应于见票当日足额付款。这里所说的"代理付款人",是指根据付款人的委托,代理其支付票据金额的银行。

10. 票据的抗辩

票据债务人对下列情况的持票人可以拒绝付款:

(1) 对不履行约定义务的与自己有直接债权债务关系的持票人。

(2) 以欺诈、偷盗或者胁迫等手段取得票据的持票人。

(3) 对明知有欺诈、偷盗或者胁迫等情形,处于恶意取得票据的持票人。

(4) 明知债务人与出票人或者持票人的前手之间存在抗辩事由而取得票据的持票人。

(5) 因重大过失取得不符合票据法规定的票据的持票人。

(6) 对取得背书不连续票据的持票人。

(7) 符合票据法规定的其他抗辩事由。

11. 票据抗辩限制

票据债务人对下列情况不得拒绝付款:

(1) 与出票人之间有抗辩事由。

(2) 与持票人的前手之间有抗辩事由。

12. 票据追索权

(1) 票据到期被拒绝付款或者在到期前被拒绝承兑,承兑人或付款人死亡、逃匿的,承兑人或付款人被依法宣告破产的,或者因违法被责令终止业务活动的,持票人可以对背书人、出票人以及票据的其他债务人行使追索权。持票人行使追索权应当提供被拒绝承兑或者被拒绝付款的拒绝证明,或者退票理由书以及其他有关证明。

(2) 持票人可以不按照票据债务人的先后顺序,对其中任何一人、数人或者全体行使追索权。持票人对票据债务人中的一个或者数人已经追索的,对其他票据债务人仍可以行使追索权。被追索人清偿债务后,与持票人享有同一权利。

(3) 持票人行使追索权,可以请求被追索人支付下列金额和费用:① 被拒绝付款的票据金额;② 票据金额自到期日或者提示付款日起至清偿日止,按照中国人民银行规定的同档次流动资金贷款利率计算的利息;③ 取得有关拒绝证明和发出通知书的费用。

被追索人清偿债务时,持票人应当交出票据和有关拒绝证明,并出具所收到利息和费用的收据。

(4) 被追索人依照前条规定清偿后,可以向其他票据债务人行使再追索权,请求其他票据债务人支付下列金额和费用:① 已清偿的全部金额。② 前项金额自清偿日起至再追索清偿日止,按照中国人民银行规定的同档次流动资金贷款利率计算的利息。③ 发出通知书的费用。行使再追索权的被追索人获得清偿时,应当交出票据和有关拒绝证明,并出具所收到利息和费用的收据。

13. 票据挂失

(1) 已承兑的商业汇票、支票填明"现金"字样和代理付款人的银行汇票以及填明"现金"字样的银行本票丧失,可以由失票人通知付款人或者代理付款人挂失止付。未填明"现金"字样和代理付款人的银行汇票,以及未填明"现金"字样的银行本票丧失,不得挂失止付。

(2) 允许挂失止付的票据丧失,失票人需要挂失止付的,应填写挂失止付通知书并签章。付款人或者代理付款人收到挂失止付通知书后,查明挂失票据确未付款时,应立即暂停止付。付款人或者代理付款人自收到挂失止付通知书起12日内没有收到人民法院的止付通知书的,自第13日起,持票人提示付款并依法向持票人付款的,不再承担责任。

(3) 付款人或者代理付款人在收到挂失止付通知书之前,已经向持票人付款的,不再承担责任,但是付款人或者代理付款人以恶意或者重大过失付款的除外。

14. 票据权利在下列期限内不行使而消灭

(1) 持票人对票据的出票人和承兑人的权利,自票据到期日起2年。见票即付的汇票、本票,自出票日起2年。

(2) 持票人对支票出票人的权利,自出票日起6个月。

(3) 持票人对前手的追索权,自被拒绝承兑或者被拒绝付款之日起6个月。

(4) 持票人对前手的再追索权,自清偿日或者被提起诉讼之日起3个月。

15. 票据付款地的界定

银行汇票的付款地为代理付款人或出票人所在地,银行本票的付款地为出票人所在地,商业汇票的付款地为承兑人所在地,支票的付款地为付款人所在地。

16. 票据的填写

根据《支付结算办法》第十二条第一款的规定:"票据和结算凭证的金额、出票或签发日期、收款人名称不得更改,更改的票据无效;更改的结算凭证,银行不予受理。"

票据的出票日期必须使用中文大写。同时,为防止变造日期,在填写月、日时,如果月为壹、贰和壹拾的,日为壹至玖和壹拾、贰拾和叁拾的,应在其前加"零",日为拾壹至拾玖的,应在前面加"壹"。

17. 持票人权益

持票人因超过票据权利时效或者因票据记载事项欠缺而丧失票据权利的,仍享有民事权利,可以请求出票人或承兑人返还其与未支付的票据金额相当的利益。

第二节　支票结算业务的核算

一、支票的含义及分类

支票是指由出票人签发的,委托办理支票存款业务的银行或其他金融机构在见票时无条件支付确定的金额给收款人或持票人的票据。

支票(普通支票)可以支取现金,也可以转账。在普通支票的左上角划两条平行线的为划线支票,划线支票(转账支票)只能用于转账,不能用于支取现金。

二、支票的适用范围

支票适用于同域(同一票据交换区域)各种款项结算,单位和个人都可以使用支票(见表 6-1 所示)。

三、签发支票的有关规定

(一)支票必须记载下列事项

(1) 表明"支票"的字样。

(2) 无条件支付的委托。

(3) 确定的金额。

(4) 付款人名称。

(5) 出票日期。

(6) 出票人签章。

未记载上列事项之一的支票无效。

支票的格式，如表 6-1 所示。

表 6-1(1)

××银行 支票存根	××银行支票　（　）　地名	
支票号码 科　　目 对方科目 出票日期　年　月　日	支票号码 出票日期(大写)　年　月　日　　付款行名称： 收款人：　　　　　　　　　　　　　出票人账号：	
收款人： 金　额： 用　途：	本支票付款期限十天	人民币 (大写)	千百十万千百十元角分
	用途_____　　　科　目(借)_____ 上列款项请从　　对方科目(贷)_____ 我账户内支付。 　　　　　　　　　　　转账日期　年　月　日	
单位　　会计 主管	出票人签章　　　复核　　　　　记账	

表 6-1(2)

被背书人	被背书人	被背书人	
			（贴粘单处）
背书人签章 年　月　日	背书人签章 年　月　日	背书人签章 年　月　日	

(二) 签发支票必须注意的事项

(1) 支票的金额、收款人名称，可以由出票人授权补记。未补记前不得背书转让和提示付款。

(2) 支票应使用碳素墨水或墨汁填写。

(3) 签发用于支取现金的普通支票,必须符合国家现金管理的规定。

(4) 出票人签发支票的金额不得超过付款时在付款人处实有的款项金额。禁止签发空头支票。

(5) 出票人不得签发与其预留银行签章不符的支票;使用支付密码的,出票人不得签发支付密码错误的支票。

(6) 出票人签发空头支票、签章与预留银行签章不符的支票、使用支付密码地区的支付密码错误的支票,银行应予以退票,并按票面金额处以5%但不低于1 000元的罚款;持票人有权要求出票人赔偿支票金额2%的赔偿金。对屡次签发的,银行应停止其签发支票。

(7) 支票的提示付款期限自出票日起10日,超过提示付款期限提示付款的,持票人开户银行不受理,付款人不予付款。

(8) 持票人可以委托开户银行收款或直接向付款人提示付款。用于支取现金的支票仅限于收款人向付款人提示付款。

(9) 支票的结算起点为1 000元。

(10) 在中国人民银行规定的地区,划线支票(转账支票)可以背书转让。

(三) 支票的领购

存款人领购支票,必须填写"支票申领单"(见表6-2所示)并签章,签章应与预留银行的签章相符。存款账户结清时,必须将全部剩余空白支票交回银行注销。

企业领购支票时交纳的工本费、手续费,应根据银行的收费凭据进行会计核算,编制付款凭证,其会计分录为:

借: 财务费用
    贷: 银行存款(或库存现金)

表 6-2

支票存根	支 票 申 领 单		
	申领日期		年　月　日
粘 贴 处		支票号码：	
	申领事项：		
	申领金额:(人民币)		
	收款人:(抬头)		
	申领部门责任人：	领用人：	

四、支票的支付业务

(一)签发现金支票

企业签发现金支票,若提取现金自己使用,只需在支票的"收款人"栏内填上本单位的名称,并在支票背面"收款人签章"处签章,即可到银行提款。财务部门制单人员根据支票存根,编制付款凭证,其会计分录为：

　　借：库存现金
　　　　贷：银行存款

若签发现金支票给其他单位或个人,则要在"收款人"栏填写收款人的名称,并要求其在现金支票存根联上签字或盖章。根据支票存根联及对方开来发票等,编制付款凭证,其会计分录为：

　　借：材料采购(或管理费用等)
　　　　贷：银行存款

(二)签发转账支票

付款人签发转账支票后,其财务部门制单人员根据支票存根和发票等有关原始凭证进行会计核算。

例1 宏山公司向本市申达工厂购买 A 材料 450 吨,每吨单价 200 元,增值税税率 17%。宏山公司签发转账支票给申达工厂用以款项结算。

财务部门制单人员根据支票存根和申达工厂开具的增值税专用发票等原始凭证,编制付款凭证,其会计分录为:

  借:材料采购——A 材料   90 000
    应交税费——应交增值税(进项税额)   15 300
   贷:银行存款   105 300

例2 宏山公司开出转账支票一张,面额为 30 000 元,用以支付企业的财产保险费。

宏山公司财务部门的制单人员根据转账支票存根及保险公司的发票等原始凭证,编制付款凭证,其会计分录为:

  借:管理费用   30 000
   贷:银行存款   30 000

五、支票的收入业务

(一)收到现金支票

收款单位在收到现金支票后,应首先对支票进行审查,以免收进无效支票或假支票。审查内容包括:

(1) 支票收款单位是否为本单位。

(2) 支票的各项内容是否填写齐全,在签发单位盖章处是否加盖了单位印章。填写项目有涂改的为废票。

(3) 支票大小写金额填写是否正确、相符。

(4) 支票是否在付款期内。

(5) 背书转让支票其背书是否正确、连续。

(6) 支票书写是否用墨汁或碳素墨水,填写是否清晰。

收款单位的出纳人员审查现金支票无误后,即可在支票背面签章

(如收款人为个人还需携带本人身份证件),到开户银行提取现金。如果收款人以现金支票办理转账,按转账支票手续办理。

对于收入现金支票的会计核算,借记"库存现金"或"银行存款"账户,贷记有关账户。

(二)收到转账支票

付款单位用转账支票进行交易,收款单位收到转账支票后,首先对支票进行审查,审查的内容同现金支票。收款单位出纳人员对转账支票审查无误后,填制一式两联的进账单,连同转账支票一起交到其开户银行办理票款入账。开户银行对送达的支票、进账单进行审查,审查无误后在进账单第一联上加盖"转讫"章退回收款单位,通知其票款已入账。收款单位根据其开户银行盖章后退回的进账单第一联编制收款凭证,其会计分录为:

借:银行存款

  贷:应收账款等

例3 承例1,申达工厂收到宏山公司的转账支票,存入开户银行。其会计分录为:

借:银行存款   105 300

  贷:主营业务收入   90 000

    应交税费——应交增值税(销项税额)   15 300

例4 申达工厂出售库存多余材料一批,价值50 000元。收到对方转账支票一张结算全部款项。申达工厂财务部门开出的增值税专用发票注明材料价款50 000元,增值税额8 500元。其会计分录为:

借:银行存款   58 500

  贷:其他业务收入   50 000

    应交税费——应交增值税(销项税额)   8 500

如果由于签发人签发空头支票或者签发不规范而引起银行退票的,银行按规定对签发人给予处罚,所支付的罚款,签发人(付款单位)

应作为营业外支出处理,签发人根据银行的罚单编制付款凭证,其会计分录为:

  借:营业外支出
   贷:银行存款

六、支票结算的管理

由于支票可以由付款人自行签发,而且可以直接向银行提取现金,所以各单位应建立、健全支票结算内部管理制度,加强对支票结算的管理和控制具有重要的意义。企业对支票结算的管理主要包括以下几个方面。

1. 建立、健全内部管理制度

(1) 单位支票的管理由财务部门负责,并指定专门人员负责保管支票。

(2) 有关部门和人员领用支票必须填写专门的"支票领用单",并说明领用支票的用途、日期、金额、编号,由经办人员签章,经有关领导批准。

(3) 支票由指定的出纳人员专人签发。出纳人员根据"支票领用单"签发支票,并在支票签发登记簿上加以登记。

(4) 建立空白支票登记、销号制度,严格控制空白支票的签发。

(5) 支票和预留银行印鉴、支票密码单应分别存放,专人保管。

2. 合理安排资金,防止资金使用和财务结算脱节

(1) 建立支票报账制度,单位内部领用支票的有关部门和人员应按规定及时报账。

(2) 单位财务部门应严格控制领用支票的数量,并随时掌握每张支票的去向,避免对财务部门合理安排资金使用造成困难,防止签发空头支票。

3. 经常、及时核对账目,为合理使用资金、安排生产经营活动服务

(1) 单位财务部门要及时与开户银行核对往来账目,随时了解未

达账项。

（2）建立、健全支票的核查制度，防止支票诈骗和冒领事件。

七、支票的流转程序

支票的流转程序图，如图6-1所示。

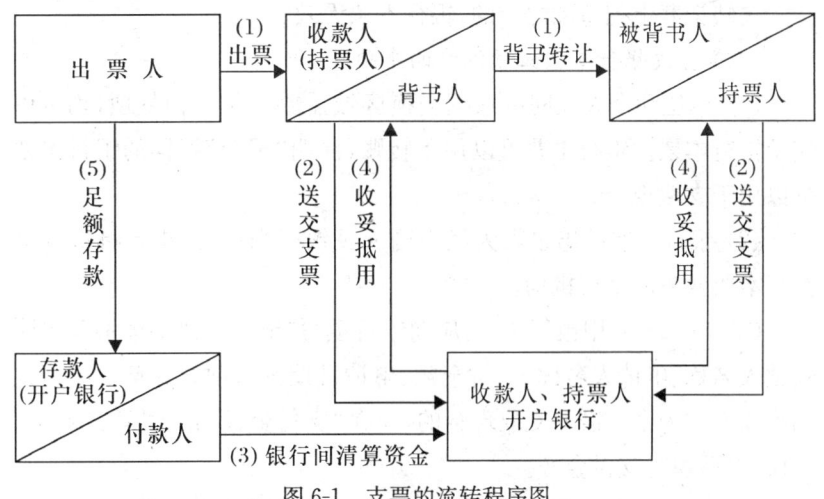

图 6-1　支票的流转程序图

第三节　银行本票业务的核算

一、银行本票的含义

银行本票是指由银行签发的，承诺自己在见票时无条件支付确定的金额给收款人或者持票人的票据。

二、银行本票的有关规定

（一）签发银行本票必须记载的事项

（1）表明"银行本票"的字样。

(2) 无条件支付的承诺。

(3) 确定的金额。

(4) 收款人名称。

(5) 出票日期。

(6) 出票人签章。

欠缺记载上列事项之一的,银行本票无效。

(二) 签发银行本票必须注意的事项

(1) 单位和个人在同一票据交换区域需要支付各种款项,均可以使用银行本票。银行本票可以用于转账,注明"现金"字样的银行本票可以用于支取现金。

(2) 银行本票的出票人为经中国人民银行当地分、支行批准办理银行本票业务的银行机构。

(3) 申请人使用银行本票,应向银行填写"银行本票申请书",填明收款人名称、申请人名称、支付金额、申请日期等事项并签章。申请人和收款人均为个人需要支取现金的,应在"支付金额"栏先填写"现金"字样,然后填写支付金额。

申请人或收款人为单位的,不得申请签发现金银行本票。

(4) 申请人应将银行本票交付给本票上记明的收款人。收款人受理银行本票时,应审查下列事项：① 收款人是否为本单位或本人。② 银行本票是否在提示付款期内。③ 必须记载的事项是否齐全。④ 出票人签章是否符合规定,不定额银行本票是否有压数机压印的出票金额,并与大写出票金额一致。⑤ 出票金额、出票日期、收款人名称是否更改,更改的其他记载事项是否由原来记载人签章证明。

(5) 收款人可以将银行本票背书转让给被背书人。被背书人受理银行本票时,除按照第(4)条的规定审查外,还应审查下列事项：① 背书是否连续,背书人签章是否符合规定,背书使用粘单的是否按规定签章。② 背书人为个人的身份证件。

(6)银行本票见票即付。跨系统银行本票兑付,持票人开户银行可根据中国人民银行规定的金融机构同业往来利率向出票银行收取利息。

(7)在银行开立存款账户的持票人向开户银行提示付款时,应在银行本票背面"持票人向银行提示付款签章"处签章,签章须与预留银行签章相同,并将银行本票、进账单送交开户银行。银行审查无误后办理转账。

(8)持票人超过提示付款期限不获付款的,在票据权利时效内向出票银行作出说明,并提供本人身份证件及单位证明,可持银行本票向出票银行请求付款。

(9)申请人因银行本票超过提示付款期限或其他原因要求退款的,应按第(8)条办理。出票银行对于在本行开立存款账户的申请人,只能将款项转入原申请人账户,对于现金银行本票和未在本行开立存款账户的申请人,才能退付现金。

(10)银行本票丧失,失票人可以凭人民法院出具的其享有票据权利的证明,向出票银行请求付款或退款。

三、银行本票的分类

银行本票按其金额是否固定分为不定额本票和定额本票两种。

1. 不定额本票

不定额本票的金额起点为100元,一式两联:第一联是卡片联,由出票银行留存,结清本票时作借方传票附件;第二联是本票联,由正面、背面组成,正面为本票联,出票行结清本票时作借方凭证,背面用于背书转让和提示付款签章。不定额本票的格式,如表6-3所示。

2. 定额本票

定额本票的票面金额为1 000元,5 000元,10 000元和50 000元四种。由单联式组成,左边约1/4为存根,右边约3/4为本票联,背面用于背书转让和提示付款签章。定额本票的格式,如表6-4所示。

表 6-3(1)

付款期限 × 个月	××银行 **本　票**(卡片) **1**	地名	本票号码	此联出票行留存，结清本票时作出票行凭证附件
	出票日期 （大写）　　年　月　日　　　　第　号			
收款人：				
凭票即付　（人民币）（大写）				
转账　现金				
备注：		出纳　　复核　　经办		

表 6-3(2)

付款期限 × 个月	××银行 **本　票**　**2**	地名	本票号码	此联作出票行借方凭证，结清本票时作借方凭证
	出票日期 （大写）　　年　月　日　　　　第　号			
收款人：				
凭票即付　（人民币）（大写）				
转账　现金		科　目(借)_____ 对方科目(贷)_____ 付款日期　年　月　日 出纳　　复核　　经办		
备注：				
（使用清分机的，此区域供打印磁性字码）				

表 6-3(3)

被背书人	被背书人	被背书人
背书人签章 年　月　日	背书人签章 年　月　日	背书人签章 年　月　日

（贴粘单处）

持票人向银行　　　身份证件名称：
提示付款签章：　　号　　码：
　　　　　　　　　发　证　机　关：

表 6-4(1)

××银行本票存根	付款期 ×个月　　××银行　　地　本票号码 本　票　名
本票号码： 地　　名： 收 款 人： 金　　额：壹万元整 用　　途： 科　目(借)．．．．．．．．． 对方科目(贷)．．．．．．．．． 出票日期：年 月 日 出纳　　复核　　经办	出票日期(大写)　　年　月　日 收款人 凭票即付人民币　**壹万元整** 转账　　　现金　　　￥10 000 出票行签章

表 6-4(2)

被背书人	被背书人	被背书人	(贴粘单处)
背书人签章 年　月　日	背书人签章 年　月　日	背书人签章 年　月　日	

持票人向银行 提示付款签章：	身份证件名称： 号　　　码： 发 证 机 关：

四、银行本票的付款期限

银行本票付款期限为 1 个月。逾期本票银行不予收理,但可以在签发银行办理退款。

五、银行本票结算的基本步骤

(一) 本票的签发

付款单位需使用本票办理结算时,首先,需要向银行提出申请,填写一式三联的"银行本票申请书"(如表 6-5 所示)。如申请人在签发银行开立账户的,要在"银行本票申请书"第二联上加盖预留银行的印鉴。其次,付款单位将申请书交给银行,银行对之进行审查,审查无误后,办理收款手续。如付款单位在银行开立账户的,款项直接从其账户中划拨;如付款单位未在银行开立账户的,直接向银行交存现金。银行在办妥以上手续后,即可签发本票。银行把本票第一联连同"银行本票申请书"存根联一并交回给本票申请人。

表 6-5(1)

××银行本票申请书(存根)   1   第　号

申请日期 200　年　月　日

申　请　人		收　款　人	
账号或地址		账号或地址	
用　　途		代理付款行	
汇票金额	人民币 (大写)	千百十万千百十元角分	

备注：

科　目 _____

对方科目 _____

财务主管　　复核　　经办

（此联申请人留存）

表 6-5(2)

××银行汇本申请书(借方凭证)   2   第　号

申请日期 200　年　月　日

申　请　人		收　款　人	
账号或住址		账号或住址	
用　　途		代理付款行	
汇票金额	人民币 (大写)	千百十万千百十元角分	

上列款项请从我账户内支付

科　目 _____

对方科目 _____

转账日期　年　月　日

申请人盖章　　复核　　记账

（此联出票行作借方凭证）

表6-5(3)

××银行本票申请书（贷方凭证） 3   第　号

申请日期200　年　月　日

申　请　人		收　款　人		
账号或地址		账号或地址		
用　　途		代理付款行		
汇票金额	人民币（大写）		千百十万千百十元角分	
备注：		科　目（贷）_____		
		对方科目（借）_____		
		转账日期　　　年　　月　　日		
		复核　　　记账　　　出纳		

（此联出票行作汇出汇款贷方凭证）

付款单位在收到银行退回的本票第一联和"银行本票申请书"存根联后，根据申请书的存根联编制付款凭证，其会计分录为：

借：其他货币资金——银行本票
　　贷：银行存款

办理本票时，银行收取的手续费作财务费用处理，根据银行的收据编制付款凭证，其会计分录为：

借：财务费用
　　贷：银行存款（或库存现金）

例1　标准件厂向本市钢铁厂购买钢材15吨，每吨单价为12 000元，协议采用本票方式进行结算。

标准件厂出纳人员填写"银行本票申请书"向银行转账交款，申请办理本票。收到银行签发的本票后，根据"银行本票申请书"存根联，编制付款凭证，其会计分录为：

借：其他货币资金——银行本票　　　　　　　　180 000
　　贷：银行存款　　　　　　　　　　　　　　　180 000

银行另行收取手续费 50 元,以现金支付。

根据银行收据编制付款凭证,其会计分录为:

借:财务费用　　　　　　　　　　　　　　　　　　50

　　贷:库存现金　　　　　　　　　　　　　　　　　　50

(二)本票的使用和兑付

1. 本票的使用

付款单位收到银行签发的本票后,即可以使用本票向其他单位购买货物,办理款项结算。当付款人将本票交给收款人,并收到收款人的发票账单等有关凭证时,应编制转账凭证,其会计分录为:

借:材料采购

　　应交税费——应交增值税(进项税额)

　　贷:其他货币资金——银行本票

如果实际的货款大于本票金额,付款单位可以用现金或支票予以补足,其会计分录为:

借:材料采购

　　应交税费——应交增值税(进项税额)

　　贷:其他货币资金——银行本票

　　　　银行存款(或库存现金)(金额为实际货款大于本票票款的差额)

若不足的款项尚未支付,可先贷记"应付账款"账户,待实际支付时,再结转"银行存款"或"库存现金"账户。

如果实际的货款小于本票金额,收款单位可以以现金或支票退回多余款项,编制记账凭证,其会计分录为:

借:材料采购

　　应交税费——应交增值税(进项税额)

　　贷:其他货币资金——银行本票

借:银行存款(或库存现金)

　　贷:其他货币资金——银行本票

若收款单位退回的多余款项尚未收到,可先挂在"应收账款"账户内,待收回时,再转入"银行存款"或"库存现金"账户内。

例2 某标准件厂持面额为180 000元的本票到本市钢铁厂购买钢材15吨,每吨单价为12 000元,增值税进项税额为30 600元。不足部分款项,标准件厂以银行存款付出。

标准件厂根据发票等原始凭证,编制转账凭证及付款凭证,其会计分录为:

(1) 借:材料采购　　　　　　　　　　　　　　　　180 000
　　　贷:其他货币资金——银行本票　　　　　　　　180 000

(2) 借:应交税费——应交增值税(进项税额)　　　　30 600
　　　贷:银行存款　　　　　　　　　　　　　　　　30 600

若标准件厂持面额为180 000元的本票到本市钢铁厂购买钢材10吨,每吨单价为12 000元,货款120 000元,增值税进项税额20 400元,多余金额尚未退回标准件厂。

标准件厂根据发票等原始凭证,编制转账凭证,其会计分录为:

借:材料采购　　　　　　　　　　　　　　　　　　120 000
　　应交税费——应交增值税(进项税额)　　　　　　20 400
　　应收账款——钢铁厂　　　　　　　　　　　　　39 600
　贷:其他货币资金——银行本票　　　　　　　　　180 000

如果收回多余款项,则将应收账款转入"银行存款"账户,编制收款凭证,其会计分录为:

借:银行存款　　　　　　　　　　　　　　　　　　39 600
　贷:应收账款——钢铁厂　　　　　　　　　　　　　39 600

2. **本票的兑付**

收款单位收到付款单位交来的本票后,在向银行兑付前,应对本票进行认真的审查。经审查无误后,收款单位可在本票背面加盖预留银行的印鉴,连同一式两联的进账单一起送交银行办理票款入账业务。

如果收款人未在银行开户,那么,当其持有"现金"字样的本票向银行支取现金时,应在本票背面签字或盖章,并向银行交验有关证件。收款单位将收到的兑付银行已加盖"转让"章的进账单第一联作为收账通知。

收款单位从收到本票到向银行兑付的整个过程的会计核算为:

(1) 销售实现收到本票时,编制转账凭证,其会计分录为:

  借:其他货币资金——银行本票
   贷:主营业务收入
    应交税费——应交增值税(销项税额)

(2) 向银行兑付收账后,编制收款凭证,其会计分录为:

  借:银行存款
   贷:其他货币资金——银行本票

例 3 承例 2。

钢铁厂销售钢材 15 吨,收到本票和补付款项的支票时,分别编制转账凭证和收款凭证,其会计分录为:

(1) 借:其他货币资金——银行本票   180 000
   贷:主营业务收入   180 000

(2) 借:银行存款   30 600
   贷:应交税费——应交增值税(销项税额)   30 600

钢铁厂销售钢材 10 吨,收到银行本票时,编制转账凭证,其会计分录为:

  借:其他货币资金——银行本票   180 000
   贷:主营业务收入   120 000
    应交税费——应交增值税(销项税额)   20 400
    应付账款——市标准件厂   39 600

钢铁厂用支票退回多余的本票票款,根据支票存根,编制付款凭证,其会计分录为:

借：应付账款——市标准件厂　　　　　　　　　　39 600
　　贷：银行存款　　　　　　　　　　　　　　　　39 600

钢铁厂将本票送交银行，办理进账手续后，根据银行退回的进账单第一联，编制收款凭证，其会计分录为：

借：银行存款　　　　　　　　　　　　　　　　180 000
　　贷：其他货币资金——银行本票　　　　　　　180 000

（三）银行本票的背书转让

本票背书必须连续。若本票签发人在本票正面注有"不准转让"字样的，则该本票不得背书转让；背书人也可以在背书时注明"不准转让"字样，禁止该本票以后再转让。

（四）本票的保管和退款

本票见票即付，不予挂失。只有不定额的本票在符合以下条件时才能办理退款作为补救：① 该本票由签发行签发后未曾经背书转让；② 持票人为本票的收款单位。付款单位因本票超期等原因而要求退款时，应填制一式两联的进账单，连同本票一齐送交签发银行，签发银行经审查同意退款后，在进账单第一联加盖"转让"章退给付款单位作为收账通知。付款单位根据银行退回的进账单第一联，编制收款凭证，其会计分录为：

借：银行存款
　　贷：其他货币资金——银行本票

对于遗失的不定额本票，在付款期满的1个月后确未被冒领的，也可以到签发银行办理退款手续。在办理退款手续时，原本票申请人应首先向签发银行说明情况，出具盖有单位公章的遗失本票退款申请书，连同填制好的一式两联进账单一并交给签发银行办理退款之后，再根据银行退回的进账单第一联，编制收款凭证，其会计分录为：

借：银行存款
　　贷：其他货币资金——银行本票

六、银行本票的流转程序

银行本票的流转程序图,如图 6-2 如示。

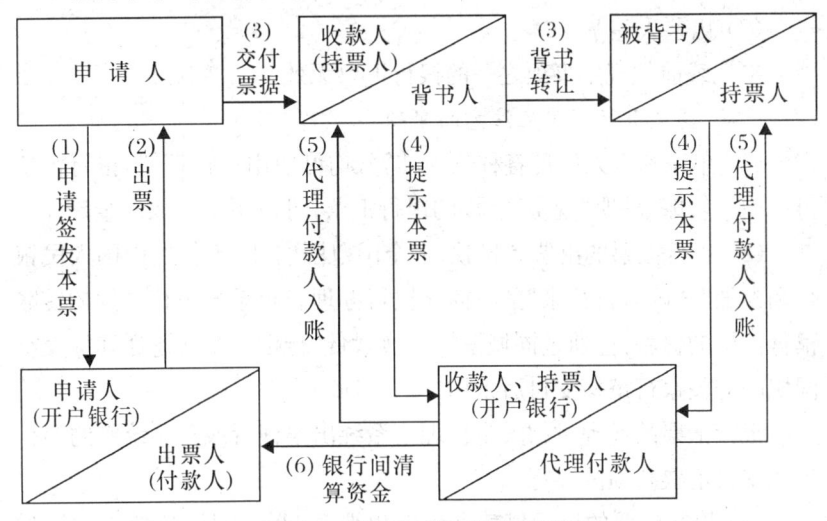

图 6-2 银行本票的流转程序图

第四节 银行汇票业务的核算

一、银行汇票的含义

银行汇票是指由出票银行签发的,由其在见票时按实际结算金额无条件支付给收款人或持票人的票据。

二、银行汇票的有关规定

(一)签发银行汇票必须记载的事项

(1)表明"银行汇票"字样。

(2)无条件支付的委托。

(3)确定的金额。

(4) 付款人名称。

(5) 收款人名称。

(6) 出票日期。

(7) 出票人签章。

未记载前款规定事项之一的银行汇票无效。

(二) 签发银行汇票应注意的事项

(1) 单位和个人办理各种款项结算,均可使用银行汇票,银行汇票可以用于转账,填明"现金"字样的银行汇票,可以用于支取现金。

(2) 银行汇票的出票和付款,在全国范围内,限于仅在中国人民银行和参加"全国联行往来"的各商业银行办理。跨系统银行签发的转账银行汇票的付款,应通过同城票据交换,将银行汇票和解讫通知提交给同城的有关银行审核支付后抵用。

银行汇票的代理付款人是代理本系统出票银行或跨系统签约银行审核支付汇票款项的银行。

(3) 银行汇票的提示付款期限自出票日起 1 个月,持票人超过付款期限提示付款的,代理付款人不予受理。

(4) 申请人和收款人均为个人,需要使用银行汇票向代理付款人支取现金的,申请人须在"银行汇票申请书"上填明代理付款人名称,在"汇票金额"栏先填写"现金"字样,后填写汇票金额。银行汇票申请书,如表 6-6 所示。

申请人或收款人为单位的,不得在"银行汇票"申请书上填"现金"字样。

(5) 签发转账银行汇票,不得填写代理付款人名称,但由人民银行代理兑付银行汇票的商业银行,向设有分支机构地区签发转账银行汇票的除外。

(6) 申请人应将银行汇票和解讫通知一并交付给汇票上记明的收款人。收款人受理银行汇票时,应审查下列事项:① 银行汇票和解讫通知是否齐全,汇票号码和记载的内容是否一致;② 收款人是否确为

表6-6(1)

××银行汇票申请书(存根)   1   第 号

申请日期   年   月   日

申 请 人		收 款 人		
账号或地址		账号或地址		
用 途		代理付款行		
汇票金额	人民币 (大写)		千百十万千百十元角分	

备注：

科 目 ....

对方科目 ....

财务主管　　复核　　经办

此联申请人留存

表6-6(2)

××银行汇票申请书(借方凭证)   2   第 号

申请日期   年   月   日

申 请 人		收 款 人		
账号或地址		账号或地址		
用 途		代理付款行		
汇票金额	人民币 (大写)		千百十万千百十元角分	

上列款项请从我账户内支付

科 目 ....

对方科目 ....

转账日期　　年　月　日

申请人盖章　　复核　　　　记账

此联出票行作借方凭证

表 6-6(3)

××银行汇票申请书(贷方凭证) 3 第 号

申请日期　年　月　日

申 请 人		收 款 人										
账号或地址		账号或地址										
用 途		代理付款行										
汇票金额	人民币(大写)			千	百	十	万	千	百	十	元	角	分

备注：

科　目(贷)
对方科目(借)
转账日期　　年　　月　　日
复核　　　记账　　　出纳

此联出票行作汇出汇款贷方凭证

本单位或本人；③ 银行汇票是否在提示付款期限内；④ 必须记载的事项是否齐全；⑤ 出票人签章是否符合规定，是否有压数机压印的出票金额，并与大写出票金额一致；⑥ 出票金额、出票日期、收款人名称是否更改，更改的其他记载事项是否由原记载人签章证明。

(7) 收款人受理申请人交付的银行汇票时，应在出票金额内根据实际需要的款项办理结算，并将实际结算金额和多余金额准确、清晰地填入银行汇票和解讫通知的有关栏内。未填明实际结算金额和多余金额或实际结算金额超过出票金额的，银行不予受理。

(8) 银行汇票的实际结算金额不得更改，更改实际结算金额的银行汇票无效。

(9) 银行汇票的背书转让以不超过出票金额的实际结算金额为准。未填写实际结算金额或实际结算金额超过出票金额的银行汇票不得背书转让。

(10) 被背书人受理银行汇票时，应审查下列事项：① 银行汇票是否记载实际结算金额，有无更改，其金额是否超过出票金额；② 背书是否连续，背书人签章是否符合规定，背书使用粘单的是否按规定签章；③ 背书人为个人的身份证件。

(11) 持票人向银行提示付款时，必须同时提交银行汇票和解讫通知，缺少任何一联，银行不予受理。

(12) 在银行开立存款账户的持票人向开户银行提示付款时，应在汇票背面"持票人向银行提示付款签章"处盖章，签章须与预留银行签章相同，并将银行汇票和解讫通知、进账单送交开户银行，经银行审查无误后办理转账。

(13) 未在银行开立存款账户的个人持票人，可以向所选择的任何一家银行机构提示付款。提示付款时，应在汇票背面"持票人向银行提示付款签章"处盖章，并填明本人身份证件名称、号码及发证机关，由其本人向银行提交身份证件及其复印件，银行审核无误后，将其身份证复印件留存备查，并以持票人的姓名开立应解汇款及临时存款账户，该账户只付不收，付完清户，不计付利息。

转账支付的，应由原持票人向银行填制支款凭证，并由本人交验其身份证件办理支付款项。该账户的款项只能转入单位或个体工商户的存款账户，严禁转入储蓄和信用卡账户。

支取现金的银行汇票上必须有出票银行按规定填明的"现金"字样，才能办理。未填明"现金"字样，需要支取现金的，由银行按照国家现金管理规定办理。

持票人对填明"现金"字样的银行汇票，需要委托他人向银行提示付款的，应在银行汇票背面背书栏签章，记载"委托收款"字样、被委托人姓名和背书日期以及委托人身份证件名称、号码、发证机关。被委托人向银行提示付款时，也应在银行汇票背面"持票人向银行提示付款签章"处盖章，记载证件名称、号码及发证机关，并同时向银行交验委托人和被委托人的身份证件及其复印件。

(14) 银行汇票的实际结算金额低于出票金额，其多余金额由出票银行退交申请人。

(15) 持票人超过期限向代理付款银行提示付款不获付款的，须在票据权利时效内向出票银行作出说明,并提供本人身份证件或单位证明,持银行汇票和解讫通知向出票银行请求付款。

(16)申请人因银行汇票超过付款提示期限或其他原因要求退款时,应将银行汇票和解讫通知同时提交到出票银行,申请人为单位的,应出具该单位的证明,申请人为个人的,应出具本人的身份证件。对于代理付款银行查询的该张银行汇票,应在汇票提示付款期满后方能办理退款。出票银行对于转账银行汇票的退款,只能转入原申请人账户;对于符合规定填明"现金"字样银行汇票的退款,才能退付现金。

申请人缺少解讫通知要求退款的,出票银行应于银行汇票提示付款满 1 个月后办理。

(17)银行汇票丧失,失票人可以凭人民法院出具的其享有票据权利的证明,向出票银行请求付款或退款。银行汇票的格式,如表 6-7 所示。

表 6-7(1)

付款期限 壹个月	××银行 银行汇票(卡片) 1	汇票号码 第　号	
出票日期 (大写)　　年　月　日		代理付款行:_____ 行号:_____	此联出票行结清汇票时作汇款借方凭证
收款人:_____	账号:_____		
出票金额人民币(大写)		千百十万千百十元角分	
实际结算金额人民币(大写)			
申请人:_____ 出票行:_____　行号:_____ 备注:_____ 复核　　　经办	账号或地址:_____ 科　目(借)_____ 对方科目(贷)_____ 销账日期　　　年　月　日 复核　　　　记账		

表 6-7(2)

| 付款期限 壹个月 | ××银行 银行汇票 2 | 汇票号码 第 号 |

出票日期
（大写）　　年　月　日　　代理付款行：　　　行号：

收款人：	账号：
出票金额人民币（大写）	
实际结算金额人民币（大写）	千百十万千百十元角分

账号或地址：_____

申请人：_____
出票行：_____ 行号：____
备注：_____
凭票付款
出票行签章

多余金额　千百十万千百十元角分

科　目（借）_____
对方科目（贷）_____
兑付日期　年　月　日
复核　　　　　记账

此联代理付款行付款后作联行往账借方凭证附件

表 6-7(3)

被背书人	被背书人	被背书人
背书人签章 年　月　日	背书人签章 年　月　日	背书人签章 年　月　日

持票人向银行
提示付款签章：_____

身份证件名称：_____
号　码：_____
发证机关：_____

（贴粘单处）

表 6-7(4)

付款期限 壹个月	××银行 银行汇票(解讫通知) 3		汇票号码 第　号

出票日期
（大写）　　年　月　日　　代理付款行：_____　行号：_____

收款人：	账号：
出票金额人民币(大写)	千百十万千百十元角分
实际结算金额人民币(大写)	

账号或住址：_____

多　余　金　额 千百十万千百十元角分	科　目（贷）_____ 对方科目（借）_____ 转账日期　年　月　日 复核　　　　记账

申请人：_____
出票行：_____　行号：_____
备注：_____
代理付款行盖章
复核　　　经办

此联由代理付款行兑付随报单寄出票行，出票行作多余款贷方凭证款

表 6-7(5)

付款期限 壹个月	××银行 银行汇票(多余款收账通知) 4		汇票号码 第　号

出票日期
（大写）　　年　月　日　　代理付款行：_____　行号：_____

收款人：	账号：
出票金额人民币(大写)	千百十万千百十元角分
实际结算金额人民币(大写)	

账号或地址：_____

多　余　金　额 千百十万千百十元角分	左列退回多余金额已收入你账户内。 财务主管　复核　记账

申请人：_____
出票行：_____　行号：_____
备注：_____
出票行签章
　　　　年　月　日

此联出票行结清多余款后交申请人

(三) 银行汇票的申请

财务部门根据"银行汇票请领单"向银行办理银行汇票时,应向签发银行填写"银行汇票委托书"。"银行汇票委托书"一式三联,第一联为存根,由汇款人留作记账的传票;第二联为支款凭证,是签发办理汇票的转出传票;第三联为收入凭证,是由签发行作汇出款收入传票。若申请人用现金办理银行汇票,可以注销第二联。

银行汇票一式四联,第一联为卡片,由签发行结清汇票时作汇出汇款的付出传票。第二联为银行汇票、第三联为解讫通知,这两联都由汇款人自带,在兑付行兑付汇票后,第二联作为联往来账付出传票;第三联随报单寄签发行,由签发行作余款收入传票。第四联为多余款通知,在签发行结清后交汇款人。

银行汇票的结算起点为 500 元。

三、签发银行汇票的核算

(1) 汇款单位财务部门收到银行签发的"银行汇票联"和解讫通知联后,根据银行盖章退回的"银行汇票委托书"第一联,编制会计分录为:

借:其他货币资金——银行汇票
　　贷:银行存款

如果汇票人用现金办理银行汇票,其会计分录为:

借:其他货币资金——银行汇票
　　贷:库存现金

(2) 办理银行汇票,由银行按规定收取的手续费、邮电费,汇款人根据银行出具的收费收据,编制付款凭证,其会计分录为:

借:财务费用
　　贷:银行存款(或库存现金)

(3) 银行汇票登记簿。出纳人员收到银行签发的银行汇票并将其交给请领人后,应按规定登记"银行汇票登记簿",将与银行汇票有关的内容都逐一进行登记,以备日后查对。

四、银行汇票的使用

汇款单位取得银行汇票后,即可由请领人带往兑付地点,与收款人办理结算业务或支取现金。但是,由于经济业务的具体情况各异及银行汇票的收款人填写不同,使用银行汇票办理结算业务的具体方法也有所差异:

(1) 汇款单位持票人到汇入地点办理采购业务,并且在银行汇票的第二联、第三联上已明确填好收款单位或个人的名称及账号的情况下,持票人可将这两联一并交给收款单位的财务部门,由收款单位直接到其开户银行办理进账。

(2) 汇款单位持票人到汇入地点办理采购业务,银行汇票上"收款人"栏内填写的是汇款单位持票人的名称,在这种情况下,持票人可以持票到汇入银行直接办理转账结算,也可以背书转让给收款单位,由其直接到银行办理进账。

(3) 汇款单位持票人到汇入地点进行采购业务,且汇票上"收款人"栏内填写的是汇款单位持票人的姓名,在这种情况下,如果需要分次付款的,持票人可持"银行汇票联"和"解讫通知联"连同本人身份证,到兑付银行申请开立一个"临时存款账户",与收款单位办理结算业务。这种临时账户,只付不存,不计算存款利息。

(4) 汇款单位持票人到汇入地点办理采购业务,若在汇入地点采购不到所需物资而准备到其他地方继续采购时,持票人可持"银行汇票联"和"解讫通知联"连同本人身份证到兑付银行请求办理转汇业务,并说明转汇地点。注明不能转汇的银行汇票除外。

汇款单位使用银行汇票购货或付款后,待签发银行转来银行汇票第四联,即可根据该联中"实际结算金额"栏的实际结算金额及供应部门转来的发票等原始凭证,编制记账凭证。

例 大宇公司以银行汇票结算方式到外地购买 A 材料一批,根据审核无误的对方发票和开户银行转来的银行汇票第四联,实际应付材料款 150 000 元,增值税进项税额 25 500 元。银行汇票票面金额为200 000元。

支付款项后,财务部门制单人员根据以上单证,编制转账凭证,其会计分录为:

  借:材料采购——A 材料   150 000
    应交税费——应交增值税(进项税额) 25 500
   贷:其他货币资金——银行汇票   175 500

接到开户银行通知,收回多余款项,由制单人员编制收款凭证,其会计分录为:

  借:银行存款   24 500
   贷:其他货币资金——银行汇票   24 500

若材料价款为 180 000 元,增值税进项税额 30 600 元,银行汇票票面金额为 200 000 元。应补交不足部分款项,先编制转账凭证,再依据差额编制付款凭证,其会计分录为:

  借:材料采购——A 材料   180 000
    应交税费——应交增值税(进项税额) 20 000
   贷:其他货币资金——银行汇票   200 000
  借:应交税费——应交增值税(进项税额) 10 600
   贷:银行存款   10 600

大宇公司以银行汇票偿还前欠光华工厂货款 50 000 元。其会计分录为:

  借:应付账款——光华工厂   50 000
   贷:其他货币资金——银行汇票   50 000

收款单位或被背书人将"银行汇票"、"解讫通知"及进账单,一并提交兑付银行,收款单位开户银行盖章后将第一联退回收款单位作收款通知;第二联由收款单位开户银行作收入传票。

收款单位根据银行退回的进账单第一联所列的实际结算金额和发

票存根联等原始凭证编制收款凭证,其会计分录为:

  借:银行存款   175 500
   贷:主营业务收入   150 000
    应交税费——应交增值税(销项税额) 25 500

五、银行汇票的退款

  汇款人因银行汇票超过付款期限或其他原因没有使用银行汇票而要求退款时,可持银行汇票和解讫通知到签发银行办理。针对不同情况,银行汇票的申请退款有以下几种办理方法:

  (1)汇款人在银行开户的,当其向签发行申请退款时,应备函向签发行说明申请退款的原因,并将未用的"银行汇款联"和"解讫通知联"交向汇票签发行。银行将这两联同银行留存的银行汇票"卡片联"核对无误后,办理退款手续,将银行汇票金额划入汇款单位账户。

  (2)汇款人未在银行开户的,当其向签发行申请退款时,应将未用的"银行汇票联"、"解讫通知联"以及单位的有关证件交给银行汇票签发行,经银行审验无误后,办理退款。

  (3)汇款人若由于"银行汇票联"和"解讫通知联"缺少其中之一而不能在兑付行办理兑付的,在其向签发行申请退款时,应将剩余的一联退给银行汇票签发银行,并备函说明短缺其中之一的原因,经签发银行审查同意后办理退款手续。

  汇款单位办理退款手续后,待收到银行转回的银行汇票第四联"多余款收账通知联"时,财务部门根据此联中"多余金额"栏进行会计核算,编制收款凭证,其会计分录为:

  借:银行存款
   贷:其他货币资金——银行汇票

六、银行汇票的保管与遗失

  由于银行汇票具有现金的性质,所以对它的保管应如同对待现金

第六章 票据结算业务

一样,严格控制。但是,如果不慎发生银行汇票遗失,应分别情况进行如下处理:

(1) 持票人丢失的是已经填写了收款单位名称,但没有指定汇入银行的转账汇票,由于该种汇票一则没有明确汇入银行,二则可以直接用于到收款单位提货,所以,银行不予挂失,但可以向收款单位说明情况,请求协助防范。

(2) 持票人丢失的是填好了持票人名称的转账汇票,由于该种汇票可以背书转让,没有确定的收款人和兑付行,银行不予挂失,但可以予以协助。

(3) 持票人丢失的是填明了"现金"字样的银行汇票,持票人可以立即向银行(包括兑付行或签发行)挂失。申请挂失时,要填写一式三联的"挂失止付通知书"如表 6-8 所示,并向银行交付一定的手续费。银行受理后,迅速同汇款人或收款人取得联系,说明银行汇票遗失情

表 6-8

挂失止付通知书

填写日期　　年　　月　　日

挂失止付人:	丧失票据记载的主要内容	票据种类		此联是银行给挂失止付人的受理回单
票据丧失时间:		号　　码		
票据丧失地点:		金　　额		
票据丧失事由:		付 款 人		
		收 款 人		
		出票日期		
		付款日期		
	挂失止付人联系地址(电话):			
失票人签章　　年　　月　　日				

注:一式三联,第一联交银行,第二联凭以登记挂失登记簿,第三联凭以拍发电报。

况,以防止被冒领,并促进结算的顺利办理。银行汇票挂失电报格式如表 6-9 所示。

表 6-9

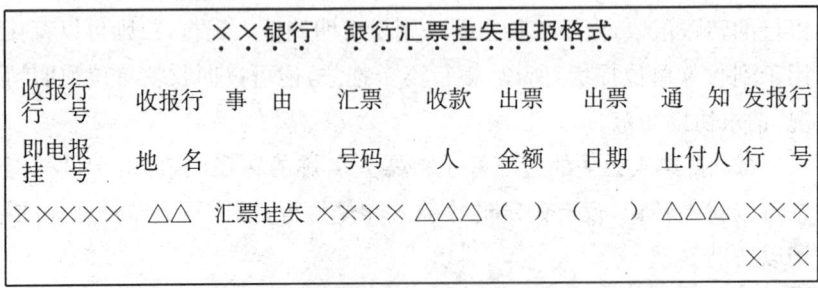

在银行受理挂失前,遗失的银行汇票如被冒领,银行概不负责。

遗失的银行汇票在付款期满 1 个月,确未被冒领后,可以办理退款手续。

七、银行汇票的流转程序

银行汇票的流转程序图,如图 6-3 所示。

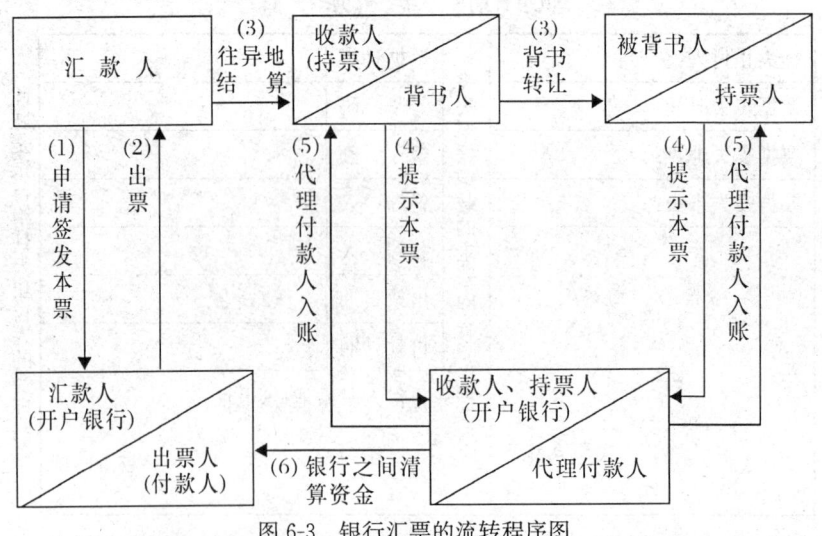

图 6-3 银行汇票的流转程序图

第五节　商业汇票业务的核算

一、商业汇票的含义及分类

商业汇票是指由出票人签发的委托付款人在指定日期无条件支付确定的金额给收款人或者持票人的票据。

商业汇票分为商业承兑汇票和银行承兑汇票两种。

二、商业汇票的相关规定

（一）签发商业汇票必须记载的事项

(1) 表明"商业承兑汇票"或"银行承兑汇票"的字样。
(2) 无条件支付的委托。
(3) 确定的金额。
(4) 付款人的名称。
(5) 收款人的名称。
(6) 出票日期。
(7) 出票人签章。

欠缺记载上列事项之一的，商业汇票无效。

（二）签发商业汇票必须注意的事项

(1) 在银行开立存款账户的法人以及其他组织之间，必须具有真实的交易关系或债权债务关系，才能使用商业汇票。

(2) 商业承兑汇票的出票人，为在银行开立存款账户的法人及其他组织与付款人具有真实的委托付款关系，具有支付票据金额的可靠资金来源。

(3) 银行承兑汇票的出票人必须具备下列条件：① 在承兑银行开立存款账户的法人以及其他组织；② 与承兑银行具有真实的委托付款关系；③ 资信状况良好，具有支付汇票金额的可靠资金来源。

符合上述条件的企业,向开户银行申请商业汇票,必须与银行签订"银行承兑协议",如表 6-10 所示。

表 6-10

<u>银行承兑协议</u>　1

编号:＿＿＿＿

银行承兑汇票的内容:

出票人全称＿＿＿＿＿＿＿　　收款人全称＿＿＿＿＿＿＿＿

开 户 银 行＿＿＿＿＿＿＿　　开户银行＿＿＿＿＿＿＿＿＿

账　　　　号＿＿＿＿＿＿＿　　账　　号＿＿＿＿＿＿＿＿＿

汇 票 号 码＿＿＿＿＿＿＿　　汇票金额(大写)＿＿＿＿＿＿

出票日期＿＿＿年＿＿＿月＿＿＿日　　到期日期＿＿＿年＿＿＿月＿＿＿日

以上汇票经银行承兑,出票人愿遵守《支付结算办法》的规定及下列条款:

一、出票人于汇票到期日前将应付票款足额交存承兑银行。

二、承兑手续费按票面金额千分之(　　)计算,在银行承兑时一次付清。

三、出票人与持票人如发生任何交易纠纷,均由其双方自行处理,票款于到期前仍按第一条办理不误。

四、承兑汇票到期日,承兑银行凭票无条件支付票款。如到期日之前出票人不能足额交付票款时,承兑银行对不足支付部分的票款转作出票申请人逾期贷款,并按照有关规定计收罚息。

五、承兑汇票款付清后,本协议自动失效。

承兑银行签章　　　　　　　出票人签章

　　　　　　　　　　　　订立承兑协议日期＿＿＿年＿＿＿月＿＿＿日

注:此联出票人存执一联,在"银行承兑协议"之后,第二联加印 2,第三联加印(副本)字样。

(4) 出票人不得签发无对价的商业汇票用以骗取银行或者其他票据当事人的资金。

(5) 商业承兑汇票可以由付款人签发并承兑,也可以由收款人签发交由付款人承兑。银行承兑汇票应由承兑银行开立存款户的存款人签发。

(6) 商业汇票可以在出票时向付款人提示承兑后使用，也可以在出票后先使用再向付款人提示承兑。定日付款或者出票后定期付款的商业汇票，持票人应当在汇票到期日前向付款人提示承兑。见票后定期付款的汇票，持票人应当自出票日起 1 个月内向付款人提示承兑。汇票未按照规定期限提示承兑的，持票人丧失对其前手的追索权。

(7) 商业汇票的付款人接到出票人或持票人向其提示承兑的汇票时，应当向出票人或持票人签发收到汇票的回单，记明汇票提示承兑日期并签章。付款人应当在自收到提示承兑的汇票之日起 3 日内承兑或者拒绝承兑。付款人拒绝承兑的，必须出具拒绝承兑的证明。

(8) 付款人承兑商业汇票，应当在汇票正面记载"承兑"字样和承兑日期并签章；付款人承兑商业汇票，不得附有条件；承兑附有条件的，视为拒绝承兑。

(9) 商业汇票的付款期限，最长不得超过 6 个月。

(10) 商业汇票的提示付款期限，自汇票到期日起 10 日。持票人应在提示付款期限内通过开户银行委托收款或直接向付款人提示付款。对异地委托收款的，持票人可匡算邮程，提前通过开户银行委托收款。持票人超过提示付款期限提示付款的，持票人开户银行不予受理。

(11) 商业承兑汇票的付款人开户银行收到通过委托收款寄来的商业承兑汇票，将商业承兑汇票留存，并及时通知付款。

第一，付款人收到开户银行的付款通知，应在当日通知银行付款。付款人接到通知日的次日起 3 日内，未通知银行付款的，视同付款人承诺付款，银行应于付款人接到通知日的次日起第 4 日上午开始营业时，将票款划给持票人。付款人提前收到由其承兑的商业汇票，应通知银行于汇票到期日付款,付款人在接到通知日的次日起3日内(遇法定休假日顺延),未通知银行付款,付款人接到通知日的次日起第4日(法定休假日顺延),在汇票到期日之前的,银行应于汇票到期日将票款划给持票人。

第二,银行在办理划款时,付款人存款不足支付的,应填制付款人未付票款通知书,连同商业承兑汇票邮寄持票人开户银行转交持票人。

第三,付款人存在合法抗辩事由拒绝支付的,应自接到通知日的次日起3日内,作出拒绝付款证明送交开户银行,银行将拒绝付款证明和商业承兑汇票邮寄持票人开户银行转交持票人。

(12) 银行承兑汇票的出票人应于汇票到期前将票数金额交存其开户银行。

(13) 银行承兑汇票的出票人于汇票到期日未能足额交存票款时,承兑银行除凭票向持票人无条件付款外,对出票人尚未支付的汇票金额按照每天0.5‰计收利息。

(14) 商业汇票的持票人向银行办理贴现必须具备下列条件:① 在银行开立存款账户的企业法人以及其他组织;② 与出票人或者直接前手之间具有真实的商品交易关系;③ 提供与其直接前手之间的增值税专用发票和商品发运单据复印件。

(15) 符合条件的商业汇票的持票人可持未到期的商业汇票连同贴现凭证向银行申请贴现。

三、商业承兑汇票

(一)商业承兑汇票的签发

商业承兑汇票一式三联,第一联为卡片,由承兑人(付款单位)留存;第二联为商业承兑汇票,由收款人持有,并于汇票到期时,由收款人开户银行随结算凭证寄往付款人开户银行,作付出传票附件;第三联为存根,由承兑人存查。商业承兑汇票,如表6-11所示。

第六章 票据结算业务

表 6-11(1)

商业承兑汇票(卡片) 1

出票日期(大写)　年　月　日　　第　号

汇款人	全称			收款人	全称			此联承兑人留存
	账号				账号			
	开户银行		行号		开户银行		行号	
出票金额	人民币(大写)					千百十万千百十元角分		
汇票到期日				交易合同号码				
				备注 出票人签章				

表 6-11(2)

商业承兑汇票 2

出票日期(大写)　年　月　日　　第　号

汇款人	全称			收款人	全称			此联持票人开户行作借方凭证附件 开户行随委托收款凭证寄付款人
	账号				账号			
	开户银行		行号		开户银行		行号	
出票金额	人民币(大写)					千百十万千百十元角分		
汇票到期日				交易合同号码				
本汇票已经承兑,到期无条件支付票款。				本汇票请予以承兑于到期日付款。				
承兑人签章　承兑日期　年　月　日				出票人盖章				

表 6-11(3)

商业承兑汇票(存根) 3

出票日期(大写)　　年　　月　　日　　第　　号

汇款人	全称		收款人	全称										
	账号			账号										
	开户银行	行号		开户银行		行号								
出票金额	人民币(大写)				千	百	十	万	千	百	十	元	角	分
汇票到期日			交易合同号码											
备注														

此联持票人存查

表 6-11(4)

被背书人	被背书人	被背书人
背书人签章 年　月　日	背书人签章 年　月　日	背书人签章 年　月　日

(贴粘单处)

(二) 商业承兑汇票的承兑

由付款人签发的商业承兑汇票,由其本身进行承兑,承兑时只需在商业承兑汇票第二联的正面签署"承兑"字样,并加盖预留银行的印鉴,交给收款单位即可。

由收款人签发的商业承兑汇票,应先交给付款单位承兑后,再由收款单位专类保管。同时,出纳人员在寄交汇票时,应登记"应付票据备查簿",逐笔记录发出票据的种类(商业承兑汇票)、交易合同号、票据编号、收款单位、签发日期、到期日期和汇款金额等内容。

商业承兑汇票是指在商品交易合同的基础上,表明购货方和供货方的债权、债务关系的票据。当付款单位把经过其承兑的商业承兑汇票交给收款方后,应编制转账凭证,其会计分录为:

借:材料采购
　　应交税费——应交增值税(进项税额)
　贷:应付票据——××单位

当收款单位收到经付款单位承兑的商业承兑汇票后,应编制转账凭证,其会计分录为:

借:应收票据——××单位
　贷:主营业务收入
　　应交税费——应交增值税(销项税额)

同时,出纳人员根据商业承兑汇票登记"应收票据登记簿",逐项填写汇票种类、交易合同号、签发日期、到期日期、汇票金额和承兑人等内容。

(三)商业承兑汇票的委托银行收款

收到单位的财务部门根据专类保管的商业承兑汇票和"应付票据备查簿"的记录,在匡算从本单位到付款单位开户行之间邮程的基础上,对每张到期的汇票,在其到期前,提前委托银行收款。委托收款时,应填写一式五联的委托收款凭证,在"委托收款凭证名称"栏内填明"商业承兑汇票"字样及汇票号码,在商业承兑汇票第二联背后加盖本收款单位的公章,之后一并送交开户银行。开户银行经审查同意办理收款手续后,将盖章后的委托收款凭证第一联退回给收款单位保存。

(四)商业承兑汇票的到期兑付

付款单位签发了承兑商业汇票以后,应根据汇票第一联(卡片)进行登记的情况,在汇票到期日前备足票款,交存开户银行,待到商业承兑汇票到期,其开户银行将票款拨给收款人、被背书人或贴现银行,同时通知其该商业承兑汇票款已付。

付款单位根据其开户行支付到期汇票的付款通知,编制付款凭证,其会计分录为:

借:应付票据
　贷:银行存款

同时,在"应付票据备查簿"上登记到期付款的日期、金额,并在注销栏内予以注销,相应地,收款单位根据其开户行的收款通知,编制收款凭证,其会计分录为:

借:银行存款
　贷:应收票据

同时,在"应收票据备查簿"上登记收款的日期和金额情况,并在注销栏内予以注销。

例 2007年7月15日,A公司与B公司签订一份甲材料购销合同,双方商定以商业承兑汇票结算货款,当即由A公司(购货方)开出并承兑商业汇票一份,期限为2个月,票面上价款为60 000元,增值税额为10 200元。

签订购销合同,签发商业承兑汇票时:

(1) 付款方(A公司)开出商业承兑汇票,并根据汇票第一联,编制转账凭证,其会计分录为:

借:材料采购——甲材料　　　　　　　　　　60 000
　应交税费——应交增值税(进项税额)　　　10 200
　贷:应付票据——B公司　　　　　　　　　70 200

(2) 收款方(B公司)销售商品,开出增值税专用发票,收到商业承兑汇票后,编制转账凭证,其会计分录为:

借:应收票据——A公司　　　　　　　　　　70 200
　贷:主营业务收入　　　　　　　　　　　　60 000
　　应交税费——应交增值税(销项税额)　　10 200

2个月后,商业承兑汇票汇付:

(1)付款方(A公司)到期根据开户银行送来的委托收款凭证和商业承兑汇票第二联,编制付款凭证,其会计分录为:

借:应付票据——B公司　　　　　　　　　70 200
　　贷:银行存款　　　　　　　　　　　　　70 200

(2)收款方(B公司)到期将商业承兑汇票第二联交其开户行委托银行收款后,根据银行的收账通知,编制收款凭证,其会计分录为:

借:银行存款　　　　　　　　　　　　　　70 200
　　贷:应收票据——A公司　　　　　　　　70 200

如果商业承兑汇票到期时,付款单位无款支付或不足支付汇票款,付款单位开户行要对付款人按票面金额处以每天0.5‰,但不低于50元的罚款,并通知其送回委托收款凭证及所附商业承兑汇票。付款单位须在接到银行通知的次日起2日内将委托收款凭证第五联及商业承兑汇票第二联退回开户银行。付款单位开户行在收到付款单位退回的凭证后,在其收存的委托收款凭证第三联和第四联"转账原因"栏注明"无款支付"字样,并加盖银行业务公章,一并退回收款单位开户行转交给收款单位,由收款单位自行处理。若付款单位财务部门已将其开户行转来的委托收款凭证和商业承兑汇票作了记账的凭证而无法退回时,可以填制"应付款项证明单"予以替代,证明单一式两联,第二联由付款人留存作为应付款项的凭证;第一联可替代委托收款凭证第五联和商业承兑汇票的第二联,送交其开户行,由开户行连同其他凭证一并退回收款单位。应付款项证明单,如表6-12所示。

付款单位无力支付商业承兑汇票时,应编制转账凭证,把应付票据转为应付账款,并同时在"应付票据备查簿"中进行登记,其会计分录为:

借:应付票据
　　贷:应付账款

表 6-12

<table>
<tr><td colspan="4">应付款项证明单　　　　1</td></tr>
<tr><td colspan="4" style="text-align:center">年　　月　　日　　　　第　　号</td></tr>
<tr><td>付款人名称</td><td></td><td>收款人名称</td><td rowspan="5">此联通过银行转交收款人作为应收款项的凭据</td></tr>
<tr><td>单位名称</td><td></td><td>单证编号</td></tr>
<tr><td>单证日期</td><td></td><td>单证内容</td></tr>
<tr><td>单证未退回原因：</td><td colspan="2">我单位应付款项：
人民币（大写）</td></tr>
<tr><td></td><td colspan="2" style="text-align:right">付款人盖章</td></tr>
</table>

注：一式二联，第二联付款人留存作为应付款项的凭据。

相应地，收款单位收到开户银行转来的付款单位的商业承兑汇票后，也应编制一份转账凭证，把应收票据转到应收账款中，其会计分录为：

借：应收账款

贷：应收票据

如果收、付款单位双方经过协商，继续采用商业承兑汇票方式进行结算货款，则另开出新的商业承兑汇票，并编制转账凭证，将应收账款、应收票据转回。

（1）收款单位的会计分录为：

借：应收票据

贷：应收账款

（2）付款单位的会计分录为：

借：应付账款

贷：应付票据

如果付款单位确实无法支付这笔款项的,收款单位只有把该笔账款作为坏账损失,编制转账凭证,其会计分录为:

借:坏账准备
　　贷:应收账款

(五)商业承兑汇票的流转程序

商业承兑汇票的流转程序图,如图6-4所示。

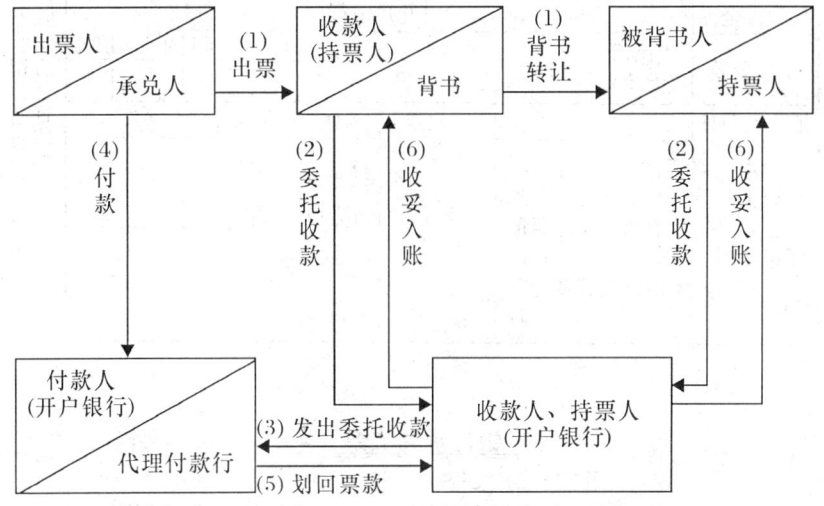

注:由收款人出票的,应将汇票提交给付款人承兑。

图6-4　商业承兑汇票流转程序图

四、银行承兑汇票的签发与兑付

银行承兑汇票的签发与兑付手续和商业承兑汇票基本相同。

(一)银行承兑汇票的签发

银行承兑汇票是在商品交易合同的基础上,由交易双方协商签发的。银行承兑汇票的主要内容同商业承兑汇票基本相似,银行承兑汇票是一式三联的,第一联为卡片,由承兑银行支付票款时作传票附件;第二联为解讫通知联,由收款人开户银行收取票款时,随报单寄给付款行,付款行作付出传票附件;第三联为存根联,作签发单位编制有关凭证附件。银行承兑汇票,如表 6-13 所示。

表 6-13(1)

银行承兑汇票(卡片) 1   汇票号码:

出票日期(大写)　年　月　日　第　号

出票人全称			收款人	全　称										
出票人账号				账　号										
付款行全称		行号		开户银行				行号						
出票金额	人民币(大写)					千	百	十	万	千	百	十	元	角	分
汇票到期日				承兑协议编号										
本汇票请你行承兑,此项汇票款我单位按承兑协议于到期日前足额交存你行,到期请予以支付。 　　　　出票人签章 　　　　　年　月　日				科　目(借)_____										
				对方科目(贷)_____										
				转账　年　月　日										
			备注	复核　　记账										

此联承兑行留存备查,到期支付票款时作借方凭证附件

表 6-13(2)

银行承兑汇票 2   汇票号码:

出票日期(大写)　年　月　日　第　号

出票人全称			收款人	全　称										
出票人账号				账　号										
付款行全称		行号		开户银行				行号						
出票金额	人民币(大写)					千	百	十	万	千	百	十	元	角	分
汇票到期日				承兑协议编号										
本汇票请你行承兑,到期无条件付款。 　　　　出票人签章 　　　　　年　月　日			本汇票已经承兑,到期日由本行付款。 承兑人盖章 承兑日期 年　月　日	科　目(借)_____										
				对方科目(贷)_____										
				转账　年　月　日										
			备注	复核　　记账										

此联付款行作借方凭证附件,寄收款人开户行随委托收款凭证

表 6-13(3)

银行承兑汇票(存根) 3				汇票号码：								
出票日期(大写) 年 月 日 第 号												
出票人全称			收款人	全 称								此联出票人存查
出票人账号				账 号								
付款行全称		行号		开户银行			行号					
出票金额	人民币 (大写)				千	百	十	万	千	百	十 元 角 分	
汇票到期日				承兑协议编号								
				备注：								

表 6-13(4)

被背书人	被背书人	被背书人	
背书人签章 年 月 日	背书人签章 年 月 日	背书人签章 年 月 日	(贴粘单处)

银行承兑汇票由出纳人员填制。

(二) 银行承兑汇票的承兑

银行承兑汇票可以由收款人签发,也可以由付款人签发。由收款人签发的银行承兑汇票,交承兑申请人持汇票和购销合同向其开户银行申请承兑;由承兑申请人签发的银行承兑汇票,由本人持汇票和购销合同向其开户银行申请承兑。

其具体程序为：付款单位的出纳人员把填制好的银行承兑汇票的有关内容与购销合同相核对，核对无误后填制一式二联的"银行承兑协议"，并在"出票人"签章处加盖单位公章。"银行承兑协议"的内容主要包括汇票的主要内容及汇票经银行承兑后，承兑申请人应遵守的基本条款等。

填写完银行承兑协议后，在银行承兑汇票的第一、第二联中的"出票人签章"栏内加盖预留银行的印鉴，然后将银行汇票的第一、第二联连同交易合同以及银行承兑协议的第一、第二、第三联一并送交开户银行信贷部门申请承兑。银行信贷部门对申请承兑单位的资信情况、商品交易情况等进行审查，经审查符合办理承兑条件的，银行按有关审批权限报经批准后，与申请承兑单位签署承兑协议，在协议上"承兑银行"栏内盖章，并将"银行承兑协议"的第二、第三联退回给承兑申请单位（第一联留在银行信贷部门）。同时，银行会计部门审核后在银行承兑汇票的第三联上分别注明承兑协议编号，并在第二联的"承兑行签章"栏内加盖银行汇票专用章，用总行统一定制的压数机在"汇票金额"栏小写金额的下端压印汇票金额。之后，将银行会计部门第一联和承兑协议第三联留行备查，其余退给承兑申请单位。付款单位收到银行会计部门退回的银行承兑汇票第二联和银行承兑协议第二联后，将银行承兑汇票和解讫通知交给收款人。

承兑申请单位向银行办理承兑，需要按票面金额的 0.5‰ 交纳银行承兑手续费。

（三）银行承兑汇票的寄交

付款单位向收款单位购货，将经过银行承兑的商业承兑汇票的第二联交给收款单位，以便收款单位到期收款或背书转让。付款单位寄交汇票后，编制转账凭证予以反映，其会计分录为：

借：材料采购
　　应交税费——应交增值税（进项税额）
　贷：应付票据

同时出纳人员登记"应付票据备查簿"。

(四) 银行承兑汇票票款交存

付款单位签发银行承兑汇票后,根据银行承兑协议的规定,应于汇票到期前将票款足额交存其开户银行(即承兑银行),以便承兑银行于汇票到期时将款项划拨给收款单位或贴现银行。

如果汇票到期,而承兑申请人(即付款人)无款支付或不足支付的,承兑银行将按承兑协议约定继续把款项划归收款人账户内,同时将不足支付的票款转作付款单位的逾期贷款,每天计收 0.5‰ 的罚息。按规定,付款人无款支付,其承兑银行将开出一张特种转账传票(见表8-2所示),在传票的"转账原因"栏内说明"××汇票无款支付转入逾期贷款户"字样并加盖银行业务章。付款人不足支付,但尚能支付一部分时,其承兑银行将开出两张特种传票,一张的"转账原因"栏内说明"××汇票已支付部分款项,"另一张的"转账原因"栏内说明"××汇票因存款不足,未付部分转入逾期贷款户"。

(五) 银行承兑汇票的流转程序

银行承兑汇票的流转程序图,如图6-5所示。

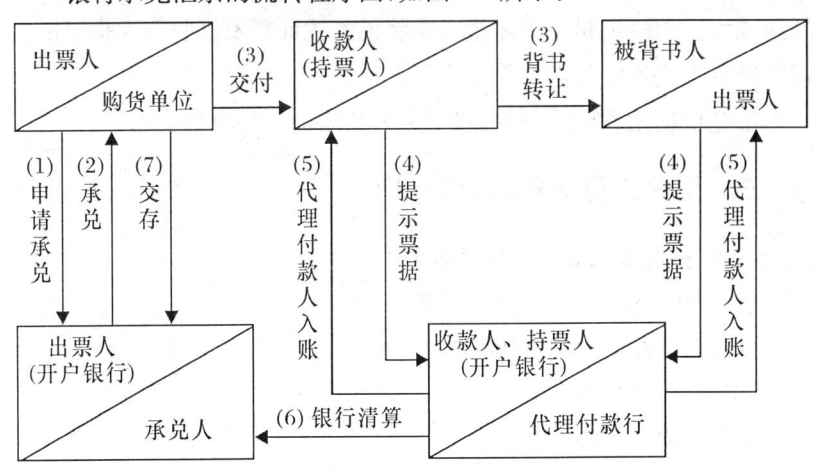

注:由收款人出票的,应将汇票交给购货单位向其开户银行申请承兑。

图6-5 银行承兑汇票流转程序图

第七章

非票据结算业务

第一节 汇兑结算业务的核算

一、汇兑结算的含义

汇兑是指汇款人委托银行将款项汇给异地收款人的一种结算方式。汇兑结算就是以汇兑的方式办理款项往来清结的结算方式。

二、汇兑结算的分类

汇兑根据传递方式不同,可以分为信汇和电汇两种,由汇款人自行选择。信汇是指以邮寄方式将汇款凭证转到外地收款人指定的汇入行的结算方式。电汇是指以电报方式将汇款凭证转发到收款人指定汇入行的结算方式。电汇速度快于信汇。

汇兑根据划款款项不同,可以分为转账汇款和现金汇款。

三、汇兑结算业务的有关规定

(一)签发汇兑凭证必须记载的事项
(1) 表明"信汇"或"电汇"字样。
(2) 无条件支付的委托。
(3) 确定的金额。
(4) 收款人名称。
(5) 汇款人名称。
(6) 汇入地点、汇入行名称。

(7)汇出地点、汇出行名称。

(8)委托日期。

(9)汇款人签章。

汇兑凭证上欠缺上列记载事项之一的,银行不予受理。

(二)签发汇兑业务应注意的规定

(1)汇兑结算不规定结算金额的最低金额起点,不管款项多少都可以使用。

(2)汇兑结算主要用于汇款人向异地主动付款的一种结算方式。

(3)汇兑结算解付时,分为直接入账和不直接入账。根据收款人在收款地是否开立账户,分别使用。

(4)需要在汇入行支取现金的,必须在汇款金额栏填写"现金"字样,同时,要求汇款人和收款人必须为个人。只要其中有一方为单位就不可以填制现金汇兑凭证。

四、汇兑结算凭证

汇兑结算凭证分为信汇凭证和电汇凭证。

1. 信汇凭证

信汇凭证的第一联(汇款人)为回单,第二联(汇出行)为贷方

表 7-1(1)

(行徽)　　××银行		第一联:银行盖章后退特约单位	交费收据
××卡			
汇计单	日期_____		
特约单位名称、代号	签购单总份数_____份		
	总计金额(¥)□		
	手续费%□		
	净计金额(¥)□		
_____ 编号 000000			

凭证,第三联(汇入行)为贷方凭证,第四联为收款人的收账通知或取款收据。信汇凭证,如表 7-1 所示。

表 7-1(2)

×××银行信汇凭证(回单)　　1

委托日期　年　月　日　　第　号

汇款人	全称				收款人	全称				此联汇出行给汇款人的回单
	账号或地址					账号或地址				
	汇出地点	省	市县	汇出行名称		汇入地点	省	市县	汇入行名称	
金额	人民币(大写)				千百十万千百十元角分					
汇款用途:					汇出行盖章					
					年　月　日					

单位主管　会计　复核　记账

表 7-1(3)

×××银行信汇凭证(借方凭证)　　2

委托日期　年　月　日　　第　号

汇款人	全称				收款人	全称				此联汇出行作借方凭证
	账号或地址					账号或地址				
	汇出地点	省	市县	汇出行名称		汇入地点	省	市县	汇入行名称	
金额	人民币(大写)				千百十万千百十元角分					

汇款用途:

此汇款支付给收款人_____

科　目(借)_____
对方科目(贷)_____
汇出行汇出日期　年　月　日
复核　　　记账

汇款人签章

表 7-1(4)

×××银行信汇凭证（贷方凭证） 3

第　号
委托日期　年　月　日　应解汇款编号

汇款人	全称				收款人	全称				此联汇出行作贷方凭证
	账号或地址					账号或地址				
	汇出地点	省	市县	汇出行名称		汇入地点	省	市县	汇入行名称	
金额	人民币（大写）						千百十万千百十元角分			

汇款用途：

科　目（贷）_____

对方科目（借）_____

备注：_____

汇入行转账日期　年　月　日

复核　　　记账

表 7-1(5)

×××银行信汇凭证（贷方凭证） 4

委托日期　年　月　日　第　号
应解汇款编号

汇款人	全称				收款人	全称				此联给收款人的收账通知或代取款收据
	账号或地址					账号或地址				
	汇出地点	省	市县	汇出行名称		汇入地点	省	市县	汇入行名称	
金额	人民币（大写）						千百十万千百十元角分			

汇款用途：		留行待取预留收款人印鉴
款项已收入收款人账户	款项已收妥	科　目（贷）_____
		对方科目（借）_____
汇入行盖章	汇款人签章	汇入行解汇日期　年　月　日
年　月　日	年　月　日	复核　　出纳　　记账

2. 电汇凭证

电汇凭证的第一联(汇款人)为回单;第二联(汇出行)为借方凭证;第三联(汇出行)为发电收据。电汇凭证,如表 7-2 所示。

表 7-2(1)

×××银行电汇凭证(回单) 1

委托日期　年　月　日　　　第　号

汇款人	全称		持票人	全称											
	账号或地址			账号或地址											
	汇出地点	省 市 县	汇出行名称		汇入地点	省 市 县	汇入行名称								
金额	人民币(大写)				千	百	十	万	千	百	十	元	角	分	
汇款用途:				汇出行盖章											

此联汇出行给汇款人的回单

单位主管　　会计　　复核　　记账　　　　年　月　日

表 7-2(2)

×××银行电汇凭证(借方凭证) 2

委托日期　年　月　日　　　第　号

汇款人	全称		持票人	全称											
	账号或地址			账号或地址											
	汇出地点	省 市 县	汇出行名称		汇入地点	省 市 县	汇入行名称								
金额	人民币(大写)				千	百	十	万	千	百	十	元	角	分	
汇款用途:			科　目(借)_____												
			对方科目(贷)_____												

此联汇出行作借方凭证

此汇款支付给收款人。

　　　　电　汇　　　　汇出行汇出日期　年　月　日

　　　　　汇款人盖章　　　复核　　　　　记账

表 7-2(3)

×××银行电汇凭证（发电依据） 3

| 委托日期 | 年 月 日 | 第 号 |

汇款人	全称		持票人	全称			此联汇出行凭以拍发电报
	账号或地址			账号或地址			
	汇出地点	省 市县 汇出行名称		汇入地点	省 市县 汇入行名称		
金额	人民币（大写）				千百十万千百十元角分		
汇款用途：							

复核　　　　　记账

五、汇兑结算的基本程序

（一）委托银行办理汇款

汇款人委托银行办理款项汇出，应向汇出银行填写信汇或电汇凭证，详细填明汇入地点、汇入银行的名称、收款人名称、汇款用途等内容，并在信、电汇凭证第二联上加盖银行的印鉴。其中：① 汇款人派人到汇入行领取汇款的，应在汇款凭证各联的"收款人账号或地址"栏填写"留行待取"字样。留行待取的汇款，需要指定单位的收款人领取汇款的，应注明收款人的名称；信、电汇凭印鉴支取的应在第四联凭证上加盖收款印鉴。② 个体经济户和个人需要在汇入行支取现金的，应在凭证汇款金额"大写"栏内先填写"现金"字样，接着再填写汇款金额。③ 汇款人确定不得转汇的，应在"备注"栏注明。

采用信汇的由汇款单位的出纳人员填制一式四联的"信汇凭证"。第一联为回单，是汇出行受理信汇凭证后给收款人的回单；第二联为"支款凭证"，是付款人委托开户行办理信汇时转账付款的支付传票；第三联为"收入凭证",是汇入行将款项收入收款账户后的收款传票;第四联为"收账通知或取款收据",是直接汇入收款人账户后通知收款人的收款通知,或不直接汇入收款人账户的收款人凭以领取款项的取款收据。

采用电汇的,由汇款单位的出纳人员填写一式三联的电汇凭证。第一联为"回单",是汇出行给汇款人的回执;第二联为"支款凭证",由汇出行作付出传票;第三联为"发电依据",汇出行凭此联向汇入行拍发电报。

汇出行收到汇款人的信、电汇凭证后,应对其认真审查,无误后,即可办理转账或收取款项手续,在第一联回单上加盖"转讫"章退回给汇款单位,并收取规定的手续费。如果审查不符合条件的,汇出行不可办理汇出手续,作退票处理。

汇款单位根据银行退回的回单编制付款凭证,其会计分录为:

借:应付(偿还前)[或预付(预 付)或 其 他——外埠(在异地设临)等
　　账款 欠货款 　账　款 购货款 货币资金　存款 时采购账户

贷:银行存款

同时,根据银行开具的手续费和邮电费收据编制付款凭证,其会计分录为:

借:财务费用

贷:银行存款

(库存现金)

例1 A公司委托其开户银行以信汇方式向外地的甲公司汇款34 500元,偿还前欠购货款项,另以现金支付票面金额0.003‰的手续费10.35元。据此A公司进行会计核算,编制付款凭证,其会计分录为:

(1) 借:应付账款——甲公司　　　　　　　34 500.00

　　　贷:银行存款　　　　　　　　　　　　34 500.00

(2) 借:财务费用　　　　　　　　　　　　　10.35

　　　贷:库存现金　　　　　　　　　　　　　10.35

第七章 非票据结算业务

例2 A公司以电汇方式向外地某市汇款500 000元设立临时采购账户,同时向银行交纳票面金额0.003‰的手续费150元,一并从账户中扣收。A公司据此进行会计核算,编制付款凭证,其会计分录为:

(1) 借:其他货币资金——外埠存款　　　　　500 000
　　　贷:银行存款　　　　　　　　　　　　　500 000

(2) 借:财务费用　　　　　　　　　　　　　　150
　　　贷:银行存款　　　　　　　　　　　　　150

(二) 收取款项

汇入行接到汇出行寄来的有关信、电汇凭证后,首先审查凭证上的联行专用章与联行报单印章是否一致。审查一致后,再根据不同的情况进行处理:

(1) 对于在银行开户的收款人,汇入行将汇入款项直接转入其银行存款账户内,同时将信汇凭证第四联或电汇凭证第三联加盖"转讫"章后交给收款人,表明银行已将汇款收进账内。收款人根据银行转来的收账通知,进行会计核算,编制收款凭证,其会计分录为:

借:银行存款
　　贷:应收账款(应收回的销货款项)[或预收账款(预收销货款)或
　　　　主营业务收入(销售产品)]
　　　应交税费——应交增值税(销项税额)

例3 承例1,甲公司收到其开户银行转来的外地A公司的信汇凭证第四联,连同发票存根等原始凭证,编制收款凭证,其会计分录为:

借:银行存款　　　　　　　　　　　　　　　34 500
　　贷:应收账款——A公司　　　　　　　　　34 500

例4 B公司销售产品一批给外地乙公司,价款合计为180 000元,增值税额为30 600元。产品已发运,同时收到银行转来的乙公司签发的电汇凭证第三联。据此,B公司编制收款凭证,其会计分录为:

借：银行存款　　　　　　　　　　　　　　　210 600
　　　　贷：主营业务收入　　　　　　　　　　　1 800 000
　　　　　　应交税费——应交增值税(销项税额)　　30 600

　　(2) 对于未在银行开户的收款人，领取汇款时，需填制一联支款单连同信汇凭证第四联或电汇凭证第三联，并携带有关身份证件到汇入银行领款。信汇凭印鉴支取的，收款人盖章必须与预留印鉴相符。经汇入行审核无误后，即办理一次性现金支付手续。其中：① 若收款人以转账方式取款的，银行将汇款一次性转入收款人在当地其他银行的账户内。② 若收款人分次用款的，可以收款人的名义在收入银行开立临时账户，汇款暂存入该账户，凭存折分次支取。临时账户只取不存，付清销户，不计利息。③ 若收款人支取现金的，如果信、电汇凭证大写金额栏内填有"现金"字样的，汇入行即可支付现金；否则，汇入行按现金管理的规定，决定是否付现和付现的金额。

　　(三) 转汇和退汇

　　汇款人因汇入地没有所需商品等原因需要转汇时，可以持取款通知和有关证件请求汇入银行重新办理信、电汇手续，将款项汇往其他地方。转汇时，收款人和用途必须与原来的汇款一致。银行在发出的转汇凭证上加盖"转汇"戳记，注明"不得转汇"字样的，汇入银行不予办理转汇。

　　汇款人因故而需要退汇的，可以办理退汇手续。如果汇款是直接汇入收款单位存款账户的，退汇由汇款人和收款人自行联系，银行不介入。如果汇款不是直接汇入收款单位银行存款账户的，由汇款人持正式的函，或本人身份证，连同原信、电汇回单向汇出银行申请退汇，由汇出银行通知汇入银行，经汇入银行证实确未支付，方可退汇；如果汇入银行在接到汇出银行通知时款项已经解付收款人账户或已被支取，则由汇款人与收款人自行联系退汇。凡在汇入银行发出通知后，2 个月仍无法交付款项或收款人拒绝收款的，汇入银行主动办理退汇手续。

　　收款单位收到汇出银行寄来的注有"汇款退回已代进账"字样的退

汇通知书第四联（适用于汇款人申请退汇）或者由汇入银行加盖了"退汇"字样、汇出行加盖了"转讫"章特种转账贷方凭证（适用于银行主动退汇）后，即表明汇款已退回汇款单位账户。财务部门即可据此编制收款凭证，其会计分录为：

　借：银行存款
　　　贷：其他货币资金——外埠存款

六、汇兑结算的流转程序

汇兑结算的流转程序图，如图7-1所示。

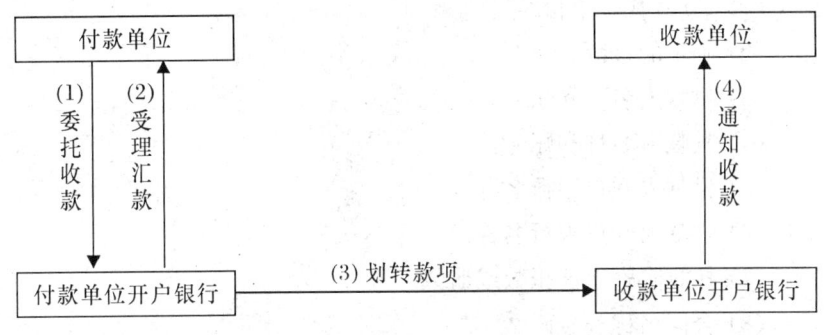

图 7-1　汇兑结算流转程序图

第二节　托收承付结算业务的核算

一、托收承付结算的含义

托收承付又称异地托收承付，是指根据购销合同由收款人发货后委托银行向异地付款人收取款项，由付款人向银行承认付款的结算方式。托收承付结算方式适用于商品，以及因商品交易而产生的劳务供应的款项。代销、寄销、赊销商品的款项不得办理托收承付结算。

二、托收承付结算方式的分类

托收承付结算方式分为邮寄和电划两种,由收款单位选择使用。邮寄是指收款人委托银行通过邮寄方式将款项划转给收款人的结算方式。电划是指收款人委托银行通过电报将款项划转给收款人的结算方式。

三、托收承付结算方式的有关规定

(一) 签发托收承付结算凭证必须记载的事项

(1) 表明"托收承付"字样。
(2) 确定的金额。
(3) 付款人名称和账号。
(4) 收款人名称和账号。
(5) 付款人开户银行名称。
(6) 收款人开户银行名称。
(7) 托收附寄单证张数或册数。
(8) 合同名称、号码。
(9) 委托日期。
(10) 收款人签章。

托收承付凭证上欠缺记载上列事项之一的,银行不予受理。

(二) 使用托收承付结算应注意的规定

(1) 使用托收承付结算方式的收款单位和付款单位必须是国有企业、供销合作社以及经营状况较好并经开户银行审查同意的城乡集体所有制工业企业。

(2) 收付双方使用托收承付结算必须签有符合《经济合同法》的购销合同,并在合同上订明使用托收承付结算方式。

(3) 收款人办理托收,必须具备商品确已发运的证件(包括铁路、航运、公路等运输部门签发的运单、运单副本和邮局包裹回执)。

(4) 托收承付结算每笔的金额起点为 10 000 元，新华书店系统每笔的金额起点为 1 000 元。

(5) 托收承付结算不得背书转让。

四、托收承付结算凭证

1. 邮划托收承付结算

邮划托收承付结算采用一式五联凭证，第一联为回单，是收款人开户银行给收款人的回单；第二联为贷方凭证，由收款人开户银行作贷方凭证；第三联为借方凭证，是付款人开户银行作借方凭证；第四联为收账通知，是收款人开户银行在款项收妥后给收款人的收账通知；第五联为承付支款通知，是付款人开户银行通知付款人按期承付货款的承付通知。托收承付凭证，如表 7-3 所示。

表 7-3(1)

托收承付凭证（回单） 1 第 号

邮 委托日期 年 月 日 委收号码：

付款人	全称		收款人	全称										此联收款人开户行给收款人的回单
	账号或地址			账号										
	开户银行			开户银行		行号								
委收金额	人民币（大写）				千	百	十	万	千	百	十	元	角	分
附件			商品发运情况		合同名称号码									
附寄单证张数或册数														
备注			款项收妥日期											
			年 月 日		收款人开户银行盖章 月 日									

单位主管 会计 复核 记账

表 7-3(2)

托收承付凭证（贷方凭证） 2 第　　号

邮　　　　　　　　　　　　　　　　　委收号码：

委托日期　　年　月　日

付款人	全称		收款人	全称											此联是收款人开户银行作贷方凭证
	账号或地址			账号											
	开户银行			开户银行			行号								
委收金额	人民币（大写）				千	百	十	万	千	百	十	元	角	分	
附件			商品发运情况		合同名称号码										
附寄单证张数或册数															
备注：			本委托收款随附有关债务证明。请予办理收款。收款人盖章		科　目（贷）_____ 对方科目（借）_____ 转账　年　　月　　日 复核　　　　　记账										

收款人开户银行收到日期　　　　　年　　月　　日

表 7-3(3)

托收承付凭证（借方凭证） 3 第　　号

邮　　　　　　　　　　　　　　　　　委收号码：

委托日期　年　月　日　　　承付期限
到期　年　月　日

付款人	全称		收款人	全称											此联是付款人开户银行作借方凭证
	账号或地址			账号											
	开户银行			开户银行			行号								
委收金额	人民币（大写）				千	百	十	万	千	百	十	元	角	分	
附件			商品发运情况		合同名称号码										
附寄单证张数或册数															
备注：			银行意见 收款人开户银行盖章　　月　日		科　目（借）_____ 对方科目（贷）_____ 转账　年　　月　　日 复核　　　　　记账										

付款人开户银行收到日期　　　　　年　　月　　日

表 7-3(4)

托收承付凭证（收账通知） 4 第　号

委收号码：

邮		委托日期　年　月　日	承付期限 到期　年　月　日	

付款人	全称		收款人	全称											此联是收款人开户银行在款项收妥后给收款人的收账通知
	账号或地址			账号											
	开户银行			开户银行			行号								
委收金额	人民币 （大写）				千	百	十	万	千	百	十	元	角	分	
附件		商品发运情况		合同名称号码											
附寄单证 张数或册数															
备注：	本托收款项已由付款人开户行全额划回并收入你账户内。 收款人开户银行盖章　月　日			科　目 对方科目 转账　　　年　月　日 单位主管　　会计 复核　　　　记账											

付款人开户银行收到日期　年　月　日　支付日期　年　月　日

表 7-3(5)

托收承付凭证（承付支款通知） 5 第　号

托收号码：

邮		委托日期　年　月　日	承付期限 到期　年　月　日	

付款人	全称		收款人	全称											此联是付款人开户银行通知付款人按期承付货款的承付（付款）通知
	账号或地址			账号											
	开户银行			开户银行			行号								
委收金额	人民币 （大写）				千	百	十	万	千	百	十	元	角	分	
附件		商品发运情况		合同名称号码											
附寄单证 张数或册数															
备注：	付款人注意： 　1. 根据支付结算办法规定，上列托收款项，在超过承付期限并未拒付时，即视同全部承付。如系全额支付即以此联代付款通知；如遇延付或部分支付时，再由银行另送延付或部分支付的付款通知。 　2. 如需提前承付或多承付时，应另写书面通知送银行办理。 　3. 如系全部或部分拒付，应在承付期限内另填拒绝承付理由书送银行办理。														

单位主管　会计　复核　记账　付款人开户银行盖章　　年　月　日

2. 电划托收承付结算

电划托收承付结算采用一式五联凭证，第一联为回单，是收款人开户银行给收款人的回单；第二联为贷方凭证，是收款人委托开户银行办理托收款项后的贷方凭证；第三联为借方凭证，由付款人开户银行作借方凭证；第四联为发电依据，是付款人开户银行凭此拍发电报；第五联为承付付款通知，是付款人开户银行通知付款人按期承付货款的承付通知。托收承付凭证，如表 7-4 所示。

表 7-4(1)

托收承付凭证（回单） 1 第 号

电 委托日期　年　月　日　托收号码：

付款人	全　称		收款人	全　称										此联收款人开户行给收款人的回单
	账号或地址			账　号										
	开户银行			开户银行			行号							
委收金额	人民币 （大写）				千	百	十	万	千	百	十	元	角	分
附　件			商品发运情况		合同名称号码									
附寄单证张数或册数														
备注： 电　划			款项收妥日期 年　月　日		收款人开户银行盖章　月　日									

单位主管　　　　会计　　　　复核　　　　记账

表 7-4(2)

托收承付凭证(贷方凭证) 2 第　　号

|电|　　　　委托日期　年　月　日　　托收号码：|

付款人	全　称		收款人	全　称											此联是收款人委托开户银行办理托收款项后的贷方凭证
	账号或地址			账　号											
	开户银行			开户银行		行号									
委收金额	人民币(大写)				千	百	十	万	千	百	十	元	角	分	
附　件		商品发运情况		合同名称号码											
附寄单证张数或册数															
备注：电　划		本委托收款随附有关债务证明。请予办理收款。收款人盖章		科　目(借) 对方科目(贷) 转账日期　　年　月　日 复核　　　　记账											

收款人开户银行收到日期　　　年　月　日

表 7-4(3)

托收承付凭证(借方凭证) 3 第　　号

|电|　　　　委托日期　年　月　日　　托收号码：|

付款人	全　称		收款人	全　称											此联是付款人开户银行作借方凭证
	账号或地址			账　号											
	开户银行			开户银行		行号									
委收金额	人民币(大写)				千	百	十	万	千	百	十	元	角	分	
附　件		商品发运情况		合同名称号码											
附寄单证张数或册数															
备注：电　划	银行意见			科　目(借) 对方科目(贷) 转账　　年　月　日 复核　　　　记账											
		收款人盖章　　月　日													

付款人开户银行收到日期　　　年　月　日

表 7-4(4)

托收承付凭证(发电依据) 4 第　号

委收号码：

电	委托日期　年　月　日	承付期限 到期　年　月　日	
付款人	全　　称	收款人	全　　称
	账号或地址		账号
	开户银行		开户银行　　　行号
委收金额	人民币（大写）	千百十万千百十元角分	
附　　件		商品发运情况	合同名称号码
附寄单证张数或册数			
备注：	电　划		

此联付款人开户银行凭此拍发电报

表 7-4(5)

托收承付凭证(承付付款通知) 5 第　号

托收号码：

电	委托日期　年　月　日	承付期限 到期　年　月　日	
付款人	全　　称	收款人	全　　称
	账号或地址		账号
	开户银行		开户银行　　　行号
委收金额	人民币（大写）	千百十万千百十元角分	
附　　件		商品发运情况	合同名称号码
附寄单证张数或册数			
备注： 电　划	付款人注意： 1. 根据支付结算办法规定，上列托收款项，在超过承付期限并未拒付时，即视同全部承付。如系全额支付即以此联代付款通知；如遇延付或部分支付时，再由银行另送延付或部分支付的付款通知。 2. 如需提前承付或多承付时，应另写书面通知送银行办理。 3. 如系全部或部分拒付，应在承付期限内另填拒绝承付理由书送银行办理。		

此联是付款人开户银行通知付款人按期承付货款的承付(付款)通知

单位主管　会计　复核　记账　付款人开户银行收到日期　年　月　日

3. 拒付理由书

拒付理由书一式四联,第一联为回单或付款通知,是银行给付款人的回单或付款通知;第二联为借方凭证,是银行作借方凭证或存查;第三联为贷方凭证,作贷方凭证或存查;第四联代通知或收账通知,是银行给收款人作收账通知或全部拒付通知书。拒付理由书,如表7-5所示。

表 7-5(1)

托收承付、委托收款结算全部、部分拒绝付款理由书(回单或付款通知) 1

拒付日期 年 月 日 原托收号码:

付款人	全称		收款人	全称										此联银行给付款人的回单或付款通知
	账号			账号										
	开户银行	行号		开户银行		行号								
托收金额			拒付金额		部分付款金额	千	百	十	万	千	百	十	元	角	分
附寄单证	张	部分付款金额(大写)												
拒付理由														
	付款人盖章													

表 7-5(2)

托收承付、委托收款结算全部、部分拒绝付款理由书(借方凭证) 2

拒付日期 年 月 日 原托收号码:

付款人	全称		收款人	全称										此联银行作借方凭证或存查
	账号			账号										
	开户银行	行号		开户银行		行号								
托收金额			拒付金额		部分付款金额	千	百	十	万	千	百	十	元	角	分
附寄单证	张	部分付款金额(大写)												
拒付理由			科 目(借)_____ 对方科目(贷)_____ 转账日期 年 月 日 复核 记账											
	付款人盖章													

表 7-5(3)

托收承付、委托收款结算全部、部分拒绝付款理由书(贷方凭证)3

拒付日期　　年　月　日　　原托收号码：

付款人	全称			收款人	全称			此联银行作贷方凭证或存查
	账号				账号			
	开户银行		行号		开户银行		行号	
托收金额			拒付金额		部分付款金额	千百十万千百十元角分		
附寄单证	张	部分付款金额(大写)						
拒付理由				科　目(借)_____ 对方科目(贷)_____ 转账日期　　年　月　日 复核　　　记账				
		付款人盖章						

表 7-5(4)

托收承付、委托收款结算全部、部分拒绝付款理由书(代通知或收账通知)4

拒付日期　　年　月　日　　原托收号码：

付款人	全称			收款人	全称			此联银行给收款人作收账通知或全部拒付通知书
	账号				账号			
	开户银行		行号		开户银行		行号	
托收金额			拒付金额		部分付款金额	千百十万千百十元角分		
附寄单证	张	部分付款金额(大写)						
拒付理由								
		付款人盖章						

五、托收承付的托收与承付

（一）托收

托收是指收款人根据购销合同发货后，委托银行向付款人收取款项的行为。

开户银行接到托收承付结算凭证及其附件后，按照托收范围、条件和托收凭证填制的要求认真审查，必要时还要验证双方签订的经济合同。托收承付凭证的审查时间最长不得超过 2 日。经审查无误的，办理托收手续，在托收承付结算凭证第一联加盖业务用公章后退回收款单位。若审查不合要求，银行不予办理，退回托收凭证及有关单证。

收款单位在收到银行盖章退回的托收凭证第一联后，根据托收凭证第一联及相关单证，编制转账凭证，其会计分录为：

借：应收账款
　　贷：主营业务收入
　　　　应交税费——应交增值税（销项税额）

对于收款单位在发货时代垫运杂费的，应在垫付后，凭运杂费单据复印件编制付款凭证，同货款一起向付款单位托收，其会计分录为：

借：应收账款
　　贷：银行存款（或库存现金）

例 1 A 公司向 B 公司销售商品一批，价款 190 000 元，增值税额 32 300 元，双方约定以托收承付方式办理款项结算。商品已发运，A 公司代垫运杂费 6 000 元，以支票付讫。

（1）A 公司根据运杂费发票复印件及支票存根，编制付款凭证，其会计分录为：

借：应收账款——B 公司　　　　　　　　　　6 000
　　贷：银行存款　　　　　　　　　　　　　　　　6 000

（2）A 公司向银行办妥托收手续后，根据增值税专用发票记账联，

编制转账凭证,其会计分录为:

  借:应收账款——B公司   222 300
   贷:主营业务收入   190 000
    应交税费——应交增值税(销项税额) 32 300

  同时,收款单位的出纳人员还应根据托收承付结算凭证第一联登记"异地托收承付收款登记簿",详细地登记办妥托收的日期、付款单位的名称、开户行、账号以及托收款项内容、金额等,待到付款单位付款时,再进一步登记有关托回日期和托回金额等。"异地托收承付收款登记簿"一般采用横线格式登记。

  (二)承付

  承付是指付款人向银行承认付款的行为。付款人开户银行收到托收凭证及其附件后,应当及时通知付款人。

  付款单位出纳人员收到开户银行转来的托收承付委托收款凭证第五联及有关发运单证后,应立即登记"异地托收承付付款登记簿"和"异地托收承付付款处理单",然后交业务部门签收。

  付款单位承付货款分为验单和验货两种方式。采用验单付款时,由付款单位的业务部门会同财务部门仔细审查托收承付结算凭证及有关单证,审查其价格、品种、规格、质量、数量等是否与双方签订的合同相符,之后作出如何承付货款的决定。采用验货付款时,付款单位要在货到达后,对实际收到的货物和有关单证、合同进行核对,之后签署意见。

  采用验单付款的,其承付期为3天,从付款单位开户银行发出承付通知次日算起,遇例假日顺延。对距离较远的付款单位必须邮寄的,另加邮寄时间。

  采用验货付款的,其承付期为10天,从运输部门向付款单位发出提货通知的次日算起。另外,也可以根据实际情况由双方协商来确定验货付款的日期,并在合同中标明,待收款单位办理托收手续时,也要在托收凭证上注明,银行则按双方约定的付款期限办理。没有特别约定的付款人如果在银行发出承付通知的次日起10日内,还未收到提货通知的,应在第10天将货物尚未到达的情况通知银行。在第10天付款人没有通知银行的,银行即视为已经验货,于10天期满日的次日上午银行开始营业时,将款项划给收款人。

在第10天付款人通知银行货物未到,而以后收到提货通知没有及时送交银行仍按10天期满日的次日作为划款日期,并按超过天数,计扣逾期付款赔偿金。

付款单位承付货款后,应根据托收凭证第五联及有关单证,编制付款凭证,其会计分录为:

借:材料采购
　　应交税费——应交增值税(进项税额)
　贷:银行存款

收款单位收到银行盖章后转来的收账通知后,编制收款凭证,其会计分录为:

借:银行存款
　贷:应收账款

例2　承例1,B公司收到银行的承付通知后,经审查无误同意付款,编制付款凭证,其会计分录为:

借:材料采购　　　　　　　　　　　　　　196 000
　　应交税费——应交增值税(进项税额)　　32 300
　贷:银行存款　　　　　　　　　　　　　228 300

A公司收到开户银行通知,B公司的货款已如数支付,收妥入账,编制收款凭证,其会计分录为:

借:银行存款　　　　　　　　　　　　　　228 300
　贷:应收账款——B公司　　　　　　　　228 300

六、逾期付款

付款单位在承付期满时,由于其存款账户内没有足够的资金,不足以支付货款的部分即为逾期付款。可能存在两种情况：一种是付款人账户内无款支付；另一种是付款人账户资金不足以支付，只能部分付款。

（一）无款支付

付款期满而付款人银行存款账户内无款支付时，付款人开户银行填制一式三联的托收承付"到期未收通知书"，将第一、第二联通知书寄给收款人开户银行（电划不另拍发电报通知），第三联留存。

付款单位编制转账凭证，其会计分录为：

借：材料采购
　　应交税费——应交增值税（进项税额）
　贷：应付账款

收款单位在销售实现向开户银行办妥托收手续后，已将款项记入"应收账款"账户的借方，现暂不编制新的会计分录。

（二）部分付款

付款期满而付款人银行存款账户内没有足够的资金，只能部分付款时，银行填制特种转账凭证，将其中一联借方凭证加盖业务用公章后，交给付款单位作承付款通知，同时通知收款单位开户银行，由其通知收款单位收款。付款单位收到银行转来的特种转账凭证后，按实际交付的金额，编制付款凭证，其会计分录为：

借：材料采购
　　应交税费——应交增值税（进项税额）
　贷：银行存款

按未付部分的金额，编制转账凭证，其会计分录为：

借：材料采购
　　应交税费——应交增值税（进项税额）
　贷：应付账款

（三）逾期付款

对于逾期未付的款项，由其开户银行按规定扣收赔偿金划转收款单位。逾期未付的滞纳金根据逾期付款的金额和逾期天数,按每天0.5‰计算。

银行审查拒绝付款期间,不能算作付款人逾期付款,但对无理的拒付,应从承付期满日起,计算逾期付款的赔偿金。

例3 C公司向D公司购货承付的款项为286 000元,1月20日承付期满,由于C公司银行存款余额不足,只支付了250 000元,不足部分款项于2月10日付清。

C公司会计处理:

  逾期未付金额＝286 000－250 000＝36 000(元)
  逾期天数＝21天(1月20日至2月10日)
  应付赔偿金＝36 000×21×0.5‰＝378(元)

逾期付款赔偿金实行定期扣付,每月计算一次,于次月3日内单独划给收款人。在月内有部分付款的,其赔偿金随同部分支付的款项划给收款人,对尚未支付的款项,月终再计算赔偿金,于次月3日内划给收款人;次月又有部分付款时,从当月1日起计算赔偿金,随同部分支付的款项划给收款人,对尚未支付的款项,从当月1日起至月终再计算赔偿金,于第3个月3日内划给收款人。第3个月仍有部分付款的,按照上述方法计扣赔偿金。当月没有扣货款的,可单独扣赔偿金。

赔偿金的扣付列为企业销货收入扣款顺序的首位。付款人账户余额不足以全额支付的,银行要对该账户实行"只收不付"的控制方法,待一次足够扣付赔偿金后,才准予办理其他款项的支付。

银行对付款人每月单独扣付赔偿金时,付款人开户行应填制特种转账借方、贷方凭证各两联,并注明原托收号码及金额,在转账原因栏注明第×个月逾期付款的金额及应扣付赔偿金的金额,以其中一联特种转账借方凭证加盖业务用公章后交回付款单位,付款单位据此编制付款凭证,其会计分录为:

  借:营业外支出
   贷:银行存款

同时，因为银行单独扣划逾期付款赔偿金发生的手续费也应由付款单位支付。付款单位收到开户行的有关单据后，编制付款凭证，其会计分录为：

借：财务费用

贷：银行存款（库存现金）

对应地，收款单位收到银行盖章后转来的特种转账贷方凭证后，将收到的赔偿金列为营业外收入，编制收款凭证，其会计分录为：

借：银行存款

贷：营业外收入

付款人开户行对逾期未付的托收凭证负责的期限为3个月（从承付日满日算起）。在此期间内，银行必须按照扣款顺序陆续扣款，扣款期满时，如果付款人仍无足够资金支付该笔尚未付清的欠款，银行应于次日通知付款人仍将有关交易单证（单证已作账务处理或已部分支付的，可以填制"应付款项证明单"），在2日内退回银行。银行将有关结算凭证连同交易单证或应付款项证明单退回收款人开户银行转交收款人，并将应付的赔偿金划给收款人。

对付款人逾期不退回单证的，开户银行应当自发出通知的第3天起，按照该笔尚未支付清欠款的金额，每天处以 0.5‰但不低于50元的罚款，并暂停付款人向外办理业务。

七、拒绝付款的办理

付款人在承付期内，在验单或验货后，遇下列情况的，可以向银行提出全部拒绝付款或部分拒绝付款：

（1）没有登记购销合同，或购销合同未证明采用托收承付结算方式的款项。

（2）未经双方事先达成协议，收款人提前交货或因付款人不再需要该项货物的款项。

(3) 未按合同规定的到货地址发货的款项。

(4) 代销、寄销、赊销商品的款项。

(5) 验单付款的,发现所列货物的品种、规格、数量、价格与合同规定不符,或货物已到,经查验与合同规定或发货清单不符的款项。

(6) 验货付款,经查验货物与合同规定或与发货清单不符的款项。

(7) 货款已经支付或计算有错误的款项。

付款人在承付期内提出拒绝付款时,应由出纳人员填制一式四联的托收承付结算全部或部分拒绝付款理由书(见表7-8所示),连同有关的拒付证明第五联托收凭证收付单证送交开户银行。拒付审查由银行会计部分负责,先由经办人员审查,然后交由会计主管复审。对手续不全、依据不足、理由不符合规定和不属于支付结算方法有关托收承付中以上七种可以拒绝付款情况的拒绝付款,以及超过承付期限拒付或将部分拒付提升为全部拒付的,均不予受理。对不符合拒付条件的,银行实行强制扣款。对无理的拒绝付款,而增加银行审查时间的,应从承付期满日起,为收款人代扣收逾期付款赔偿金。

付款单位收到银行盖章确认退回的全部拒付理由书第一联后,应将它妥善保管,并把有关拒付的情况登记在"托收承付付款登记簿"中。由于全部拒付没有引起其资金的增减变动,因此,不进行会计处理,如果在拒付款项时,收到收款单位发来的货物,应把它详细地登记在"代管物资登记簿"中。

付款单位收到银行盖章确认退回的部分拒付理由书后,应根据承付部分的金额,编制付款凭证,其会计分录为:

借:材料采购
　　应交税费——应交增值税(进项税额)
　贷:银行存款

拒付部分的货款,不作会计处理。

收款单位收到其开户银行转来的付款单位拒付通知后,应仔细对照有关合同条款内容,检查对方拒付理由是否成立,如属对方无理拒付,可向开户银行重新办理托收,填写"重办托收理由书",将其中三联连同购销合同、有关单证和退回的原第四、第五联托收凭证及交易单证一并送交开户银行。经银行审查,确定付款人无理拒付的,可以重办托收。由于收款人在办理托收时,填写凭证有误而引起对方拒付,收款单位在更正后,可向其开户行重新办理托收。

八、托收承付结算的流转程序

托收承付结算的流转程序图,如图 7-2 所示。

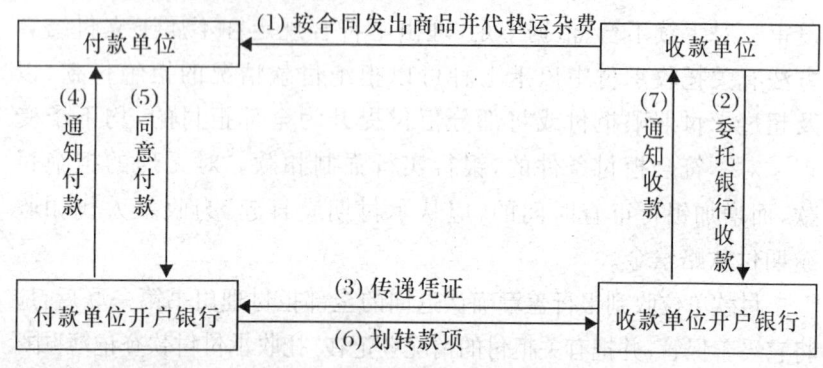

图 7-2 托收承付结算流转程序图

第三节 委托收款结算业务的核算

一、委托收款结算的含义

委托收款是指收款人委托银行向付款人收取款项的结算方式。按款项的划回方式不同,可以分为邮寄和电报两种,由收款人选用。

委托收款结算是指以委托银行收款方式办理款项往来清算业务的结算方式。

二、委托收款结算方式的适用范围

委托收款结算方式适用范围十分广泛,无论是同城还是异地都可以使用。单位和个人凭已承兑商业汇票、债券、存单等付款人债务证明办理款项的结算,均可以使用委托收款结算方式。

三、委托收款结算方式的规定

(一)签发委托收款凭证必须记载的事项
(1)表明"委托收款"的字样。
(2)确定的金额。
(3)付款人名称。
(4)收款人名称。
(5)委托收款凭据名称及附寄单证张数。
(6)委托日期。
(7)收款人签章。
欠缺记载上列事项之一的,银行不予受理。
(二)办理委托收款应注意的规定
(1)委托收款以银行以外的单位为付款人的,委托收款凭证必须记载付款人开户银行名称。

以银行以外的单位或在银行开立存款账户的个人为收款人的,委托收款凭证必须记载收款人开户银行的名称;未在银行开立存款账户的个人为收款人的,委托收款凭证必须记载被委托银行名称。欠缺记载的,银行不予受理。

(2)在同城范围内,收款人收取公用事业费和根据国务院的规定,可以使用同城特约委托收款。

收取公用事业费,必须具有收付双方事先签订的经济合同,由付款人向开户银行授权,并经开户银行同意,报经中国人民银行当地分支机构批准。

(3) 拒绝付款。付款人审查有关债务证明后,对收款人委托收取的款项需要拒绝付款的,可以办理拒绝付款。

第一,以银行为付款人的,应自收到委托收款及债务证明的次日起3日内出具拒绝证明,连同有关债务证明、凭证寄给被委托银行,转交收款人。

第二,以单位为付款人的,应自付款人接到通知日的次日起3日内出具拒绝证明,持有债务证明的,应将其送交开户银行。银行将拒绝证明、债务证明和有关凭证一并寄给被委托银行,转交收款人。

四、委托收款结算凭证

1. 邮寄委托收款凭证

邮寄委托收款凭证一式五联,第一联为回单,是收款人开户银行给收款人的回单;第二联为贷方凭证,由收款人开户银行作贷方凭证;第三联为借方凭证,由付款人开户银行作借方凭证;第四联为收账通知,是开户银行在款项收妥后给收款人的收账通知;第五联为付款通知,是付款人开户银行给付款人按期付款的通知。邮寄委托收款凭证,如表7-6所示。

2. 电报委托收款结算凭证

电报委托收款结算凭证一式五联,第一联为回单,是收款人开户银行给收款人的回单;第二联为贷方凭证,由收款人开户银行作贷方凭证;第三联为借方凭证,由付款人开户银行作借方凭证;第四联为发电依据,供付款人开户银行凭以拍发电报;第五联为付款通知,是付款人开户银行给付款人按期付款的通知。电报委托收款凭证,如表7-7所示。

表 7-7(1)

委托收款凭证(回单) 1 委收号码：

委电 委托日期　年　月　日

付款人	全　　称		收款人	全　　称												此联收款人开户行给收款人的回单
	账号或地址			账　号												
	开户银行			开户银行		行号										
委收金额	人民币(大写)				千	百	十	万	千	百	十	元	角	分		
款项内容		委托收款收据名称			附寄单证张数											
备注：	电　划	款项收妥日期　年　月　日			收款人开户银行盖章　月　日											

单位主管　　　　会计　　　　复核　　　　记账

表 7-7(2)

委托收款凭证(贷方凭证) 2 委收号码：

委电 委托日期　年　月　日

付款人	全　　称		收款人	全　　称												此联收款人开户银行作贷方凭证
	账号或地址			账　号												
	开户银行			开户银行		行号										
委收金额	人民币(大写)				千	百	十	万	千	百	十	元	角	分		
款项内容		委托收款收据名称			附寄单证张数											
备注：	电　划	本委托收款随附有关债务证明。请予办理收款。收款人盖章			科　目(借)_____ 对方科目(贷)_____ 转账　　年　月　日 复核　　　　记账											

收款人开户银行收到日期　　　年　月　日

表 7-7(3)

委托收款凭证(借方凭证) 3 委收号码：

委电		委托日期 年 月 日		付款日期 年 月 日		此联付款人开户银行作借方凭证
付款人	全 称		收款人	全 称		
	账号或地址			账 号		
	开户银行			开户银行	行号	
委收金额	人民币(大写)				千百十万千百十元角分	
款项内容		委托收款收据名称		附寄单证张数		
备注：				科 目(借)_____ 对方科目(贷)_____		
电 划		收款人开户银行盖章 月 日		转账 年 月 日 复核 记账		

付款人开户银行收到日期   年 月 日

表 7-7(4)

委托收款凭证(发电依据) 4 委收号码：

委邮		委托日期 年 月 日		付款日期 年 月 日		此联付款人开户行凭以拍发电报
付款人	全 称		收款人	全 称		
	账号或地址			账 号		
	开户银行			开户银行	行号	
委收金额	人民币(大写)				千百十万千百十元角分	
款项内容		委托收款收据名称		附寄单证张数		
备注：						
电 划				复核 记账		

表 7-7(5)

委托收款凭证(付款通知) 5　托收号码：													
委电	委托日期　年　月　日			付款日期　年　月　日									此联付款人开户银行给付款人按期付款的通知
付款人	全　　称		收款人	全　称									
	账号或地址			账　号									
	开户银行			开户银行			行号						
委收金额	人民币（大写）			千	百	十	万	千	百	十	元	角	分
款项内容		委托收款收据名称		附寄单证张数									
备注：　电　划				付款人注意： 1. 应于见票当日通知开户银行划款。 2. 如需拒付,应在规定期限内,将拒付理由书并附债务证明退交开户银行。									

单位主管　会计　复核　记账　付款人开户银行收到日期　年　月　日

五、委托收款的委托和付款

（一）委托

收款单位在销售商品后,根据发票、托运单等凭证,到开户银行办理委托收款业务。

委托银行收款,应首先填制委托收款凭证。委托收款凭证有委邮委托收款凭证和委电委托收款凭证两种。采用邮寄划款的,填制委邮凭证;采用电报划款的,填制委电凭证。

收款单位的出纳人员在认真、逐项地填制好委托收款凭证后,在凭证第二联上加盖单位印章,连同委托收款的附件,如发票、托运单等一并送交其开户银行。

收款单位的开户银行收到收款单位送交的有关单证后,按照委托收款的有关规定和凭证填写的有关要求进行认真审查。审查无误后,受理委托收款业务,在委托收款凭证第一联上加盖业务用公章后退给收款单位,并收取一定的手续费和邮电费。

收款单位财务部门制单人员根据其开户行盖章后退回的委托收款凭证第一联和发票、托运单据等有关原始凭证编制转账凭证,其会计分录为:

借:应收账款

贷:主营业务收入

应交税费——应交增值税(销项税额)

例1 大华公司向东明公司销售产品一批,货款500 000元,增值税额85 000元,采用委托收款方式结算款项。

(1) 大华公司发运商品后,提供发票、托运单等凭证向开户银行办理委托收款手续,收到银行盖章后退回的委托收款凭证第一联,并据有关的原始凭证,编制转账凭证,其会计分录为:

借:应收账款——东明公司　　　　　　　　585 000
　　贷:主营业务收入　　　　　　　　　　　500 000
　　　　应交税费——应交增值税(销项税额)　 85 000

(2) 大华公司以现金支付委托收款的银行手续费50元。根据开户银行开具的收据,编制付款凭证,其会计分录为:

借:财务费用　　　　　　　　　　　　　　　50
　　贷:库存现金　　　　　　　　　　　　　　50

(二) 付款

付款单位开户银行接到收款单位开户银行寄来的委托收款凭证第五联及有关单证后,进行认真审核,确认无误后,及时通知付款单位,并把有关的单证一齐转给付款单位。

付款单位接到其开户银行的付款通知及有关单证后,应进行详细审核以下内容:

(1) 委托收款凭证是否应由本单位受理。

(2) 凭证内容和所附有关单证内容是否相符,填制是否齐全。

(3) 委托收款金额和实际应付金额是否一致,期限是否到期等。

审核无误后,在规定的付款期内付款。一般付款期为3天,凭证索回期为 2 天。付款期从付款单位开户银行发出付款通知的次日起计算,如遇例假日顺延。付款人在付款期内未向银行提出异议,银行视同付款人同意付款并在第 4 日上午银行开始营业时,将款项从付款人账户中划出此笔委托收款款项。若付款人在付款期满之前通知银行付款,银行立即办理付款。如果付款人发现付款通知上金额明显小于应付金额,应该多付款项时,可由出纳人员填制一式四联的"多付款理由书"(以"拒绝付款理由书"代替),于付款期满前送交银行,银行据以划款,同时将第一联多付款理由书加盖"转讫"章后作支款通知交给付款单位。

付款单位根据银行转来的委托收款凭证第五联及有关单证编制付款凭证。

例 2 承例 1,东明公司接到开户银行转来的付款通知及有关单据经审核无误后,编制付款凭证,其会计分录为:

借:材料采购　　　　　　　　　　　　　　500 000
　　应交税费——应交增值税(进项税额)　　85 000
　　贷:银行存款　　　　　　　　　　　　　585 000

六、拒绝付款

付款单位在审查有关单证或验货后,认为所发货物的品种、规格、质量等与双方签订的合同不符或者其他原因,可以对委托收取的款项进行拒付。拒付分为全部拒付和部分拒付。

拒付时,应在付款期内出具"拒绝付款理由书",其中全部拒付的出具"委托收款结算全部拒绝付款理由书";部分拒付的出具"委托收款结算部分拒绝付款理由书",连同开户银行转来的有关单位送交开户银行。

"拒绝付款理由书"一式四联,第一联为回单或付款通知,是银行给付款人的回单或付款通知;第二联为借方凭证,由银行作借方凭证或存查;第三联为贷方凭证,由银行作贷方凭证或存查;第四联为代通知或收账通知,是银行给收款人作收账通知或全部拒付通知书。拒付理由书,如表 7-8 所示。

表 7-8(1)

托收承付、委托收款结算全部、部分拒绝付款理由书(回单或付款通知)**1**

拒付日期　年　月　日　　原托收号码：

付款人	全 称			收款人	全 称											此联银行给付款人的回单或付款通知
	账 号				账 号											
	开户银行		行号		开户银行			行号								
托收金额			拒付金额		部分付款金额		千	百	十	万	千	百	十	元	角 分	
附寄单证	张	部分付款金额(大写)														
拒付理由																
			付款人盖章													

表 7-8(2)

托收承付、委托收款结算全部、部分拒绝付款理由书(借方凭证)**2**

拒付日期　年　月　日　　原托收号码：

付款人	全 称			收款人	全 称											此联银行作借方凭证或存查
	账 号				账 号											
	开户银行		行号		开户银行			行号								
托收金额			拒付金额		部分付款金额		千	百	十	万	千	百	十	元	角 分	
附寄单证	张	部分付款金额(大写)														
拒付理由				科　目(借)_____												
				对方科目(贷)_____												
				转账日期　　　年　月　日												
		付款人盖章		复核　　　记账												

表 7-8(3)

托收承付、委托收款结算全部、部分拒绝付款理由书(贷方凭证)3

拒付日期　　年　月　日　　原托收号码：

付款人	全称			收款人	全称										此联银行作贷方凭证或存查
	账号				账号										
	开户银行		行号		开户银行			行号							
托收金额			拒付金额			部分付款金额	千	百	十	万	千	百	十	元	角	分
附寄单证	张	部分付款金额(大写)													
拒付理由				科　目(借)＿＿＿＿＿											
				对方科目(贷)＿＿＿＿＿											
付款人盖章				转账日期　　　年　月　日											
				复核　　　　记账											

表 7-8(4)

托收承付、委托收款结算全部、部分拒绝付款理由书(代通知或收账通知)4

拒付日期　　年　月　日　　原托收号码：

付款人	全称			收款人	全称										此联银行给收款人作收账通知或全部拒付通知书
	账号				账号										
	开户银行		行号		开户银行			行号							
托收金额			拒付金额			部分付款金额	千	百	十	万	千	百	十	元	角	分
附寄单证	张	部分付款金额(大写)													
拒付理由															
付款人盖章															

付款单位出纳人员在填写拒绝付款理由书时,对理由书上的各项内容,如收付款单位名称、账号、开户银行、委托收款金额、附寄单证张数等内容应逐项认真填写。其中,对于全部拒付的,在"拒付金额"栏内填写委托收款金额,"部分拒付金额"栏内的大小写金额为零,并大体说明全部拒付理由;对于部分拒付的,"拒付金额"栏内填写拒付的金额数,"部分拒付金额"栏内填写委托收款金额减去拒付金额后的余额,即付款单位实际支付的金额,并具体说明部分拒付的理由,出具拒绝付款部分商品清单。填制完后,在"付款人盖章"处加盖本单位公章,并注明日期。

银行对收到付款单位拒付理由书及有关单证后,并不负责审查拒付理由,只对有关内容进行核对,核对无误后即办理有关手续。对于全部拒付的,将拒绝付款理由书第四联和有关单证寄给收款单位开户银行转交收款人。对于部分拒付的,将部分支付的款项划给收款人开户银行转交收款人,将拒付理由书第四联,连同拒付部分的商品清单等单证寄给收款人开户行转交收款人。同时,将拒付理由书第一联加盖银行业务专用章退回付款单位。

付款单位收到银行盖章退回的"拒绝付款理由书"第一联后,对于全部拒付的,因未引起资金增减变动,不必进行会计处理,只需将"拒绝付款理由书"妥善保管存查,并在"委托收款登记簿"上登记全部拒付情况。如果在拒付时,收款方货物已收到,则应在"代管物资登记簿"中登记,并标明拒付情况。对于部分拒付的,根据银行盖章退回的拒付理由书第一联,按照实际支付金额编制付款凭证,其会计分录与部分付款的会计分录相似。

例3 承例1,东明公司接到开户银行转来的付款通知及有关单证,经审核发现,其中A商品与合同不符,该批商品的价款为70 000元。东明公司当即填写拒绝付款理由书,拒付A商品的价款及相应的增值税款。根据银行盖章退回的拒绝付款理由书第一联,按实际支付的款项,编制付款凭证,其会计分录为:

借：材料采购　　　　　　　　　　　　　　　　430 000
　　应交税费——应交增值税（进项税额）　　　73 100
　　贷：银行存款　　　　　　　　　　　　　　503 100

收款单位收到开户银行转来的付款单位的拒绝付款理由书和委托收款凭证第四联单证，应立即与付款单位联系，协商解决办法，同时，对已确定的拒付部分，应作销售减少和应收账款减少的会计处理，编制红字转账凭证，其会计分录为：

借：应收账款——东明公司　　　　　　　　　81 900
　　贷：主营业务收入　　　　　　　　　　　　70 000
　　　　应交税费——应交增值税（销项税额）　11 900

例4　承例3，若东明公司审查后，认为委托收款凭证及所附有关单证的产品单价均高于合同价格，全部拒付。

大华公司根据其开户银行转来的拒付理由书及有关单证，编制红字转账凭证，其会计分录为：

借：应收账款——东明公司　　　　　　　　　585 000
　　贷：主营业务收入　　　　　　　　　　　　500 000
　　　　应交税费——应交增值税（销项税额）　85 000

若大华公司对该项销售业务已转结了成本，还应冲回已结转的成本。

（1）大华公司结转成本的会计分录，假设该批商品的成本为150 000元，编制转账凭证，其会计分录为：

借：主营业务成本　　　　　　　　　　　　　150 000
　　贷：库存商品　　　　　　　　　　　　　　150 000

（2）已结转成本，因对方拒付，编制成本转回的转账凭证，其会计分录为：

借：库存商品　　　　　　　　　　　　　　　　　150 000
　　贷：主营业务成本　　　　　　　　　　　　　　150 000

如果经过协商，收款单位可以用其他产品替换原产品，或者给予对方一定的销售折让，则收款单位冲减原有销售收入，重新办理委托收款手续，按照新的委托收款凭证进行会计处理。对于给予销售折让的情况，也可以在原有会计处理的基础上进行会计处理减少销售收入。

例 5　承例 4，在东明公司全部拒付的情况下，大华公司与东明公司经过协商，同意给予东明公司 10% 的销售折让，东明公司则收下货物。大华公司重新办理委托收款手续，并对以前的会计核算进行调整。

大华公司根据新的委托收款凭证及有关折让的规定，在保持原有销售的基础上，冲减折让部分的销售收入及增值税额，编制转账凭证，其会计分录为：

借：应收账款——东明公司　　　　　　　　　　58 500
　　贷：主营业务收入　　　　　　　　　　　　　50 000
　　　　应交税费——应交增值税（销项税额）　　 5 850

七、无款支付

付款人无款支付是指在付款期满日营业终了前付款人没有足够的资金支付全部款项的情况。在这种情况下，银行于次日上午开始营业时填制一式四联的"无款支付通知书"，通知付款人将有关单证在该通知发出的次日起 2 日内退回开户银行。如果付款单位已经将有关单证作了账务处理或已部分付款的，应填制"应付款项证明单"送交开户银行。"应交款项证明单"一式两联，第一联通过银行转交给收款人作为应收款项的凭证；第二联由付款单位留存作为应付款项的凭据。

银行对付款单位填交的"应付款项证明单"审核无误后，将委托收款凭证连同有关单证或"应付款项证明单"退回收款单位开户银行转交给收款单位。

如果付款单位无款支付,而货物已到,则财务部门制单人员应编制转账凭证,其会计分录为:

借:材料采购
　　应交税费——应交增值税(进项税额)
　贷:应付账款

如果付款单位银行存款账户内资金不足,只支付部分货款,则财务部门制单人员根据已付款的金额,编制付款凭证,其会计分录为:

借:材料采购
　　应交税费——应交增值税(进项税额)
　贷:银行存款

按未付款金额,编制转账凭证,其会计分录为:

借:材料采购
　　应交税费——应交增值税(进项税额)
　贷:应付账款

委托收款与托收承付不同,委托收款银行不负责扣款,只要在付款期满日,付款人账上无款支付,付款人开户银行即行退票。

八、委托收款结算方式的流转程序

委托收款结算方式的流转程序,如图7-3所示。

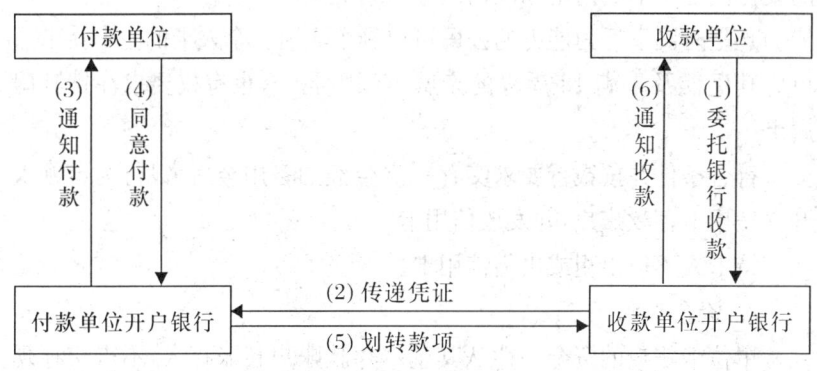

图7-3 委托收款结算流转程序图

第四节 信用卡结算业务的核算

一、信用卡的含义

信用卡是指商业银行向个人和单位发行的,凭以向特约单位购物、消费和银行存取现金,且具有消费信用的特别载体卡片。如今信用卡已广泛运用于企业经济业务及人民日常生活的支付和结算,具有电子货币的功能。

二、信用卡的种类

信用卡按使用对象分为单位卡和个人卡;按信誉等级分为金卡和普通卡;按币种分为人民币卡和外币卡。

三、信用卡结算方式的规定

1. 申领条件

凡是在中国境内金融机构开立基本存款账户的单位均可申领单位卡。单位卡可申领若干张,持卡人资格由申请单位法定代表人或其他的委托代理人书面指定和注销。

凡是有民事行为能力的公民可申领个人卡。个人卡的主卡持卡人可为其配偶及未满18周岁的亲属申领附属卡,也有权要求注销其附属卡。

符合条件并按银行要求交存一定金额的备用金后,银行为申领人开立信用卡存款账户,并发放信用卡。

持卡人不得出租或出借信用卡。

2. 资金来源

单位卡账户的资金一律从其基本存款账户转账存入,不得交存现金,不得将货款收入的款项存入其账户。

个人卡账户的资金以其持有的现金存入或以其工资性款项及属于个人的劳务报酬收入结账存入。严禁将单位的款项存入个人卡账户。

3. 交易限制

单位人民币卡可办理商品交易和劳务供应款项的结算,结算金额不得超出 10 万元。超出规定限额的,应当经中国人民银行当地分行办理转汇。

单位卡一律不得支取现金。个人卡在银行支取现金时,超出支出限额的,代理银行应向发卡银行索取。

4. 交易透支

持卡人使用信用卡不得发生恶意透支。恶意透支是指持卡人超过限额或规定期限,并且经发卡银行催收无效的透支行为。

发卡银行给予持卡人一定的透支额,金卡最高不得超过 1 万元,普通卡最高不得超过 5 000 元。信用卡透支期限最长为 60 天。

5. 透支计息

信用卡透支利息自签单日或银行记账日起 15 天内按日息 0.5‰ 计算,超过 15 天按日息 1‰ 计算,超过 30 天或透支金额超过规定限额的,按日息 1.5‰。透支计息不分段,按最后期限或最高透支额的最高利率档次计息。

四、信用卡的申领

单位申领信用卡,应按规定填制申请表,连同有关资料一并送交发卡银行,经发卡银行审查同意后,申请人按规定向发卡银行交纳备用金和手续费,取得信用卡。

1. 申请人在申领单位信用卡前已在银行开立基本存款账户的

申请单位的出纳人员开具支票,填制三联进账单,第一联为回单,是出票人开户银行交给出票人的回单;第二联为贷方凭证,由收款人开户银行作贷方凭证;第三联为收账通知,是收款人开户银行交给收款人的收账通知。发卡银行经办人员审查无误后,将支票作为借方凭证,在进账单第一联上加盖业务公章退给出票人,在进账单第三联上加盖业务专用章后退给持卡人,另填制一张特种转账贷方凭证,并收取一定的手续费。

申领人在收到开户银行转来的进账单第一联后,编制付款凭证,其会计分录为:

借:其他货币资金——信用卡存款
　　贷:银行存款

持卡人在收到开户银行转来的特种转账凭证及发票账单时,编制转账凭证,其会计分录为:

借:财务费用
　　贷:其他货币资金——信用卡存款

2. 申请人在申领信用卡前未在发卡银行开立基本存款账户的

申领单位出纳人员开具支票,填写二联进账单,第一联为收账通知,是持票人开户银行交给持票人的收账通知;第二联为贷方凭证,由持票人开户银行作贷方凭证。发卡银行经办人员审核无误后,在两联进账单上加盖"收妥入账"的戳记,将第一联加盖"转讫"章交给持票人,并另填制一联特种转账贷方凭证,作收取手续费贷方凭证。

申领人编制的会计分录与第一种情况相同。

五、信用卡的结算业务

1. 交易结算业务

晨光公司管理部门采购员经核准向文具百货公司购进办公用品一批,价款 1 050 元,以企业信用卡结账。

财务部门制单人员根据文具用品发票及信用卡签购单,编制转账凭证,其会计分录为:

借:管理费用　　　　　　　　　　　　　　　　1 050
　　贷:其他货币资金——信用卡存款　　　　　　　1 050

2. 续存资金

在信用卡存续期间,如果持卡人信用卡账户资金不足时,可以从其基本存款账户以转账方式划入,增加其信用卡账户内资金。其账户处理方法如申请开户的第一种情况。

例1 晨光公司信用卡存款账户内资金不足,现以其基本账户内资金 70 000 元,以转账方式划入。

申请人发卡银行接到申请人送来的支票和三联进账单,经审核无误后,办理进账手续,另填制一联特种转账贷方凭证,收取手续费 70 元。出票人在收到已加盖开户银行业务专用章的进账单第一联后,持卡人在收到已加盖开户银行业务专用章的进账单第三联后(在这笔业务中,持票人和持卡人均为晨光公司),编制付款凭证,其会计分录为:

(1) 借:其他货币资金——信用卡存款　　　　　70 000
　　　贷:银行存款　　　　　　　　　　　　　　　　70 000
(2) 借:财务费用　　　　　　　　　　　　　　　　70
　　　贷:其他货币资金——信用卡存款　　　　　　　70

六、销户清算

持卡人不需要继续使用信用卡的,应持信用卡主动到发卡银行办理销户。

单位卡销户时,持卡人应向发卡银行提交授权单位的销户证明和基本存款账户开户许可证及单位卡,发卡银行填制转账单,并按规定计付利息,由持卡人签名后结算账户。有效信用卡无法收回的,开户银行将其止付。

例2 大力公司按规定提供必要的文件证明,要求开户银行终止信用卡存款账户。经开户银行审查核准,大力公司财务部门收到加盖开户银行业务专用章的转账单,注明本金 54 000 元,利息 250.10 元。根据上述业务,编制收款凭证,其会计分录为:

借：银行存款 54 250.10
　　贷：其他货币资金——信用卡存款 54 000.00
　　　　财务费用 250.10

七、信用卡丧失

信用卡丧失，持卡人应立即持本人身份证件或其他有效证件，并按规定提供有关情况，向发卡银行或代办银行申请挂失，发卡银行或代办银行审核后办理挂失手续。

第八章

银行借款与票据贴现业务的核算

第一节 短期借款

一、短期借款的含义及分类

短期借款是指企业向银行或其他金融机构借入的期限在1年以内（含1年）的各种借款。主要包括以下几种：

(1) 临时借款，即企业由于临时性、季节性等原因向银行或其他金融机构取得的借款。

(2) 生产经营周转借款，即企业为了弥补当年生产经营活动中资金的不足，向银行或其他金融机构借入的借款。

(3) 结算借款，即企业在采用托收承付结算方式进行销售的情况下，在发出商品后委托银行收款时至收到银行通知购货单位承付货款之前，为解决结算资产占用资金的问题，以收款单位实际垫付的资金为限额，以在途商品为发放借款作物资保证向银行申请取得的借款。

二、短期借款的利息结算

企业取得的各种短期借款均采用定期计息的方法，即固定时间计算利息，约定时间支付利息。企业短期借款的利息有两种结算支付方式：① 按月计息，按月支付，计入当期损益。② 到期还本付息，计入到期月损益。在借款利息数额不大的情况下，采用到期付息的方式，即利息在借款到期时连同本金一并支付。③ 按月计息，按季支付或按月计息到期还本付息,且数额较大的利息。应在借款期内,每月末计算应付利息,计入当期损益,季(期)末将本季度(期)的应付利息解缴银行。

三、短期借款业务的核算

为了反映企业短期借款的取得、偿还和结存情况,应设置"短期借款"账户。该账户属于负债类账户,贷方登记企业借入的各种短期借款,借方登记归还各种短期借款的本金,期末余额在贷方,表示企业尚未偿还的短期借款的本金。该账户应按债权人设置明细分类账,并按借款种类进行明细核算。

短期借款的利息,应作为企业的财务费用,计入当期损益。在会计核算上应视具体情况进行账务处理:

(1) 企业短期借款的利息是按月支付的,或者利息是在借款到期时连同本金一起归还,且数额不大的,可以不采用预提的方法,而在实际支付或收到银行的计息通知时,直接计入当期损益。

例1 益众公司因生产经营需要,从市建设银行取得一项为期3个月的临时借款120 000元,年利率9%,借款利息数额不大,借款到期一次以银行存款还本付息。

取得借款时,根据银行贷款转存凭证第一联回单、第四联收款人收款通知,编制收款凭证,其会计分录为:

借:银行存款　　　　　　　　　　　　　　　120 000
　　贷:短期借款——市建设银行(临时借款)　　120 000

到期一次归还本金和利息时,根据"银行贷款利息清单第三联客户回单",经审核无误后,编制付款凭证,其会计分录为:

借:短期借款——市建设银行(临时借款)　　120 000
　　财务费用　　　　　　　　　　　　　　　　2 700
　　贷:银行存款　　　　　　　　　　　　　　122 700

(2) 短期借款的利息是按月计息,按季支付,或者是按月计息,到期一次还本付息,且数额较大的,为了正确计算各个会计期间的盈亏,按实际支付的利息额,记入支付月份的"财务费用"账户。

例2 大华公司因生产经营需要,于7月1日向浦发银行取得一笔为期6个月的生产周转借款900 000元,年利率9%,借款利息按季支付,第三季度利息于9月30日支付。12月31日归还借款本金,并支付第四季度利息。

7月1日,取得借款时,根据银行贷款转存凭证第一联回单、第四联收款人收账通知,编制收款凭证,其会计分录为:

借:银行存款　　　　　　　　　　　　　　　　900 000
　　贷:短期借款——浦发银行(生产周转借款)　　　　900 000

8月31日,不作会计处理。

9月30日,支付第三季度借款利息时,根据贷款银行转来的"贷款利息清单第三联(客户回单)",由出纳人员根据银行借款记录和借款利率,按借款利息计算方法进行复核,确认无误后,交制单人员编制付款凭证,其会计分录为:

借:财务费用　　　　　　　　　　　　　　　　20 250
　　贷:银行存款　　　　　　　　　　　　　　　20 250

　　　第三季度利息额=900 000×9%÷12×3=20 250(元)

10月、11月,不作会计处理。

12月31日,借款到期结息时,根据银行贷款利息清单第三联(客户回单),先交出纳人员根据银行借款记录和借款利率,按借款利息计算方法进行复核,确认无误后,交制单人员编制转账凭证及付款凭证,其会计分录为:

借:短期借款——浦发银行(生产周转借款)　　　900 000
　　财务费用　　　　　　　　　　　　　　　　20 250
　　贷:银行存款　　　　　　　　　　　　　　　920 250

第二节 长期借款

一、长期借款的含义及分类

长期借款是指企业从银行或其他金融机构借入的期限在1年(不含1年)以上的各种借款。我国将银行及其他金融机构对企事业的中、长期贷款归为一类核算,即企事业单位的长期借款。

企业的长期借款可以按不同的标准进行分类,其主要的分类标志及种类有以下几种。

1. 按借款的用途划分

按借款的用途划分,可分为基本建设借款、技术改造借款和生产经营借款。基本建设借款是指新建、扩建、改建企业用于购建固定资产等有关支出的借款;技术改造借款是指用于固定资产更新及技术改造的借款;生产经营借款是指用于企业生产经营中正常周转的借款。

2. 按取得借款的条件划分

按取得借款的条件划分,可分为信用借款和担保借款。

(1)信用借款是指不以特定的抵押财产作保证,仅凭企业的良好信誉而取得的借款。

(2)担保借款又分为保证借款、抵押借款和质押借款:① 保证借款是指按我国《担保法》规定的保证方式,以第三人承诺在借款人不能偿还借款时,按约定承担一般保证责任或者连带责任而取得的借款;② 抵押借款是指按我国《担保法》规定的抵押方式,以借款人或第三人的财产作为抵押物取得的借款;③ 质押借款是指按我国《担保法》规定的质押方式,以借款人或第三人的动产或权利为质押物而取得的借款。

3. 按借款的偿还方式划分

按借款的偿还方式划分,可分为定期偿还借款和分期偿还借款。

二、长期借款的利息结算

长期借款所发生的利息费用,应根据权责发生制原则按期记入相关账户。属于企业筹建期间的,应计入开办费,借记"长期待摊费用"账户,贷记"长期借款"账户;属于专项用于购建固定资产的,且在固定资产达到预定可使用状态之前发生的,应予资本化计入相关固定资产的购建成本,借记"在建工程"账户,贷记"长期借款"账户;虽属于专项用于固定资产购建,但是在固定资产达到预定可使用状态后所发生的,应计入当期损益,借记"财务费用"账户,贷记"长期借款"账户;属于生产经营期间的,不是专项用于固定资产购建的长期借款的利息费用,应当作为收益性支出,计入当期损益,借记"财务费用"账户,贷记"长期借款"账户。

企业到期偿还长期借款本息时,借记"长期借款"账户,贷记"银行存款"账户。

三、长期借款业务的核算

为了反映企业长期借款的取得、应计利息和归还本息的情况,应设置"长期借款"账户。该账户贷方登记借入长期借款的本金及其应计利息,借方登记企业归还的长期借款本金和利息,期末余额在贷方,表示企业尚未偿还的长期借款的本息。该账户按贷款银行或金融机构设置明细分类账户,按贷款种类进行明细核算。

企业取得长期借款转存银行时,借记"银行存款"账户,贷记"长期借款"账户;如果取得借款直接用于购置固定资产或支付工程项目的,则借记"固定资产"或"在建工程"账户,贷记"长期借款"账户。

例1 新宇公司为新建生产线,于2005年1月1日向中国银行市分行取得3年期借款600万元,款项划存企业银行存款户,年利率6%,每年年末支付当年借款利息,3年期满一次还本。当年1月1日,以银行存款支付工程进度款 300 万元;第二年 1 月 1 日,以银行存款支付工程进度款 200 万元;第二年年末,工程如期竣工,固定资产达到预定可使用状态交付使用,以银行存款支付工程结算款 100 万元;各年利息均于年末以银行存款支付,本金第三年年末一次以银行存款清偿。

2005 年 1 月 1 日,取得长期借款时,根据"银行贷款转存凭证第一联回单、第四联收款人收账通知",编制收款凭证,其会计分录为:

借:银行存款　　　　　　　　　　　　　　　　6 000 000
　　贷:长期借款——中行市分行(生产线工程)　　6 000 000

同年 1 月 1 日,支付工程进度款时,根据与施工单位的合同及"转账支票存根",编制付款凭证,其会计分录为:

借:在建工程——生产线工程　　　　　　　　　3 000 000
　　贷:银行存款　　　　　　　　　　　　　　3 000 000

同年 12 月 31 日,按贷款合同计息时,编制转账凭证,其会计分录为:

借:在建工程——生产线工程(3 000 000×6%)　　180 000
　　财务费用(3 000 000×6%)　　　　　　　　　180 000
　　贷:长期借款——中行市分行(生产线工程)　　360 000

第一年年末付息时,根据"银行贷款利息清单第五联客户回单",经审核无误后,编制付款凭证,其会计分录为:

借:长期借款——中行市分行(生产线工程)　　　360 000
　　贷:银行存款　　　　　　　　　　　　　　360 000

2006 年 1 月 1 日,支付工程进度款时,根据与施工单位的合同,按"转账支票存款",编制付款凭证,其会计分录为:

借:在建工程——生产线工程　　　　　　　　　2 000 000
　　贷:银行存款　　　　　　　　　　　　　　2 000 000

2006 年 12 月 31 日,计息时,其会计分录为:

借：在建工程[(3 000 000+2 000 000)×6%]   300 000
      财务费用[(6 000 000−3 000 000−2 000 000)×6%]   60 000
      贷：长期借款——中行公司分行(生产线工程)   360 000

2006年12月31日付息时，根据"银行贷款利息清单第五联客户回单"，经审核无误后，编制付款凭证，其会计分录为：

借：长期借款——中行市分行(生产线工程)   360 000
      贷：银行存款   360 000

2006年年末，根据与施工单位的合同支付工程结算款时，编制付款凭证，其会计分录为：

借：在建工程——生产线工程   1 000 000
      贷：银行存款   1 000 000

2006年年末，验收生产线并交付使用时，按固定资产验收报告单，编制转账凭证，其会计分录为：

借：固定资产——生产线(3 000 000+180 000+2 000 000
         +300 000+1 000 000)   6 480 000
      贷：在建工程——生产线工程   6 480 000

2007年年末计息时，按"银行贷款利息清单第五联客户回单"，经审核无误后，编制转账凭证，其会计分录为：

借：财务费用(6 000 000×6%)   360 000
      贷：长期借款——中行市分行(生产线工程)   360 000

2007年年末，归还本金并支付第三年利息时，根据"转账支票存根"，编制付款凭证，其会计分录为：

借：长期借款——中行市分行(生产线工程)   6 360 000
      贷：银行存款   6 360 000

例2 宏光公司为更新生产设备，从开发银行市分行取得了为期2年、年利率为6%的借款200万元，建设工期为1年，宏光公司在借款额度内直接用于工程建设支出；2006年1月1日，以取得的借款140万元购入设备，设备直接交付安装；7月1日，以取得的借款60万元支付工程安装费,次年 1 月 1 日,工程如期完工交付生产使用;借款利息根据实际使用额每半年计算一次,借款期满以银行存款一次还本付息。

2006 年 1 月 1 日,取得借款支付设备款,将"银行贷款转存凭证第四联收款人收账通知"交于供应商,根据设备发票及"银行贷款转存凭证第一联"回单,编制转账凭证,其会计分录为:

  借:在建工程——改扩建工程   1 400 000
   贷:长期借款——开发行市分行(改扩建工程) 1 400 000

2006 年 6 月 30 日,根据贷款合同计息时,编制转账凭证,其会计分录为:

  借:在建工程——改扩建工程(1 400 000×6‰×180÷360) 42 000
   贷:长期借款——开发行市分行(改扩建工程) 42 000

2006 年 7 月 1 日,取得借款将"银行贷款转存凭证第四联收款人转账通知"交于施工单位,支付工程安装费,根据工程发票及"银行贷款转存凭证第一联"回单,编制转账凭证,其会计分录为:

  借:在建工程——改扩建工程   600 000
   贷:长期借款——开发行市分行(改扩建工程) 600 000

2006 年 12 月 31 日,根据贷款合同计息时,编制转账凭证,其会计分录为:

  借:在建工程——改扩建工程[(1 400 000+600 000)
      ×6‰×180÷360]   60 000
   贷:长期借款——开发行市分行(改扩建工程) 60 000

2007 年 1 月 1 日,完工验收交付使用时,根据固定资产验收报告单,编制转账凭证,其会计分录为:

  借:固定资产——生产设备[(1 400 000+42 000+600 000
      +60 000)]   2 102 000
   贷:在建工程——改扩建工程   2 102 000

2007 年 6 月 30 日,根据贷款合同计息时,编制转账凭证,其会计分录为:

借：财务费用[(2 000 000×6‰×180÷360]   60 000
    贷：长期借款——开发行市分行(改扩建工程)   60 000

2007年12月31日计息时，根据"银行贷款利息清单第五联客户回单"，经审核无误后，编制转账凭证，其会计分录为：

借：财务费用   60 000
    贷：长期借款——开发行市分行(改扩建工程)   60 000

2007年12月31日，还本付息时，根据"转账支票存根"，编制付款凭证，其会计分录为：

借：长期借款——开发行市分行(改扩建工程)(1 400 000
        +42 000+600 000+60 000+60 000
        +60 000)   2 222 000
    贷：银行存款   2 222 000

第三节 银行借款的爽约

企业向银行或其他金融机构借入的各种短、中、长期借款，由于各种原因不能到期履约偿还借款本金的，发放贷款的银行或其他金融机构对这部分借款利息的征收，依据不同的情况，有两种处理方法。

一、银行借款展期

借款展期是指经银行或其他金融机构信贷部门批准延长贷款期限的一种方法。《贷款通则》第十二条第一款的规定："不能按期归还贷款的，借款人应当在贷款到期日之前，向贷款人申请贷款展期。是否展期由贷款人决定。申请保证贷款、抵押贷款、质押贷款展期的，还应由保证人、抵押人、出质人出具同意的书面证明。已有约定的，按照约定执行。"

借款人申请借款展期，应在借款到期日之前，填制"借款展期申请书"一式三联，交给信贷部门审批，企业收到加盖贷款银行业务公章后的第三联作为同意借款展期的通知，企业账面不作调整，出纳人员应在

"银行借款登记簿"中加以记载。每笔贷款只能展期一次。

《贷款通则》第十二条第二款规定:"短期贷款展期期限累计不得超过原贷款的期限;中期贷款展期累计不得超过原贷款期限的一半;长期贷款的展期期限累计不得超过3年,国家另有规定者除外。"同时还规定:"借款人未申请展期或申请展期未得到批准,其贷款从到期日的次日起,转入逾期贷款账户。"企业账面不作调整,出纳人员应在"银行借款登记簿"中加以记载。

《贷款通则》第十四条第二款规定:"贷款的展期期限加上原期限达到新的利率期限档次时,从展期之日起,贷款利息按新的期限档次利息计收。"

二、银行借款逾期

逾期借款是指借款合同到期(含展期后到期)未归还的借款。当借款逾期,借款单位账户无款归还借款时,贷款银行会计部门在到期日营业终了时,将借款转为逾期借款账户,待借款单位的存款户有资金时,贷款银行按规定扣款顺序,一次或分次扣收逾期借款。扣收时,如果利随本清的,贷款银行开出特种转账传票,将其中一联交借款单位,借款单位收到特种转账传票后,编制付款凭证,其会计分录为:

借:短期借款(或长期借款)
　　财务费用——借款利息
　　　　　　——逾期借款罚息
　贷:银行存款

贷款银行对逾期借款应按每天0.3‰~0.5‰加收罚息。

企业出纳人员应经常检查"银行借款登记簿"及时了解借款情况,注意应还款的日期与金额。

同时,出纳人员应随时掌握企业"银行存款"账户的余额,保证在银行借款还款日期前,企业有足够的清偿资金,以免因失去贷款信用,遭受经济损失。

第四节 票据贴现业务的核算

票据是指记载一定日期、付款地点和付款金额,代表债权、债务并具有法律效力的书面凭证。我国《票据法》所指的票据,包括银行汇票、商业汇票、银行本票和支票。其中,商业汇票又分为带息商业汇票和不带息商业汇票。

一、票据贴现的含义

《中国人民银行商业汇票承兑、贴现再贴现管理暂行办法》所称票据贴现,是指商业汇票的持票人在汇票到期日前,为了取得资金贴付一定利息,将票据权利转让给金融机构的票据行为,是金融机构向持票人融通资金的一种方式。

二、票据贴现的特点

(1) 贴现从形式上来看,是银行对票据持有人融通资金的一种方式。但从本质上说,贴现是票据的转让行为,而不是借贷行为。

(2) 贴现利息的支付是在持票人贴现时直接从票面面额中扣付,而银行贷款的利息是在归还贷款本金时才支付或每季度的末月月末定期付利息的,两者的计息、付息时间不同。

三、票据贴现的申请

申请票据贴现的企业,应由出纳人员填制一式五联的"贴现凭证"。其中,第一联代申请书,由银行作贴现借方凭证;第二联为贷方凭证,由银行作持票人账户贷方凭证;第三联为贷方凭证,由银行作贴现利息贷方凭证;第四联为收账通知,是银行给持票人的收账凭证;第五联为到期卡,由银行会计部门按到期日排列保管,到期日作贴现贷方凭证。贴现凭证,如表8-1所示。

表 8-1(1)

贴现凭证(代申请书) **1**

申请日期　年　月　日　　　第　号

贴现汇票	种类		号码		持票人	名称										
	出票日		年　月　日			账号										
	到票日		年　月　日			开户银行										
汇票承兑人		名称			账号		开户银行	千	百	十	万	千	百	十	元	角	分
汇票金额		人民币(大写)														
贴现率	%	贴现利息	千	百	十	万	千	百	十	元	角	分	实付贴现金额	千	百	十	万	千	百	十	元	角	分
附送承兑汇票申请贴现,请审核。		银行审批						科　目(借)＿＿＿＿＿ 对方科目(贷)＿＿＿＿＿								
持票人签章			负责人　信贷员					复核　　　　记账								

此联银行作贴现借方凭证

表 8-1(2)

贴现凭证(贷方凭证) **2**

申请日期　年　月　日　　　第　号

贴现汇票	种类		号码		持票人	名称										
	出票日		年　月　日			账号										
	到票日		年　月　日			开户银行										
汇票承兑人		名称			账号		开户银行	千	百	十	万	千	百	十	元	角	分
汇票金额		人民币(大写)														
贴现率	%	贴现利息	千	百	十	万	千	百	十	元	角	分	实付贴现金额	千	百	十	万	千	百	十	元	角	分
备注:								科　目(贷)＿＿＿＿＿ 对方科目(借)＿＿＿＿＿ 复核　　　　记账								

此联银行作持票人账户贷方凭证

表 8-1(3)

贴现凭证（贷方凭证）3

申请日期　年　月　日　　　第　号

贴现汇票	种类		号码		持票人	名称										此联银行作贴现利息贷方凭证
	出票日		年　月　日			账号										
	到票日		年　月　日			开户银行										
汇票承兑人		名称			账号		开户银行									
汇票金额		人民币（大写）					千	百	十	万	千	百	十	元	角	分
贴现率	％	贴现利息	千 百 十 万 千 百 十 元 角 分		实付贴现金额		千	百	十	万	千	百	十	元	角	分
备注：					科　目（贷）_____ 对方科目（借）_____ 复核　　　　　记账											

表 8-1(4)

贴现凭证（收账通知）4

申请日期　年　月　日　　　第　号

贴现汇票	种类		号码		持票人	名称										此联银行给持票人的收账通知
	出票日		年　月　日			账号										
	到票日		年　月　日			开户银行										
汇票承兑人		名称			账号		开户银行									
汇票金额		人民币（大写）					千	百	十	万	千	百	十	元	角	分
贴现率	％	贴现利息	千 百 十 万 千 百 十 元 角 分		实付贴现金额		千	百	十	万	千	百	十	元	角	分
贴现款项已入你单位账户。 　　　　银行盖章 　　　年　月　日					备注：											

表 8-1(5)

贴现凭证(到期卡) 5

申请日期　年　月　日　　　第　　号

贴现汇票	种类		号码				持票人	名称										
	出票日		年	月	日			账号										
	到票日		年	月	日			开户银行										
汇票承兑人		名称					账号				开户银行							
汇票金额		人民币(大写)							千	百	十	万	千	百	十	元	角	分
贴现率	％	贴现利息	千	百	十	万	千	百	十	元	角	分	实付贴现金额	千	百	十	万	千	百	十	元	角	分
备注：									科　目(贷)_____ 对方科目(借)_____ 复核　　　记账									

此联会计部门按到期日排列保管，到期日作贴现贷方凭证

　　申请票据贴现的企业，在收到已加盖贴现银行"转账"章的"贴现凭证"第四联收账通知以后，按以下程序进行核算。

　　(1) 计算票据贴现利息：

　　　　贴现利息＝票据面额(本金)×贴现时间×贴现率

　　(2) 计算实得贴现金额：

　　　　贴现所得额＝票据面额(本金)－贴现利息

　　(3) 据此进行会计处理。

四、票据贴现业务的核算

　　(1) 企业出纳人员应登记"应收票据备查登记簿"，逐笔记录每一

份票据的种类、编号、出票日期、面值、利率、交易合同号和付款人、承兑人以及背书人的名称、到期日、背书转让日、贴现日、贴现率和贴现净额、未计提利息、收款日和收回金额、退票等资料,并于结清票款或退票后逐笔摊销。

(2) 为了核算企业因销售商品或提供劳务而收到商业汇票以及票据贴现的结算情况,应设置"应收票据"账户。该账户属于资产类账户,借方登记因销售商品、产品、提供劳务等而收到的商业汇票的面值和期末计提的应收利息;贷方登记到期收回、背书转让及向银行申请保留贴现的票据金额和利息,期末借方余额表示尚未到期的商业汇票的面值和应收利息。

按中国人民银行《支付结算办法》规定,贴现期至票据到期日的前一天,承兑人在异地的,应另加3天的划款期。

企业持未到期的票据贴现,按收到的贴现金额,借记"银行存款"账户,按应收票据面额,贷记"应收票据"账户,按两者之间的差额,借记或贷记"财务费用"账户。

(一) 不带息商业汇票贴现的核算

例1 光华工厂将一张票面面额为20 000元,期限为9个月的不带息商业汇票,在已持有2个月时向银行申请贴现,银行的年贴现率为10%。

光华工厂出纳人员填制一式三联的"贴现凭证",连同申请贴现的商业汇票一并送交贴现银行,以贴现银行加盖"转讫章"的贴现凭证第四联作收款通知,工厂制单人员据此编制收款凭证,其会计分录为:

票据到期值=20 000(元)
票据贴现息=20 000×10%÷12×7=1 166.67(元)
票贴贴现金额=20 000-1 166.67=18 833.33(元)

借:银行存款　　　　　　　　　　　　18 833.33
　　财务费用　　　　　　　　　　　　 1 166.67
　贷:应收票据　　　　　　　　　　　20 000.00

(二) 带息商业票据贴现的核算

例2 盛大公司于 2007 年 5 月 10 日销售商品一批,价款为 120 000元,增值税额 20 400 元,收到一张面值 140 000 元、期限 90 天、年利率为 9%的商业承兑汇票。6 月 10 日,该公司因急需资金,持此汇票向开户银行申请贴现,贴现率为 12%,票据到期后,付款单位和盛大公司均无款支付,盛大公司收到银行通知,将该票据款项转为逾期贷款处理。

(1) 盛大公司出纳人员填制一式五联的"贴现凭证",连同商业承兑汇票一并送交贴现银行,以贴现银行加盖"转讫"章的贴现凭证第四联作收款通知,公司制单人员据此编制收款凭证,其会计分录为:

票据到期值 $= 140\ 400 + 140\ 400 \times 9\% \div 360 \times 90 = 143\ 559$(元)

贴现息 $= 143\ 559 \times 12\% \div 360 \times 60 = 2\ 871.18$(元)

贴现金额 $= 143\ 559 - 2\ 871.18 = 140\ 687.82$(元)

借:银行存款 140 687.82
　　贷:财务费用 287.82
　　　　应收票据 140 400.00

(2) 若盛大公司 5 月 20 日向开户银行申请贴现,则:

票据到期值 $= 140\ 400 + 140\ 400 \times 9\% \div 360 \times 90 = 143\ 559$(元)

贴现息 $= 143\ 559 \times 12\% \div 360 \times 80 = 3\ 824.24$(元)

贴现金额 $= 143\ 559 - 3\ 824.24 = 139\ 734.76$(元)

借:银行存款 139 734.76
　　财务费用 665.24
　　贷:应收票据 140 400.00

业务(1)的贴现票据到期,银行收到票据承兑人开户银行退回汇票,此时,贴现银行向贴现申请人盛大公司追索票款,而盛大公司账户余额不足,按照逾期借款的规定办理。贴现申请人盛大公司收到由贴现银行填制并加盖"转讫"章的一联"特种转账借方传票"(见表 8-2 所示),连同商业汇票和付款人未付款通知书或拒绝付款理由书,编制转

表 8-2

特种转账借方传票

年　　月　　日　　　　　　报单号码

付款单位	全　称		收款单位	全　称	
	账号或地址			账号或地址	
	开户银行	行号		开户银行	行号
金　额	人民币(大写):			十亿千百十万千百十元角分	
原凭证金额		罚金赔偿金			
原凭证名称		号　码	会计分录: (借) 对方科目:(贷) 会计　复核　记账　制票		
转账原因		银行盖章			

账凭证,其会计分录为:

  借:应收票据　　　　　　　　　　　　143 559
   贷:短期借款　　　　　　　　　　　143 559

  盛大公司向客户追索票款,客户账户无款支付货款,盛大公司根据贴现银行退回的付款人未付款通知书,编制转账凭证,其会计分录为:

  借:应收账款　　　　　　　　　　　　143 559
   贷:应收票据　　　　　　　　　　　143 559

  公司出纳人员应及时将贴现银行退票情况记入"应收票据备查登记簿",注明各项内容备查。

第九章

纳税业务的核算

第一节 印花税业务的核算

一、印花税及其纳税义务人

印花税是指对经济活动和经济交往中书立、领受的应税经济凭证所征收的一种税。

按照《印花税暂行条例》及其实施细则的规定,凡是在我国境内书立、领受属于征税范围内所列凭证的单位和个人,都是印花税的纳税义务人。包括各类企业、事业、机关、团体、部队以及中外合资经营企业、中外合作企业、外资企业、外国公司企业和其他经济组织及其在华机构等单位和个人。

二、计税依据

印花税根据不同征税依据,分别实行从价计征和从量计征两种征收办法。

1. 从价计税情况下计税依据的确定

实行从价计税的凭证,以凭证所记载金额为计税依据。

2. 从量计税情况下计税依据的确定

实行从量计税的其他营业账簿的权利、许可证照,以计税数量为计税依据。

三、税率

印花税采用比例税率和定额税率两种税率。

按比例税率征收的应税项目和按定额税率征收的应税项目,如表9-1 所示。

表 9-1

印花税税目、税率表

税 目	范 围	税 率	纳税义务人	说 明
1. 购销合同	包括供应、预购、采购、购销结合及协作、调剂、补偿、易货等合同	按购销金额3‰贴花	立合同人	
2. 加工承揽合同	包括加工、修缮、修理、印刷、广告、测绘、测试等合同	按加工或承揽收入5‰贴花	立合同人	
3. 建设工程勘察设计合同	包括勘察、设计合同	按收取费用3‰贴花	立合同人	
4. 建筑安装工程承包合同	包括租赁房屋、船舶、飞机、机动车辆、机械、器具、设备等合同	按承包金额3‰贴花	立合同人	
5. 财产租赁合同	包括租赁房屋、船舶、飞机、机动车辆、机械、器具、设备等合同	按租赁金额1‰贴花	立合同人	
6. 货物保管合同	包括民用航空运输、铁路运输、海上运输、内河运输、公路运输和联运合同	按运输费用5‰贴花	立合同人	单据作为合同使用的,按合同贴花
7. 仓储保管合同	包括仓储保管合同	按仓储保管费用1‰贴花	立合同人	仓单或栈单作为合同贴花
8. 借款合同	银行及其他金融组织和借款人(不包括银行同业拆借)所签订的借款合同	按借款金额0.5‰贴花	立合同人	单据作为合同使用的,按合同贴花
9. 财产保险合同	包括财产、责任、保证、信用等保险合同	按所载金额1‰贴花	立合同人	单据作为合同使用的,按合同贴花
10. 技术合同	包括技术开发、转让、咨询、服务等合同	按所载金额3‰贴花	立合同人	

(续表)

税目	范围	税率	纳税义务人	说明
11. 产权转移书据	包括财产所有权和版权、商标专用权、专有使用权等转移书据	按所载金额5‰贴花	立合同人	
12. 营业账簿	生产、经营用账册	记载资金的账簿，按实收资本与资本公积的合计金额5‰贴花。其他账簿按件贴花5元	立账簿人	
13. 权利、许可证照	包括政府部门发给的房屋产权证、工商营业执照、商标注册证、专利证、土地使用证	按件贴花5元	领受人	

注：为促进B股市场的发展，自1999年6月1日起，B种股票交易印花税税率由4‰降为3‰。

四、印花税业务的核算

例 上海某企业开业之初，领受房屋产权证、工商营业执照和土地使用证各一件，订立产品销售合同一份，所列金额为1 000 000元；与开户银行签订贷款合同一份，所列金额为900 000元；与保险公司签订财产保险合同一份，投保金额为50 000元。另外，企业营业账簿中记载实收资本为7 000 000元，资本公积为4 000 000元；其他账簿共8本。试计算该企业应纳印花税税额并编制会计分录。

领受权利许可证5件，应纳税额＝5×5＝25(元)

购销合同一份，应纳税额＝1 000 000×0.3‰＝300(元)

借款合同一份，应纳税额＝900 000×0.05‰＝45(元)

财产保险合同一份，应纳税额＝50 000×1‰＝50(元)

资金账簿应纳税额＝(7 000 000＋4 000 000)×0.05‰＝5 500(元)

其他账簿8本应纳税额＝8×5＝40(元)

该企业应交纳印花税额＝25＋300＋45＋50＋5 500＋40
　　　　　　　　　　＝5 960(元)

企业出纳人员填制"转账支票",向税务部门购买印花税票,由制单人员根据支票存根编制"付款凭证",其会计分录为:

借:管理费用　　　　　　　　　　　　　　　　5 960
　贷:银行存款　　　　　　　　　　　　　　　　5 960

企业在购买印花税票时,取得的"市税务局印花税票报销专用凭证"是编制记账凭证的原始凭证。市税务局印花税票报销专用凭证,如表9-2所示。

表9-2

市税务局印花税票报销专用凭证　甲　　No.

购买单位＿＿＿＿　　地址＿＿＿＿　　　　年　月　日

印花税票面值	单位	数量	税　　额								备　注
			十万	万	千	百	十	元	角	分	
合计人民币(大写)											

经办单位　　　　　　　　　　　　　　　　经办人

第二节　增值税业务的核算

一、增值税及其纳税义务人

增值税是世界性的一个税种,我国于1979年引进增值税。目前,增值税已成为我国税制结构中的重要税种。世界上的增值税有三种类型,即消费型增值税、收入型增值税和生产性增值税。

生产型增值税是指以销售收入总额减去其耗用的外购商品与劳务(不包含纳税人购进固定资产)后的余额为课税依据计算的增值税,即

$$增值额=销售收入总额-外购中间产品及劳务支出$$
$$=折旧+工资、薪金+租金+利息+利润$$
$$=消费+净投资+折旧$$

从以上等式来看,生产型增值税的税基超出了增值税概念的范围,相当于将固定资产转移的价值又作为新价值进行征税,因而,还存在一定程度的重复征税,而且,资本投资构成比例越大,重复课税的现象越严重,对投资阻力和经济增长的阻力越大。该类型的增值税不影响发票扣税法的实行,且税基较宽,有利于国家财政收入能力的提高。我国实行的就是生产型增值税。

在中华人民共和国境内销售货物或提高加工、修理修配劳务及进口货物的单位和个人,是增值税的纳税义务人。

二、增值税的计算

1. 一般纳税人应纳税额的计算

一般纳税人销售货物或者提供应税劳务,应纳税额为当期销项税额抵扣当期进项税额后的余额,即

$$应纳税额=本期销项税额-本期进项税额$$
$$销项税额=销售额\times 税率$$
$$进项税额=购入额\times 税率$$

如果本期销项税额小于进项税额,其不足抵扣部分可以转到下期继续抵扣。

2. 简易计算方法

小规模纳税人销售货物或者应税劳务,应采用简易计算方法,即

$$应纳税额=销售额\times 征收率$$

上式中的销售额是指不含税销售额,但不得抵扣进项税额。

三、税率及起征点

（一）基本税率

纳税人销售或进口货物的基本税率为17%。纳税人提供加工、修理修配劳务（应税劳务）的税率为17%。

纳税人兼营不同税率的货物或应税劳务，应当分别计算不同税率货物或应税劳务的销售额。未分别核算销售额的，从高适用税率。纳税人为销售货物出租出借，因逾期未收回的包装物不再退还的押金，应按包装货物等适用税率征收增值税。

（二）低税率

纳税人销售和进口下列货物的税率为13%：粮食、食用植物油、自来水、暖气、冷气、热水、煤气、石油液化气、沼气、居民用煤制品、图书、报纸、杂志、饲料、化肥、农药、农机、农膜以及国务院规定的其他货物。

（三）零税率

零税率即纳税人销售货物的适用税率为零，并且容许其抵扣进项税额。适用零税率的纳税人不仅不需要交纳销售过程原应交税额，而且可以抵扣已支付的以前环节的增值税。纳税人出口货物，一般适用零税率。

（四）小规模纳税人适用的税率

小规模纳税人销售货物或者应税劳务的征收率为6%，一律按简易办法计算交纳增值税，并且不得开具增值税专用发票。

（五）增值税的起征点

根据国家税务总局的相关规定，销售额未达到起征点的个人，可免交增值税。增值税起征点的幅度规定如下：

销售货物等起征点为月销售额2 000～5 000元；

销售应税劳务的起征点为月销售额1 500～3 000元；

按次纳税的起征点为每次（日）销售额150～200元。

国家税务总局各直属分局应在上述规定的幅度内，根据各地实际情况确定本地区适用的起征点，报国家税务总局备案。

企业在规定的时间进行纳税申报时,应填制"增值税纳税申报表",如表9-3所示。

表9-3

增值税纳税申报表(适用于一般纳税人)

根据《中华人民共和国增值税暂行条例》第二十二条和第二十三条的规定制定本表。纳税人不论有无销售额,均应按主管税务机关核定的纳税期限按期填报本表,并于次月1日起10日内,向当地税务机关申报纳税并结清上月应纳税款。

税款所属时间:自　　年　　月　　日至　　年　　月　　日

填 表 日 期:年　　月　　日

纳税人识别号:□□□□□□□□□□□□□□□

纳税人名称		法定代表人姓名		营业地址	
开户银行及账号		企业登记注册类型		电话号码	

	项　　　目			销　售　额		税　额	
				本月数	本年累计数	本月数	本年累计数
				(a)	(b)	(c)	(d)
销　项	按适用税率征税货物及劳务			1＝2+3			
	应税货物	货物名称	适用税率%		—		—
					—		—
					—		—
					—		—
	小　计		2				
	应税劳务		3				
	按简易征收办法征税货物		4＝5+6+7				
	其中:适用6%征收率的货物		5				
	适用4%征收率的货物		6				
			7				
	免税货物		8		—		—
	出口货物免税销售额		9			—	—

(续表)

	项目		本月数							本年累计数
			合计	17%税率	13%税率	10%扣除率	7%扣除率	6%征收率	4%征收率	期初存货已征税款	
进项	本期进项税额发生额	10									
	进项税额转出	11								—	
	其中：免税货物用	12								—	
	非应税项目用	13								—	
	非正常损失	14								—	
	简易办法征税货物用	15								—	
	免抵退货物不得抵扣税额	16									
	其他	17									
	期初存货已征税款期末余额	18	—	—	—	—	—	—	—		
		19									

	项目		本月数	本年累计数
税款计算	销项税额合计	20＝1c		
	进项税额合计	21＝10－11		
	上期留抵税额	22		—
	免抵退货物已退税额	23		
	应抵扣税额	24＝21＋22－23		
	实际抵扣税额	25（如 24＜20 则为 24，否则为 20）		
	应纳税额	26＝20＋4c－25		
	代扣代缴税额	27		
	本期应纳税额合计	28＝26＋27		
	期末留抵税额	29＝24－25		—

授权声明

（如果你已委托代理申报人，请填写下列资料）为代理一切税务事宜，现授权（地址）

为本纳税人的代理申报人，任何与本申报报表有关的往来文件都可寄与此人。

授权人签字：

(续表)

税款缴纳	期初未缴税额(多缴为负数)	30	—	申报人声明	此纳税申报表是根据《中华人民共和国增值税暂行条例》的规定填报的,我确信它是真实的、可靠的、完整的。
	本期已缴税额	31	—		
	其中:本期应纳税额预缴数	32	—		
	期末未缴纳额(多缴为负数)	33=30+28−31	—		
	其中:欠缴税额	34	—		
	本期应补(应退)税额	35=28−32	—		声明人签字:

会计主管签字: 代理申报人签字: 纳税人盖章:

以下由税务机关填写:

收到日期: 接收人: 主管税务机关盖章:

四、账户的设置

为了核算应交增值税额,企业应在"应交税费"总分类账户下设置"应交增值税"一级明细分类账户,再在"应交增值税"一级明细分类账户下设置"进项税额"、"销项税额"、"已交税金"、"出口退税"、"进项税额转出"等三级明细分类账户。

五、进项税额的核算

(一)企业外购材料

企业外购材料,在取得销售方开出的增值税专用发票的发票联与抵扣联,并支付货款时,应按购入材料的实际成本,借记"材料采购"账户,按交纳的增值税额,借记"应交税费——应交增值税(进项税额)"账户,贷记"银行存款"账户。

例1 大明工厂为增值税一般纳税人,购入A材料一批,取得的增值税专用发票上注明货款38 000元,增值税进项税额6 460元,代垫运杂费2 500元(其中运输发票上列明的运费为2 000元),材料尚未验收入库,货款及税款均已付讫。

财务部门制单人员根据取得的增值税专用发票及出纳人员开具的转账支票存根,编制付款凭证,其会计分录为:

借:材料采购——A材料　　　　　　　　　　　　40 360
　　应交税费——应交增值税(进项税额)　　　　　6 600
　　贷:银行存款　　　　　　　　　　　　　　　46 960
可以抵扣的运费进项税额＝2 000×7％＝140(元)
应交税费——应交增值税(进项税额)＝6 460＋140＝6 600(元)
材料采购实际成本＝38 000＋2 500－140＝40 360(元)

(二)企业购进设备或用于固定资产的材料

企业购进设备或用于固定资产的材料,所取得的增值税专用发票上注明的增值税额应与其价款一并计入固定资产的价值。购入固定资产支付的运费,也应计入固定资产的价值,不得计入进项税额抵扣。

例2　大明工厂为一般纳税人,购进机器一台,买价为320 000元,增值税专用发票上注明增值税额54 400元,又购入用于在建工程的材料18 000元,增值税专用发票上注明增值税进项税额3 060元,已开出商业承兑汇票支付机器的款项,材料价款尚未支付,机器与材料均已验收。

购进机器,以商业承兑汇票结算款项,编制转账凭证,其会计分录为:

借:固定资产　　　　　　　　　　　　　　　　374 400
　　贷:应付票据　　　　　　　　　　　　　　　374 400
购入材料,投入在建工程,货款未付,编制转账凭证,其会计分录为:
借:在建工程　　　　　　　　　　　　　　　　21 060
　　贷:应付账款　　　　　　　　　　　　　　　21 060

(三)企业支付水电费

企业支付水电费,可以根据增值税专用发票注明的增值税额进行税款抵扣。

例3　大明工厂为一般纳税人,本月收到电力公司开出的增值税专用发票总电价为35 000元,其中,基本生产车间耗用18 000元、辅助生产车间耗用12 000元、行政管理部门耗用5 000元,增值税进项税额5 950元。

企业制单人员根据"电费增值税专用发票"及"支票存根",编制付款凭证,其会计分录为:

  借:制造费用——基本生产车间   18 000
      ——辅助生产车间   12 000
    管理费用   5 000
    应交税费——应交增值税(进项税额)   5 950
    贷:银行存款   40 950

(四)接受投资转入货物

接受投资转入货物,应按照增值税专用发票上注明的增值税额,借记"应交税费——应交增值税(进项税额)"账户,按照投资确认的价值(已扣除增值税额,下同),借记"原材料"或"库存商品"或"包装物"等账户,按照投资确认的价值与增值税税额的合计数,贷记"实收资本"账户。如果双方是以固定资产进行核算,进项税额不通过"应交税费——应交增值税(进项税额)"账户核算,而是直接计入固定资产的价值。按投资确认的价值与增值税额,借记"固定资产"账户,贷记"实收资本"账户。

例4 大明工厂接受益华工厂用甲材料作投资,开来一份增值税专用发票,直接将甲材料运抵仓库验收入库,该增值税专用发票上注明材料价款385 000元,增值税额65 450元,价款合计450 450元;又接受利众工厂乙材料一批作投资,利众工厂开具的是普通发票,不含税价格50 000元,增值税额8 500元,材料验收入库。

接受益华工厂用于投资的甲材料时,编制转账凭证,其会计分录为:

  借:原材料——甲材料   385 000
    应交税费——应交增值税(进项税额)   65 450
    贷:实收资本   450 450

接受利众工厂用于投资的乙材料时,编制转账凭证,其会计分录为:

  借:原材料——乙材料   58 500
    贷:实收资本   58 500

(五) 接受捐赠取得的货物

1. 接受捐赠的存货

企业接受捐赠取得的存货,应当分别以下情况确定入账成本:

(1) 捐赠方提供了有关凭证(如发票、报关单、有关协议)的,按凭据上表明的金额加上应支付的相关税费作为入账成本。

(2) 捐赠方没有提供有关凭证的,按以下顺序确定入账成本:① 同类或类似存货存在活跃市场的,按同类或类似存货存在的市场价格估计的金额,加上应支付的相关税费,作为入账成本;② 同类或类似存货不存在活跃市场的,按该接受捐赠存货预计未来现金流量的现值,作为入账成本。

企业收到捐赠的存货时,按照确定的存货入账成本,借记"原材料"、"周转材料"、"库存商品"等科目,按实际支付的相关税费,贷记"银行存款"、"应交税费"等科目,按其差额,贷记"营业外收入——捐赠利得"科目。

例5 联合实业股份有限公司接受捐赠一批原材料,捐赠方提供的增值税专用发票上表明的价值为 250 000 元,联合实业股份有限公司支付运输费为 1 000 元。

其会计分录为:

借:原材料	2 501 000
贷:银行存款	1 000
营业外收入——捐赠利得	2 500 000

2. 接受捐赠的固定资产

接受捐赠的固定资产,应根据具体情况合理确定其入账价值。一般分为两种情况:

(1) 捐赠方提供了有关凭证(如发票、报关单、有关协议)的,按凭据上表明的金额加上应支付的相关税费作为入账价值。

(2) 捐赠方没有提供有关凭证的,按以下顺序确定入账价值:① 同类或类似固定资产存在活跃市场的,按同类或类似固定资产存在的市场价格估计的金额,加上应支付的相关税费,作为入账价值;② 同类或类似固定资产不存在活跃市场的,按该接受捐赠固定资产预计未来现金流量的现值,加上应支付的相关税费,作为入账价值。

企业接受捐赠的固定资产在按照上述会计规定确定入账价值以后,应按照税法规定的入账价值与适用的所得税税率计算所得税,作为递延所得税负债,固定资产入账价值与递延所得税负债之间的差额计入当期损益,通过"营业外收入"科目进行核算。

例6 联合实业股份有限公司接受捐赠一台全新的专用设备,捐赠方提供的有关价值凭证上表明的价格为117 000元,办理产权过户手续时支付相关税费2 900元。该公司适用所得税税率为25%。

其会计分录为:

借:固定资产　　　　　　　　　　　　　　　　119 900
　　贷:递延所得税负债　　　　　　　　　　　　29 250
　　　　营业外收入——捐赠利得　　　　　　　87 750
　　　　银行存款　　　　　　　　　　　　　　2 900

　　　　固定资产入账价值=117 000+2 900=119 900(元)
　　　　递延所得税负债=117 000×25%=29 250(元)
　　　　营业外收入=117 000-29 250=87 750(元)

(六) 企业接受劳务

企业接受劳务,按增值税专用发票上记载的增值税额,借记"应交税费——应交增值税(进项税额)"账户,接受应计入加工、修理修配劳务等货物成本的余额,借记"其他业务支出"、"委托加工物资"、"销售费用"、"管理费用"等账户。按应付或实际支付的金额,贷记"应付账款"、"银行存款"等账户。

例7 大明工厂委托远东工厂加工一批材料,发出材料150 000元,支付给远东工厂加工费4 000元,增值税进项税额680元,以转账支票支付材料往返运杂费1 500元(其中运费1 000元)。月末,加工完成验收入库。

大明工厂发出材料时,编制转账凭证,其会计分录为:
  借:委托加工物资   150 000
    贷:原材料   150 000
大明工厂支付加工费时,编制付款凭证,其会计分录为:
  借:委托加工物资   4 000
    应交税费——应交增值税(进项税额)   680
    贷:银行存款   4 680
支付往返运杂费时,编制付款凭证,其会计分录为:
  借:委托加工物资   1 430
    应交税费——应交增值税(进项税额)   70
    贷:银行存款   1 500
      可抵扣运费的进项税额=1 000×7%=70(元)
加工完成,验收入库时,编制转账凭证,其会计分录为:
  借:原材料   155 430
    贷:委托加工物资   155 430
      委托加工物资=150 000+4 000+1 430=155 430(元)

(七)小规模纳税人

小规模纳税人由于不实行税款抵扣制度,因此,不论取得普通发票或是增值税专用发票,其交纳的进项税额都不单独反映,而直接计入材料物资的采购成本。

例8 利民工厂系小规模纳税人,本月购入原材料一批价款50 000元,增值税专用发票注明进项税额8 500元。款项以转账支票付讫,材料验收入库。

根据增值税专用发票及支票存根,编制付款凭证,其会计分录为:
  借:材料采购   58 500
    贷:银行存款   58 500
根据材料仓库开具的"收料单",编制转账凭证,其会计分录为:
  借:原材料   58 500
    贷:材料采购   58 500

六、销项税额的核算

企业销售货物或提供应税劳务,按实现的销售收入与按规定收取的增值税额之和,借记"银行存款"等账户;按规定收取的增值税额,贷记"应交税费——应交增值税(销项税额)"账户,按实现的销售收入,贷记"主营业务收入"等账户。

例9 大明工厂为一般纳税人,采用托收承付方式向利众工厂销售产品一批,价款 262 000 元,增值税销项税额 44 540 元,另以转账支票代垫运杂费 1 500 元,货款尚未收到。

根据增值税专用发票,编制转账凭证,其会计分录为:

借:应收账款——利众工厂	306 540
贷:主营业务收入	262 000
应交税费——应交增值税(销项税额)	44 540

根据运输部门开具的货运发票及支票存根,编制付款凭证,其会计分录为:

借:应收账款——利众工厂	1 500
贷:银行存款	1 500

例10 利民工厂是小规模纳税人,本月销售产品收入 40 280 元,货款已收入银行。为外单位加工一批产品,取得加工收入 13 500 元,加工费尚未收到。

取得产品销售收入,编制收款凭证,其会计分录为:

借:银行存款	40 280
贷:主营业务收入	38 000
应交税费——应交增值税(销项税额)	
[40 280÷(1+6%)×6%]	2 280

代外单位加工费,尚未收到,编制转账凭证,其会计分录为:

借:应收账款	13 500.00
贷:主营业务收入	12 735.85
应交税费——应交增值税(销项税额)	
[13 500÷(1+6%)×6%]	764.15

月末交纳增值税时,根据支票存根,编制付款凭证,其会计分录为:

借:应交税费——应交增值税(已交税金)　　　　3 044.15
　　贷:银行存款　　　　　　　　　　　　　　　　3 044.15

七、进项税抵扣销项税、先征后退的核算

例 11　海燕电子股份有限公司为增值税一般纳税人,2007 年 8 月,购进原材料取得的增值税专用发票上注明价款 550 000 元,增值税进项税额 93 500 元;同时,取得产品销售收入 1 200 000 元,增值税销项税额 204 000 元。该公司按税法规定享受减半征收增值税(先征后退)优惠政策 2 年,已申请并经主管税务机关批准。

2007 年 8 月,购进原材料时,编制付款凭证,其会计分录为:

借:材料采购　　　　　　　　　　　　　　　　550 000
　　应交税费——应交增值税(进项税额)　　　　93 500
　　贷:银行存款　　　　　　　　　　　　　　　643 500

2007 年 8 月,实现销售收入时,编制收款凭证,其会计分录为:

借:银行存款　　　　　　　　　　　　　　　　1 404 000
　　贷:主营业务收入　　　　　　　　　　　　　1 200 000
　　　　应交税费——应交增值税(销项税额)　　204 000

2007 年 8 月,交纳增值税额时,编制付款凭证,其会计分录为:

借:应交税费——应交增值税(已交税金)
　　　(204 000—93 500)　　　　　　　　　　　110 500
　　贷:银行存款　　　　　　　　　　　　　　　110 500

收到先征后退的增值税款时,编制收款凭证,其会计分录为:

借:银行存款(110 500×1÷2)　　　　　　　　　55 250
　　贷:营业外收入——政府补助　　　　　　　　55 250

企业的纳税申报经过税务部门核准以后,应填制"中华人民共和国增值税缴款书",如表 9-4 所示。

表 9-4

中华人民共和国
增值税缴款书

沪税字：No.

所属时期：　　　　　　　级次　　　　　　　企业编码：

纳税单位（人）			主管部门	
地　　址			经济类型	
开户银行		账号		

行业及品目名称	课税数量	计税金额或销售额	税率或单位税额	已缴或扣除额	实缴税额（基金）										
					千	百	十	万	千	百	十	元	角	分

合计金额人民币（大写）	
逾期　　天，每天按税款千分之二加收滞纳金	
总计金额人民币（大写）	
完税证（发货票）　　　　份，起讫号码：	

收入机关	缴款单位如以此联代传票，分录如下：	收款银行
	增	20　年　月　日
经办人：	税种标识	
填票日期：		缴款限期：　年　月　日

第三节 消费税业务的核算

一、消费税及其纳税义务人

消费税是指对在我国境内从事生产、委托加工和进口应税消费品的单位和个人，就其销售额或销售数量征收的一种税。消费税其实是对特定消费品或消费行为的流转额为课税对象而征收的一种税。

消费税的纳税人是在中华人民共和国境内从事生产、委托加工和进口应税消费品的单位和个人。

二、消费税的计算

消费税的计算方法有以下三种。

1. 从价定率计算方法

从价定率是指以应税消费品的价格为计税依据，并按一定的百分比税率计税的方法。

实行从价定率办法计算的应纳税额＝销售额×税率

2. 从量定额计算方法

从量定额通常以每单位应税消费品的重量、容积或数量为计税依据，并按每单位应税消费品规定固定金额的税金，这种固定税额即定额税率。

实行从量定率办法计算的应纳税额＝销售数量×单位税额

3. 从价定率和从量定额混合计算方法

这种方法适用于卷烟、粮食白酒、薯类白酒的销售。

应纳税额＝应税销售数量×定额税率＋应税销售额×比例税率

三、税目、税率表

消费税税目、税率(税额)表，如表9-5所示。

表 9-5

消费税税目、税率(税额)表

税　　　目	征收范围	计 税 单 位	税率(税额)
一、烟			
1. 卷烟			
定额税率		每标准箱(50 000 支)	150 元
比例税率		每标准条(200 支)对外调度价格在 50 元以上的(含 50 元以上的,不含增值税)	45%
		每标准条对外调按价格在 50 元以下的	30%
2. 雪茄烟			25%
3. 烟丝			30%
二、酒及酒精			
1. 粮食白酒		每斤(500 克)	
定额税率			0.5 元
比例税率			25%
2. 薯类白酒		每斤(500 克)	
定额税率			0.5 元
比例税率			15%
3. 黄酒		吨	240 元
4. 啤酒		每吨出厂价格(含包装物及包装物押金)在 3 000 元(含 3 000 元,不含增值税)以上的	250 元
		每吨在 3 000 元以下的	230 元
		娱乐业和饮食业自制的每吨	250 元

(续表)

税　　　目	征收范围	计 税 单 位	税率(税额)
5. 其他酒			10%
6. 酒精			5%
三、化妆品	含成套化妆品		30%
四、护肤护发品			8%
五、贵重首饰及珠定玉石	包括各种金、银、珠宝首饰及珠宝玉石		5%
六、鞭炮、焰火			15%
七、汽油(无铅)		升	0.2元
汽油(有铅)		升	0.28元
八、柴油		升	0.1元
九、汽车轮胎			10%
十、摩托车			10%
十一、小汽车			
1. 小轿车			
汽缸容量(排气量,下同)在2 200毫升以上的(含2 200毫升)			8%
汽缸容量在1 000毫升至2 000毫升的(含1 000毫升)			5%
汽缸容量在1 000毫升以下的			3%
2. 越野车			
汽缸容量在2 400毫升以上的(含2 400毫升)			5%

(续表)

税　　　目	征收范围	计　税　单　位	税率(税额)
汽缸容量在 2 400 毫升以下的			3%
3. 小客车(面包车)	22 座以下		
汽缸容量在 2 000 毫升以上的(含 2 000 毫升)			5%
汽缸容量在 2 000 毫升以下的			3%

注：

1. 根据《财政部、国家税务总局关于调整烟类产品消费税政策的通知》规定，自 2001 年 6 月 1 日起，对卷烟实行从量定额和从价定率相结合计税办法。首先征一道从量定额税，定额税率为每标准箱(50 000 支，下同)150 元；然后再按调拨价格从价征税，每标准条(200 条，下同)调拨价格在 50 元(含 50 元，不含增值税)以上的卷烟税率为 45%；每标准条调拨价格在 50 元(不含增值税)以下的卷烟税率为 30%；进口卷烟，白包卷烟，手工卷烟，自产自用没有同牌号、规格调拨价格的卷烟，委托加工没有同牌号、规格调拨价格的卷烟，未经国务院批准纳入计划的企业和个人生产的卷烟，一律适用 45% 的比例税率。

2. 根据《财政部、国家税务总局关于调整酒类产品消费政策的通知》规定，自 2001 年 5 月 1 日起，对粮食白酒、薯类白酒实行从量定额和从价定率相结合的复合计税办法，定额税率为每斤(500 克)0.5 元。比例税率，粮食白酒 25%，薯类白酒 15%。

每吨啤酒出厂价格(含包装物及包装物押金)在 3 000 元(含 3 000 元，不含增值税)以上的，单位税额 250 元/吨；每吨啤酒出厂价格在 3 000 元(不含增值税)以下的，单位税额 220 元/吨，娱乐业、商业、饮食业自制啤酒，单位税额 250 元/吨。

3. 含铅汽油按 0.28 元/升、无铅汽油按 0.2 元/升的单位税额征收。

4. 金银首饰、钻石及钻石饰品消费税已由 10% 的税率减按 5% 的税率征收。

5. 香皂已停止征收。

四、消费税业务的核算

消费税纳税人应在"应交税费"账户下设置"应交消费税"明细分类账户进行会计核算。该账户属于负债类账户,贷方登记企业按规定应交纳的消费税额,借方登记企业实际交纳的消费税,期末贷方余额表示尚未交纳的消费税,如有借方余额,表示企业预交或多交的消费税额。

生产企业销售的应税销售品,在销售时应按照应交消费税额,借记"营业税金及附加"账户,贷记"应交税费——应交消费税"账户;实际交纳时,应借记"应交税费——应交消费税"账户,贷记"银行存款"账户,如发生销货退回及退税时,作相反的会计分录。

例1 众汇汽车厂8月份销售22座以下小客车20辆,其中15辆的气缸容量为2 500毫升,出厂价每辆180 000元,另收取价外费用每辆120 000元;另外5辆的气缸容量为1 800毫升,出厂价每辆130 000元,另收取价外费用每辆100 000元。

取得销售收入时,编制收款凭证,其会计分录为:

借:银行存款　　　　　　　　　　　　　　　　6 610 500
　　贷:主营业务收入　　　　　　　　　　　　　5 650 000
　　　　应交税费——应交增值税(销项税额)
　　　　　　{[(180 000+120 000)×15
　　　　　　+(130 000+100 000)×5]×17%}　960 500

计提消费税时,编制转账凭证,其会计分录为:

借:营业税金及附加[(180 000+120 000)×15×5%
　　　　　　　　+(130 000+100 000)×5×3%]　259 500
　　贷:应交税费——应交消费税　　　　　　　　259 500

交纳增值税、消费税时,编制付款凭证,其会计分录为:

借：应交税费——应交增值税(已交税金)　　　　　　960 500
　　　　——应交消费税　　　　　　　　　　　　259 500
　贷：银行存款　　　　　　　　　　　　　　　　1 220 000

企业以生产的应税消费品换取生产资料和消费资料、投资入股、抵偿债务和支付代购手续费等，以及在销售之外另外给付购货方或中间人作为奖励和报酬的应税消费品，视同销售进行会计处理。

例2 大众酒厂于2007年7月以黄酒一批，计14吨，抵偿丰收农场高粱及大米款35 000元。该批黄酒每吨售价2 500元。

拨出黄酒给付丰收农场时，编制转账凭证，其会计分录为：

借：应付账款——丰收农场　　　　　　　　　　　40 950
　贷：主营业务收入　　　　　　　　　　　　　　35 000
　　　应交税费——应交增值税(销项税额)
　　　　　(14×2 500×17%)　　　　　　　　　　5 950

计提消费税时，编制转账凭证，其会计分录为：

借：营业税金及附加(14×240)　　　　　　　　　3 360
　贷：应交税费——应交消费税　　　　　　　　　3 360

交纳消费税时，编制付款凭证，其会计分录为：

借：应交税费——应交消费税　　　　　　　　　　3 360
　贷：银行存款　　　　　　　　　　　　　　　　3 360

三元白酒厂3月份销售粮食白酒30吨，每吨售价在4 500～5 500元，平均销售价格5 000元/吨，货款均已收妥，存入银行。

$$应纳增值税额 = 30 \times 5\,000 \times 17\% = 25\,500(元)$$
$$应纳消费税额 = 30 \times 1\,000 \times 1\,000 \div 500 \times 0.5$$
$$+ 5\,000 \times 30 \times 25\%$$
$$= 67\,500(元)$$

销售实现,货款收妥,编制收款凭证,其会计分录为:

借:银行存款 175 500
  贷:主营业务收入 150 000
    应交税费——应交增值税(销项税额) 25 500

计提消费税,编制转账凭证,其会计分录为:

借:营业税金及附加 67 500
  贷:应交税费——应交消费税 67 500

交纳消费税时,编制付款凭证,其会计分录为:

借:应交税费——应交消费税 67 500
  贷:银行存款 67 500

例3 大众酒厂上月销售的3吨黄酒因质量问题同意客户退货,该批黄酒的销售价为每吨2 000元。

企业制单人员根据退货入库单、转账支票存根,编制红字收款凭证及转账凭证,其会计分录为:

借:银行存款 7 020
  贷:主营业务收入 6 000
    应交税费——应交增值税(销项税额) 1 020

借:营业税金及附加(3×240) 720
  贷:应交税费——应交消费税 720

若该黄酒计征的消费税已交纳,收到退税时,编制付款凭证,其会计分录为:

借:银行存款 720
  贷:应交税费——应交消费税 720

第四节 城市维护建设税业务的核算

一、城市维护建设税及其纳税义务人

城市维护建设税是以纳税人实际交纳的流转税额为计税依据征收的一种税。

凡交纳增值税、消费税、营业税的单位和个人都是城市维护建设税的纳税人。

二、计税依据

城市维护建设税是以纳税人实际交纳的增值税、消费税、营业税为计税依据,在商品生产到消费的流转过程中,只要发生增值税、消费税、营业税的纳税事项(任何一项或全体),就必须在交纳增值税、消费税、营业税的同一环节,分别计算应交纳的城市维护建设税。

三、税率

城市维护建设税税率如下:

纳税所在地在市区的,税率为7%;

纳税所在地在县城、镇的,税率为5%;

纳税所在地不在市区、县城或镇的,税率为1%。

城市维护建设税的适用税率,应按纳税人所在地的规定税率执行,但对下列情况,可按交纳流转税所在地的规定税率就地交纳城市维护建设税:

(1) 由受托方代征代扣增值税、消费税和营业税的单位和个人。

(2) 流动经营等无固定纳税地点的单位和个人。

城市维护建设税缴款书,如表9-6所示。

表 9-6

中华人民共和国
城市维护建设税缴款书

沪税字：No.

所属时期： 　　月份　　　级次　　　企业编码：

纳税单位(人)			主管部门										
地　　址			经济类型										
开户银行		账号											
行业及品目名称	课税数量	计税金额或销售额	税率或单位税额	已缴或扣除额	实缴税额(基金)								
					千	百	十	万	千	百	十	元	角
合计金额人民币(大写)													
逾期　　天,每天按税款千分之二加收滞纳金													
总计金额人民币(大写)													
完税证(发货票)　　　　份,起讫号码：													
收入机关		缴款单位如以此联代传票,分录如下：			收　款　银　行								
经办人：					20　　年　　月　　日								
填票日期：		税种标识			缴款限期：　　年　　月　　日								

第六联（收据）国库（经收处）收款后,退缴单位（人）作完税凭证

1. 逾期不缴,按税法规定加收滞纳金。2. 本缴款书一式六联。

四、城市维护建设税业务的核算

纳税人核算城市维护建设税时,应在"应交税费"总分类账户下,设

置"应交城市维护建设税"明细分类账户。

例1 大众酒厂地处省会城市的郊区城镇,2007年5月,实际交纳的增值税额为1 250 000元,消费税额为1 875 000元,营业税额100 000元,税款以银行存款缴纳。

根据城市维护建设税缴款书(第六联),编制转账凭证,其会计分录为:

  借:营业税金及附加[(1 250 000+1 875 000
      +100 000)×5%]   161 250
   贷:应交税费——应交城市维护建设税   161 250

根据转账支票存根,编制付款凭证,其会计分录为:

  借:应交税费——应交城市维护建设税   161 250
   贷:银行存款   161 250

教育费附加的核算与城市维护建设税的核算基本相同,但通过"其他应付款——应交教育费附加"账户进行会计处理。

例2 承例1,设教育费附加的征收率为3%,则

  借:营业税金及附加   96 750
   贷:其他应付款——应交教育费附加   96 750

企业解缴教育费附加时:

  借:其他应付款——应交教育费附加[(1 250 000+1 875 000
      +100 000)×3%]   96 750
   贷:银行存款   96 750

第五节 土地使用税业务的核算

一、土地使用税及其纳税义务人

土地使用税是指对城市、县城、建制镇和工矿区范围内使用土地的

单位和个人,按实际占用土地面积为计税标准征收的一种地方税。

凡在城市、县城、建制镇和工矿区范围内使用土地的单位和个人,为土地使用税纳税人。

拥有土地使用权的纳税人不在土地所在地的,由该土地的代管人或实际使用人承担纳税义务;土地使用权因各种原因而未定权属的,由实际使用人纳税;土地使用权为多方共同所有的,由共有方共同纳税。

二、计税依据

城镇土地使用税以纳税人实际占用的土地面积为计税依据。

纳税人实际占用的土地面积,是指由省、自治区、直辖市人民政府确定的单位组织测定的土地面积。只要是非农业用地,都应交纳城镇土地使用税。

三、税率(额)

城镇土地使用税实行分级幅度税额。每平方米土地年纳税额规定如下:

(1) 大城市 0.5～10 元;

(2) 中等城市 0.4～8 元;

(3) 小城市 0.3～6 元;

(4) 县城、建制镇、工矿区 0.2～4 元。

经省、自治区、直辖市人民政府批准,经济落后地区的土地使用税额标准可以适当降低,但降低额不得超过以上规定标准的 30%;经济发达地区的土地使用税额标准可以适当提高,但须报经财政部批准。

四、城镇土地使用税业务的核算

企业在交纳城镇土地使用税时,应通过"应交税费——应交城镇土地使用税"账户进行会计核算。该账户的贷方登记企业应交纳的城镇土地使用税,借方登记企业已交纳的城镇土地使用税,期末贷方余额,反映企业应交而未交纳的城镇土地使用税。

企业交纳的城镇土地使用税因为行业不同,而有不同的列支账户。

(1) 工业、邮电通信、对外合作企业、交通运输业、房地产开发企业、施工企业、农业企业等交纳的城镇土地使用税在"管理费用"账户中列支。

例1 众汇汽车厂位于省会城市,其占地面积为5 000平方米,当地政府核定该企业的城镇土地使用税每平方米10元,计算并交纳当年城镇土地使用税。

计提时,编制转账凭证,其会计分录为:

借:管理费用　　　　　　　　　　　　　　　　50 000
　　贷:应交税费——应交城镇土地使用税(5 000×10)　50 000

交纳时,编制付款凭证,其会计分录为:

借:应交税费——应交城镇土地使用税　　　　　50 000
　　贷:银行存款　　　　　　　　　　　　　　　50 000

(2) 商品流通、旅游饮食服务业、金融保险等企业交纳的城镇土地使用税在"销售费用"账户中列支。

例2 光源百货商厦位于中等城市,占地面积为2 000平方米,当地政府核定该企业的城镇土地使用税每平方米6元,计算并交纳当年城镇土地使用税。

计提时,编制转账凭证,其会计分录为:

借:销售费用　　　　　　　　　　　　　　　　12 000
　　贷:应交税费——应交城镇土地使用税(2 000×6)　12 000

交纳时,编制付款凭证,其会计分录为:

借：应交税费——应交城镇土地使用税　　12 000

　贷：银行存款　　12 000

企业交纳土地使用税时，应填制“市土地管理局缴款书”，如表 9-7 所示。

表 9-7

市土地管理局

缴　款　书

第三联：收据　　　所属时间：　　年　　月份　　　　　No.

交款人或交纳单位				土地证									
交纳款名称	土地面积 m^2	土地用途	土地等级	交款标准	本次交纳金额								
					百	十	万	千	百	十	元	角	分
逾期　　天，每天按收费额千分之五计算加收滞纳金													
交纳金额人民币（大写）													
填发日期	年　月　日	经手人		收入机关盖章									
交款限期	年　月　日												
开户银行													

第六联（收据）国库（经收处）收款盖章后退缴单位（人）作完税凭证

1. 逾期不缴，按税法规定加收滞纳金。2. 本缴款书一式六联。

第六节　车船税业务的核算

一、车船税及其纳税义务人

车船税是指对行驶公共道路的车辆和航行于国内河流、湖泊或领海口岸的船舶,按照其种类、吨位和规定的税额征收的一种税。

车船税的纳税人是指在中华人民共和国境内拥有车船的单位和个人。拥有是指拥有车船所有权。只要拥有所有权,不论其是否使用,均应照章纳税。如果发生车船租赁关系,拥有人与使用人不一致时,则应由租赁双方商妥纳税人;租赁双方未商定的,由使用人纳税。

二、计税依据

车船税对各类车辆、船舶分别以辆(艘)、净吨位和载重吨位为计税依据。载货车辆和机动船按净吨位计征;非机动船按载重吨位计征;其他车辆不论是机动车还是非机动车,均按辆计征使用税。

三、税率

(一)车辆税额

车辆税额表,如表9-8所示。

表9-8

车 辆 税 额 表

类别	项	目	每年标准	备注
机动车	乘人汽车	九座以下	每辆	120元	
		十座至十九座	每辆	144元	
		二十座至三十九座	每辆	180元	
		四十座以上	每辆	240元	
	载货汽车		净吨位每吨	45元	
	摩托车	二轮	每辆	36元	
		三轮	每辆	48元	
非机动车	畜力驾驶车		每辆	16元	
	人力驾驶车		每辆	12元	

（二）船舶税额

船舶税额表，如表 9-9 所示。

表 9-9

船 舶 税 额 表

类 别	计税标准	每年税额	备 注
机动船	150 吨以下	每吨 1.20 元	按净吨位计征
	151 吨至 500 吨	每吨 1.60 元	按净吨位计征
	501 吨至 1 500 吨	每吨 2.20 元	按净吨位计征
	1 501 吨至 3 000 吨	每吨 3.20 元	按净吨位计征
	3 001 吨至 10 000 吨	每吨 4.20 元	按净吨位计征
	10 001 吨以上	每吨 5.00 元	按净吨位计征
非机动船	10 吨以下	每吨 0.60 元	按载重吨位计征
	11 吨至 50 吨	每吨 0.80 元	按载重吨位计征
	51 吨至 150 吨	每吨 1.00 元	按载重吨位计征
	151 吨至 300 吨	每吨 1.20 元	按载重吨位计征
	301 吨以上	每吨 1.40 元	按载重吨位计征

四、车船税的业务核算

纳税人按规定交纳的车船税，应在"管理费用"账户中列支，按月计提车船税时，借记"管理费用"账户，贷记"应交税费——应交车船税"账户，按季交纳车船税时，借记"应交税费——应交车船税"账户，贷记"银行存款"账户。

例 盛大公司拥有大客车 3 辆，每辆车年税额 240 元，轿车 6 辆，每辆车年税额 120 元，货车 2 辆，总吨位 8 吨，年每吨位 45 元。按季预交车船税。

按月计提车船税时，编制转账凭证，其会计分录为：

借:管理费用 150
　　贷:应交税费——应交车船使用税{[(240×3)+(120×6)
　　　　　　　　　　　　　　　+(8×45)]÷12} 150

按季交纳时,编制付款凭证,其会计分录为:

借:应交税费——应交车船税 450
　　贷:银行存款 450

第七节　企业所得税业务的核算[①]

一、企业所得税及其纳税义务人

企业所得税是指在中华人民共和国境内的企业和其他取得收入的组织,就其生产经营所得和其他所得征收的一种税。我国现行的企业所得税是按照内资企业和外资企业分别立法的,各自经历了不同的发展过程。

现行的内资企业所得税(执行到2007年12月31日为止)是由原国营企业所得税、集体企业所得税和私营企业所得税于1994年合并而来的。新中国成立以来,这三个税种从独立征收到合并统一为一个税种,经历了一个不断发展和完善的过程。

现行的外商投资企业和外国企业所得税(执行到2007年12月31日为止)是在原中外合营企业所得税和外国企业所得税的基础上于1991年合并而来的,是针对外资企业的特点,对中国境内的外资企业的生产经营所得和其他所得征收的一种税,体现了国家与外资企业之间的分配关系。

企业所得税的纳税人是指在中华人民共和国境内的内资企业、外

---

① 本节内容根据2007年3月16日中华人民共和国第十届全国人民代表大会第五次会议通过的《中华人民共和国所得税法》编写而成。

商投资企业、外国企业和其他取得收入的组织(统称企业)。

企业所得税的纳税义务人应当具备以下三个条件：

(1)办理工商登记,在银行开设结算账户。

(2)办理建立账簿,编制财务会计报表。

(3)独立核算盈亏。

未独立进行核算,不同时具备独立核算条件的,也应认定为企业所得税的纳税义务人。

二、企业所得税税率(2008年1月1日起施行)

(一)基本税率

企业所得税实行比例税率,其基本税率为25%。但对于非居民企业在中国境内未设立机构、场所的,或者虽设立机构、场所但取得的所得与其所设机构、场所没有实际联系的而来源于中国境内的所得适用税率为20%。

(二)优惠税率

为了照顾众多小型微利企业的实际困难,在确定25%比例税率的同时,对符合条件的小型微利企业,减按20%的税率征收企业所得税。

为了鼓励高新技术企业的发展,对国家需要重点扶持的高新技术企业,减按15%的税率征收企业所得税。

三、企业所得税额款预缴和清缴

会计年度开始,企业尚不能准确核算整个纳税年度应纳所得税额时,为了保证税款及时征收、入库,先按1个月或1个季度的应纳税所得额的实际发生数计算交纳税款；或者以上一年度应纳税所得额按月或按季的平均数计算交纳税款。

企业所得税是按月或按季预缴的,一般在月份或者季度终了后15天内预缴,并向所在地税务机关报送会计报表和预缴所得税申报表。企业所得税年度纳税申报表,如表9-10所示。

表 9-10

企业所得税年度纳税申报表

税款所属期间　年　月　日至　年　月　日

纳税人识别号 ☐☐☐☐☐☐☐☐☐☐☐　　　金额单位：元

纳税人名称			
纳税人地址		邮政编码	
纳税人所属经济类型		纳税人所属行业	
纳税人开户银行		账　号	

	行次	项　目	金　额
收入总额	1	销售（营业）收入（请填附表一）	
	2	减：销售收回	
	3	折扣与折让	
	4	销售（营业）收入净额（1－2－3）	
	5	其中：免税的销售（营业）收入	
	6	特许权使用费收益	
	7	投资收益（请填附表二）	
收入总额	8	投资转让净收益（见附表二）	
	9	租赁净收益	
	10	汇兑净收益	
	11	资产盘盈净收益	
	12	补贴收入	
	13	其他收入（请填明细表）	
	14	收入总额合计（4＋5＋6＋7＋8＋9＋10＋11＋12＋13）	
扣除项目	15	销售（营业）成本（请填附表三）	
	16	期间费用合计（17＋…＋14）	
	17	其中：工资薪金（请填附表四）	

(续表)

	行次	项 目	金 额
扣除项目	18	职工福利费、职工工会经费、职工教育经费(见附表四)	
	19	固定资产折旧(请填附表五)	
	20	无形资产、递延资产摊销(见附表五)	
	21	研究开发费用	
	22	利息净支出	
	23	汇兑净支出	
	24	租金净支出	
	25	上缴总机构管理费	
	26	业务招待费	
	27	税金	
	28	坏账损失(请填附表六)	
	29	增提的坏账准备金(见附表六)	
	30	资产盘亏、毁损和报废净损失	
	31	投资转让净损失(见附表二)	
	32	社会保险缴款	
	33	劳动保护费	
	34	广告支出(请填附表七)	
	35	捐赠支出(请填附表八)	
	36	审计、咨询、诉讼费	
	37	差旅费	
	38	会议费	
	39	运输、装卸、包装、保险、展览费等销售费用(见附明细表)	
	40	矿产资源补偿费	
	41	其他扣除费用项目(附明细表)	

(续表)

	行次	项目	金额
应纳税所得额的计算	42	纳税调整前所得(14−15−16)	
	43	加：纳税调整增加额(44＋…＋58)	
	44	其中：工资薪金纳税调整额(见附表四)	
	45	职工福利费、职工工会经费和职工教育经费的纳税调整额(见附表四)	
	46	利息支出纳税调整额	
	47	业务招待费纳税调整额	
	48	广告支出纳税调整额(见附表七)	
	49	赞助支出纳税调整额	
	50	捐赠支出纳税调整额(见附表八)	
	51	折旧、摊销支出纳税调整额(见附表五)	
	52	坏账损失纳税调整额(见附表六)	
	53	罚款、罚金或滞纳金	
	54	存货跌价准备	
	55	短期投资减值准备	
	56	短期投资跌价准备	
	57	长期投资减值准备	
	58	其他纳税调整增加项目(见附明细表)	
	59	减：纳税调整减少额(60＋61)	
	60	其中：研究开发费用附加扣除额	
	61	其他纳税调整减少项目(请附明细表)	
	62	纳税调整后所得(42＋43−59)	
	63	减：弥补以前年度亏损(请填附表九)	
	64	减：免税所得(65＋…＋71)	
	65	其中：国债利息所得	
	66	免税的补贴收入	

(续表)

	行次	项　　　目	金　额
应纳税所得额的计算	67	免税的纳入预算管理的基金、收费或附加	
	68	免于补税的投资收益	
	69	免税的技术转让收益	
	70	免税的治理"三废"收益	
	71	其他免税所得(请附明细表)	
	72	应纳税所得额(62－63－64)	
应缴所得税	73	适用税率	
	74	应交所得税额	
	75	减：期初多缴所得税额	
	76	已预缴的所得税额	
	77	应补税的境内投资收益的抵免税额	
	78	应补税的境外投资收益的抵免税额	
	79	经批准减免的所得税额	
	80	应补(退)的所得税额(74－75－……－79)	

纳税人代表签章：	代理申报中介机构签章：
纳税人单位公章：	日期：
日期：	经办人：
联系电话：	经办人执业证件号码：
	联系电话：

以下由税务机关填写：

经办人：

　　　　　　　　受理申报税务机关公章

受理申报日期：

审核人：

审核日期：

年度终了后,纳税人应于次年 1 月 15 日前预缴全年应交税款,并在年度终了后 45 天内,向所在税务主管机关报送会计决算报表和年度所得税申报表。税务主管机关在年度终了后的 4 个月内进行结算清缴。全年应纳税款如果大于预缴总额,少缴的税款应在下一年度规定时间内补交;全年应纳税款如果小于预缴总额,多交的税款应退回企业或准予在下一年度抵交。

四、企业所得税业务的核算

按照《企业所得税法》的规定,企业所得税应纳税所得额的基本计算公式为:

(1) 应纳税所得额 = 收入总额 − 不征税收入 − 免税收入 − 各项扣除 − 允许弥补的以前年度亏损

企业所得税应纳税额 = 应纳税所得额 × 适用税率 − 应减免的税额 − 允许抵免的税额

纳税人预缴所得税时,应按纳税期限的实际数预缴;按实际数预缴有困难的,可以按上一年度应纳税所得额的 1/2 或 1/4 预缴或经当地税务机关认可的其他方法分期预缴所得税。预缴方法一经确定,不得随意改变。计算公式为:

(2) 应纳所得税额 = 月(季)应纳税所得额 × 适用税率
　　　　　　　　= 上年应纳税所得额 × 1/12(或 1/4) × 适用税率

年终汇算清缴的所得税的计算方法:

全年应纳所得税额 = 全年应纳税所得额 × 适用税率 − 依法减免和抵免的税额

多退少补所得税额 = 全年应纳税所得额 − 月(季)已预缴税所得额

企业所得税的分摊方法不同,会计核算的方法也不同。可分为应付税款法和纳税影响会计法。

(1) 企业若选择应付税款法,应设置"所得税费用"账户。计提时,借记"所得税费用"账户,贷记"应交税费——应交所得税"账户;交纳所得税时,借记"应交税费——应交所得税"账户,贷记"银行存款"账户;期末结转损益时,借记"本年利润"账户,贷记"所得税费用"账户。

(2)企业若选择纳税影响会计法,除设置"所得税费用"账户和"应交税费——应交所得税"账户外,还需要设置"递延所得税负债"账户。

"所得税费用"账户属于损益类账户,借方发生额反映企业计入当期损益的所得税额,贷方发生额反映转入"本年利润"账户的所得税额,期末结转后,无余额。

"应交税费——应交所得税"账户的贷方登记当期应交的所得税,借方登记实际交纳的所得税,期末若有贷方余额反映尚未交纳的所得税额,若有借方余额反映多交纳的所得税额。

"递延所得税负债"属于负债类账户,用来核算企业由于时间性差异发生的税前会计利润与应纳税所得额之间的差异影响所得税的金额,以及以后各期转回的金额,贷方发生额反映企业本期税前会计利润大于纳税所得产生的时间性差异影响纳税的金额及本期转销已确认的时间性差异对纳税影响的借方数额,借方发生额反映企业本期税前会计利润小于纳税所得产生的时间性差异影响纳税的金额以及本期转销已确认的时间性差异对纳税影响的贷方数额,期末贷方(或借方)余额反映尚未转销的时间性差异影响纳税的金额。

(一)应付税款法

应付税款法是指将本期税前会计利润与纳税所得之间的差异造成的影响纳税的金额直接计入当期损益,而不递延到以后各期的核算方法。在应付税款法下,当期计入损益的所得税费用等于当期应交的所得税额。

例1 益众工厂2006年实现利润总额4 200 000元,年度内实际发放工资1 200 000元(该企业全年计税工资总额1 190 000元),支付违约罚款5 500元。该企业所得税税率为25%,无其他纳税调整因素。有关会计处理为:

纳税调整数(永久性差异)=实发工资-计税工资+违约罚款
= 1 200 000 - 1 190 000 + 5 500
= 15 500(元)

应纳税所得额=税前会计利润+纳税调整数
= 4 200 000 + 15 500
= 4 215 500(元)

企业所得税 = 4 215 500 × 25% = 1 053 875(元)

计提应交所得税时,编制转账凭证,其会计分录为:

借:所得税费用   1 053 875
  贷:应交税费——应交所得税   1 053 875

实际交纳时,编制付款凭证,其会计分录为:

借:应交税费——应交所得税   1 053 875
  贷:银行存款   1 053 875

年末结转损益时,编制转账凭证,其会计分录为:

借:本年利润   1 053 875
  贷:所得税费用   1 053 875

例2 利众工厂2006年全年利润总额(税前会计利润)为3 500 000元,本年取得国库券利息收入50 000元,企业在进行会计核算时,已将其作为投资收益列入全年利润总额。按照税法规定,企业购买国库券取得的收入免交所得税。该厂固定资产折旧采用直线法,本年折旧额为80 000元,按照税法规定采用双倍余额递减法,本年折旧额为110 000元。企业所得税税率为25%。有关会计处理为:

税前会计利润	3 500 000
加:永久性差异	-50 000
减:时间性差异	30 000
应纳税所得额	3 420 000
所得税税率	25%
本期应交所得税额	855 000
本期所得税费用	855 000

计提所得税时,编制转账凭证,其会计分录为:

借：所得税费用 855 000
　　贷：应交税费——应交所得税 855 000
实际交纳时，编制付款凭证，其会计分录为：
借：应交税费——应交所得税 855 000
　　贷：银行存款 855 000
期末结转损益时，编制转账凭证，其会计分录为：
借：本年利润 855 000
　　贷：所得税费用 855 000

（二）纳税影响会计法

纳税影响会计法可以分为递延法和债务法两种。

1. 递延法

递延法是指将本期由于时间性差异而产生的影响纳税的金额保留到该差异发生相反变化的以后期间予以转销的方法。

企业采用递延法时，按税前会计期间（即税前会计利润）加减发生的永久性差异后的金额，计算的所得税费用，借记"所得税费用"账户，按照纳说所得计算的应交所得税，贷记"应交税费——应交所得税"账户，按照税前会计利润计算的所得税费用与按照纳税所得计算的应交所得税之间的差额，作为递延税款，借记或贷记"递延所得税负债"账户。本期发生的递延税款待以后各期转销时，如为借方余额，借记"所得税费用"账户，贷记"递延所得税负债"账户；如为贷方余额，借记"递延所得税负债"账户，贷记"所得税费用"账户。实际交纳所得税时，借记"应交税费——应交所得税"账户，贷记"银行存款"账户。期末将所得税账户的余额结转"本年利润"账户，结转后的"所得税费用"账户无余额。

例3　大博股份有限公司一条生产流水线按照税法与设计寿命的规定使用年限为10年，公司自己设定的折旧年限为5年，即从第六年起，该流水线不再计提折旧，该流水线的原始价值为1 200 000元（不考虑净残值因素）。若大博公司前5年每年实现利润均为9 000 000元，后5年每年实现利润10 000 000元。第一至第四年所得税税率为

25％,第五年起,所得税税率改为 20％,根据以上资料进行会计处理。

第一年:

(1) 按税法规定的折旧年限(10 年)计算每年应提取的折旧额 $=1\,200\,000 \div 10 = 120\,000$(元)

(2) 按公司设定的折旧年限(5 年)计算每年应提取的折旧额 $=1\,200\,000 \div 5 = 240\,000$(元)

(3) 时间性差异 $=240\,000 - 120\,000 = 120\,000$(元)

(4) 按照税前会计利润计算的前 4 年每年应交所得税额 $=9\,000\,000 \times 25\% = 2\,250\,000$(元)

(5) 按照纳税所得额计算的应交所得税额 $=(9\,000\,000 + 120\,000) \times 25\% = 2\,280\,000$(元)

(6) 时间性差异影响纳税的金额 $=2\,280\,000 - 2\,250\,000 = 30\,000$(元)

第一年计提应交所得税时,编制转账凭证,其会计分录为:

 借:所得税费用   2 250 000

   递延所得税负债   30 000

  贷:应交税费——应交所得税   2 280 000

第二、第三、第四年的会计处理同第一年。

第五年:

(1) 按照税前会计利润计算的应交所得税额 $=9\,000\,000 \times 20\% = 1\,800\,000$(元)

(2) 按照纳税所得额计算的应交所得税额 $=(9\,000\,000 + 120\,000) \times 20\% = 1\,824\,000$(元)

(3) 时间性差异影响纳税的金额 $=1\,824\,000 - 1\,800\,000 = 24\,000$(元)

第五年计提应交所得税时,编制转账凭证,其会计分录为:

 借:所得税费用   1 800 000

   递延所得税负债   24 000

  贷:应交税费——应交所得税   1 824 000

第六年:

(1) 按照纳税所得额计算的应交所得税额 $=(10\,000\,000 + 120\,000) \times 20\% = 2\,024\,000$(元)

(2) 在转销时间性差异时,仍然按原来税率25％计算,即

应转销的时间性差异=120 000×25%=30 000(元)

第六年计提应交所得税时,编制转账凭证,其会计分录为:

借:所得税费用 2 054 000
　　贷:递延所得税负债 30 000
　　　　应交税费——应交所得税 2 024 000

第七、第八、第九年的会计处理同第六年。

第十年:

按照纳税所得额计算的应交所得税额仍为 2 024 000 元。但转销的时间性差异要按 20% 的所得税税率计算,即

应转销的时间性差异=120 000×20%=24 000(元)

第十年计提应交所得税时,编制转账凭证,其会计分录为:

借:所得税费用 2 054 000
　　贷:递延所得税负债 30 000
　　　　应交税费——应交所得税 2 024 000

2. 债务法

债务法是指将本期由于时间性差异而产生的影响纳税的金额保留到这一差额发生时转销,在税率变更或开征新税时,递延税款的余额要按照税率的变动或新征税款进行调整的方法。在债务法下,递延税款余额也可按今后的税率变更进行调整。

仍以大博股份有限公司为例。

该公司第一、第二、第三、第四年的会计处理不变。

第五年有关的会计处理为:

(1) 按照税前会计利润计算的应交所得税额=9 000 000×20%=1 800 000(元)

(2) 按照纳税所得额计算的应交所得税额=(9 000 000+120 000)×20%=1 824 000(元)

(3) 时间性差异影响纳税的金额=1 824 000-1 800 000=24 000(元)

(4) 调整由于前 4 年按 25% 的所得税税率计算对纳税的影响=(120 000×4)×25%-(120 000×4)×20%

=24 000(元)

计提第五年应交所得税时,应编制转账凭证,其会计分录为:

借:所得税费用　　　　　　　　　　　　　　　1 800 000
　　递延所得税负债　　　　　　　　　　　　　　　24 000
　　贷:应交税费——应交所得税　　　　　　　1 824 000

同时:
借:所得税费用　　　　　　　　　　　　　　　　24 000
　　贷:递延所得税负债　　　　　　　　　　　　　24 000

第六年:

(1) 按照税前会计利润计算的应交所得税额 $=10\,000\,000\times 20\%=2\,000\,000$(元)

(2) 按照纳税所得额计算的应交所得税额 $=(10\,000\,000-120\,000)\times 20\%$
　　　　　　　　　　$=1\,976\,000$(元)

(3) 时间性差异影响纳税的金额 $=2\,000\,000-1\,976\,000=24\,000$(元)

计提第六年应交所得税时,编制转账凭证,其会计分录为:

借:所得税费用　　　　　　　　　　　　　　　2 000 000
　　贷:递延所得税负债　　　　　　　　　　　　　24 000
　　　　应交税费——应交所得税　　　　　　　1 976 000

第七、第八、第九、第十年的会计处理同第六年。

在正常情况下,纳税影响会计法适用于所有的时间性差异,但在税前会计利润小于纳税所得时,为慎重起见,如在以后转销时间性差异的时期内,有足够的纳税所得予以转销时,才能采用纳税影响会计法,否则,也应采用应付税款法继续会计处理。

企业应设置"递延税款备查账簿",出纳人员应详细记录发生时间性差异的原因、金额、予以转销的期限、已转销数额等等,以加强会计核算和会计监督职能。

3. 年终汇算清缴的所得税的计算方法

$$\frac{\text{全年应纳}}{\text{所得税额}}=\frac{\text{全年应纳}}{\text{税所得额}}\times\frac{\text{适用}}{\text{税率}}-\frac{\text{依法减免和}}{\text{抵免的税额}}$$

$$\frac{\text{多退少补}}{\text{所得税额}}=\frac{\text{全年应纳}}{\text{税所得额}}-\frac{\text{月(季)已预}}{\text{缴税所得额}}$$

例4 大江公司经税务机关同意,每个季度按实际数预缴所得税。2007年第一季度利润为500 000元,第二季度累计利润为1 200 000元,第三季度累计利润为1 900 000元,第四季度累计利润为2 500 000元。2007年全年应纳税所得额为2 800 000元。计算各季度应预缴和年终汇算清缴的企业所得税税额。

(1) 2007年第一季度预缴企业所得税额为:

应纳税所得额=500 000×25%=125 000(元)

公司制单人员根据转账支票存根,编制付款凭证,其会计分录为:

借:应交税费——应交所得税　　　　　　　　125 000
　　贷:银行存款　　　　　　　　　　　　　　　　125 000

(2) 2007年第二季度预缴企业所得税额为:

应纳税所得额=700 000×25%=175 000(元)

公司制单人员根据转账支票存根,编制付款凭证,其会计分录为:

借:应交税费——应交所得税　　　　　　　　175 000
　　贷:银行存款　　　　　　　　　　　　　　　　175 000

(3) 2007年第三季度预缴企业所得税额为:

应纳税所得额=700 000×25%=175 000(元)

公司制单人员根据转账支票存根,编制付款凭证,其会计分录为:

借:应交税费——应交所得税　　　　　　　　175 000
　　贷:银行存款　　　　　　　　　　　　　　　　175 000

(4) 2007年第四季度预缴企业所得税额为:

应纳税所得额=600 000×25%=150 000(元)

公司制单人员根据转账支票存根,编制付款凭证,其会计分录为:

借:应交税费——应交所得税　　　　　　　　150 000
　　贷:银行存款　　　　　　　　　　　　　　　　150 000

(5) 年终汇算清缴:

全年应纳所得税额=2 800 000×25%=700 000(元)

全年累计预缴企业所得税额=125 000+175 000+175 000+150 000
　　　　　　　　　　　　　=625 000(元)

应补缴所得税额＝700 000－625 000＝75 000(元)

公司制单人员根据企业所得税年度纳税申报表及转账支票存根，编制付款凭证，其会计分录为：

借：应交税费——应交所得税　　　　　　　　　75 000
　　贷：银行存款　　　　　　　　　　　　　　　75 000

企业在交纳企业所得税时应填制"中华人民共和国企业所得税缴款书"，如表9-11所示。

表9-11

中华人民共和国　　　　　沪税字：No.
企业所得税缴款书

所属时期：　　月份　　级次　　企业编码：

纳税单位(人)			主管部门									
地　　址			经济类型									
开户银行		账号										
行业及品目名称	课税数量	计税金额或销售额	税率或单位税额	已缴或扣除额	实缴税额(基金)							
					千	百	十	万	千	百	十	元	角	分
合计金额人民币(大写)												
逾期　　天，每天按税款千分之二加收滞纳金												
总计金额人民币(大写)												
完税证(发货票)　　份，起讫号码：												
收入机关		企所	缴款单位如以此联代传票，分录如下：		收款银行							
经办人：					20　　年　　月　　日							
填票日期：		税种标识			缴款限期：　　年　月　日							

第六联(收据)国库(经收处)收款盖章后，退缴款单位(人)作完税凭证

1. 逾期不缴，按税法规定加收滞纳金。2. 本缴款书一式六联。

第十章

会 计 管 理

第一节 会 计 信 息

一、会计信息的特征

所谓会计信息,是指通过会计核算实际记录或科学预测,反映会计主体过去、现在、将来有关资金运动状况的各种可为人们接受和理解的消息、数据、资料等的总称。

会计信息既不是原始数据信息的集中,也不仅仅是对原始信息进行分类或其他的简单处理,而是需要会计人员根据各方面的情况,进行科学有效、有目的地加工和处理。此外,会计信息的获得,也不是一个信息的单向运动过程,它还包括信息的反馈,即将系统所获得的会计信息用于管理后,将其结果随时又投入会计信息系统中进行再加工、再处理。

会计信息的主要特征有:

(1) 会计信息应具有文字、数字、符号及语言等多种形式,它们借助凭证、账簿和报表等物质载体进行传递。

(2) 数据量的多寡将被科学技术的进步程度和社会生产力发展状况所左右。

(3) 这些数据原是分散的、浩繁的和杂乱无章的,但经过会计处理,便精练浓缩为综合的、系统的数据形式,更加清楚地反映出经济活动情况。

(4) 可借助会计报表使各级主管部门和有关方面准确无误地接收

提供的管理数据。

(5) 这些数据在一定时空条件、程度和范围内可以被分享,不为一个人或一个单位所永远占有。

二、会计信息的作用

在现代社会经济活动过程中,每个会计主体都会不断地发出、传递或取得各种会计信息,形成向上、向下和平行输入、输出的会计信息流。

会计信息的作用如下:

(1) 会计人员通过对各种会计信息进行收集、整理、加工、存储、检索和输出,可以预测资金运动的变化趋势,并作为会计决策的基础,以实现成本最低化、利润最高化和资金最省化的目标。

(2) 可以揭示经济活动中偏离经营标准的因素及原因,以便采取措施,纠正脱离标准的偏差。

(3) 可以揭示会计主体内部各层次和外部上下左右之间在经济活动中的联系,使内部各部门和外部各方面协调一致,以促进经营计划的实现。

三、会计信息的处理

会计信息只有通过收集和处理,才能应用于企业会计预测、会计决策等会计管理活动。而会计信息的收集又是会计信息处理的前提与基础。输出信息的质量首先取决于数据收集的质量。会计信息的处理是提高信息使用价值的重要环节,只有经过加工处理的会计信息,才能揭示经济现象的本质,才便于存储、查找和使用。

(一) 会计信息的收集

会计信息的收集,是指目标系统收集全面完整的、真实可靠的、保持系统性和连续性的原始会计信息。会计信息的收集对数据处理具有重要的意义。如果数据的收集工作做不好,原始数据不可靠,以后的工作就失去了意义;再者,信息的收集与信息的存储、传输和加工相比较,其工作量较大、费用较高,所以,数据的收集是一项复杂的、严肃的、技术性较强的工作。为使收集工作顺利进行,保质保量地完成收集资料的任务,应遵循科学的、由若干步骤组成的工作流程。其内容包括:

(1) 识别信息需求,也就是弄清收集数据是为了解决什么问题,即确立收集会计信息的目的。

(2) 确立收集对象,即确定收集单位,一般是经济活动或从事经济活动的社会机构或个人。

(3) 制定收集纲领。收集纲领通常要规定收集客体的属性及这些属性如何描述。

(4) 资料的实际收集,包括现成资料收集和原始资料收集。现成资料收集主要是各种可读、可视听的文字和声像资料的收集;原始资料的收集主要是从实际直接调查中所取得的第一手资料,可以通过直接观察、测量、实验和各种专门调查方法获得。

(二) 会计信息的处理内容

(1) 加工,即采用分类、排序、计算、比较、选择等一系列方法,对已获得的原始会计信息进行处理。

(2) 传递,即依靠必要的、科学的传递手段,采用由信源、信道、信宿组成的传递模型对会计信息进行输送。

(3) 存储,即利用会计信息资料档案和电子计算机编码对已加工的会计信息进行存储。

(4) 检索,即利用一定的检索工具,从会计信息资料档案和电子计算机编码中查找所需要的会计信息,以供备用。

(5) 输出,即将经过处理的会计信息编印成各类会计报表和文件,供各级管理人员使用。

在处理会计信息过程中,要注意分清轻重缓急,抓住主要矛盾,规定时限,责任到人,并采取信息追踪,使输入的信息及时得到反馈,使信息的处理符合准确、及时、系统、适用、简明和经济的要求。

第二节 会计预测

一、会计预测的特点和作用

预测是以过去的历史资料和现在所能取得的信息为基础,运用人们所掌握的科学知识与管理人员多年来的实践经验,来预计、推测事物发展的必然性与可能性的过程。我国也历来遵循"凡事预则立,不预则废"的古训。

预测按其涉及的范围,可分为自然现象预测、社会发展预测、经济发展预测、军事预测等。

会计预测是经济发展预测的一种,系指根据会计信息及其他相关信息,运用一定的会计技术方法并借助其他技术方法,对企业资金的总体运动及其局部运动的发展趋势和可能性所进行的推测和估计。

(一)会计预测的特点

(1)会计预测的主要依据是已经反映出来的会计资料,它是利用已有信息产生新的信息的过程,是一个信息处理和信息反馈的过程。

(2)会计预测的对象是价值运动,在社会主义市场经济条件下是资金运动,是企业价值管理的一种形式。

(3)会计预测的直接目的是为企业经营决策服务,最终目的是提高企业的经济效益。

(二)会计预测的作用

会计预测作为一种独立的现代会计职能,对于企业预测经济前景、规划未来、参与决策等方面具有重要的作用。具体说,表现为:

(1)会计预测能帮助人们事先掌握会计管理的客观规律,使会计管理从经验管理发展到科学管理。

(2)会计预测是决策的基础,是决策科学化的前提条件。在实际工作中,为了合理规划企业的经济活动,必须把会计预测与会计决策紧密结合起来加以应用,才能取得更好的效果。

(3) 会计预测还为企业制定财务计划提供科学根据,使财务计划的先进性与科学性有机地结合起来。

二、会计预测的分类

会计预测可按不同标志予以分类。

(一) 按预测的性质可以分为探索性预测和目标性预测

所谓探索性预测,是指根据有关过去和现在资金运动的会计信息,来估计和推断未来发展变化的趋势。所谓目标性预测,是指围绕已确定的经营目标,根据有关过去和现在资金运动的会计信息,寻求实现目标的最佳途径和最优方案。

(二) 按预测的方式可以分为定性预测和定量预测

所谓定性预测,是指根据过去和现在有关资金运动的会计信息,采用逻辑推理方法,对未来资金运动的变化趋势从本质方面进行的估计和推断。所谓定量预测,是指根据过去和现在有关资金运动的会计信息,采用数字模型和电子计算机运算的方法,对未来资金运动的变化趋势从数量方面进行的估计和推断。

(三) 按预测的期限可以分为长期预测、中期预测和短期预测

所谓长期预测,是指根据已获得并经过整理、加工的会计信息,对5年及以上资金运动的前景进行的会计预测,它是制定经济发展远景规划的重要依据。所谓中期预测,是指根据已获得并经过整理、加工的会计信息,对1年以上、5年以下资金运动的前景进行的会计预测,它是制定中期经营规划的重要依据。所谓短期预测,是指利用已获得并已整理、加工的会计信息,对年内资金运动的发展变化趋势进行的会计预测,它是制定年度、季度、月度经营计划的重要依据。

除上述会计预测分类方法外,也可按照常规性预测和非常规性预测、结果预测、趋势预测和状况预测等方法进行分类。

三、会计预测的内容

会计预测主要应包括资金预测、成本预测和利润预测。

(一) 资金预测

(1) 资金需要量及来源的预测。它包括来源渠道的预测,一定时期固定资金和流动资金需要量的预测。

(2) 资金运动状况的预测。它包括资金运动成果的预测,资金占用与资金来源分布情况、结构比例的预测,资金周转速度的预测等。

(3) 现金流量预测。它包括现金收入与支出的数量、时间的预测,以及偿债能力预测等。

(4) 投资效果的预测。它包括投资报酬率、投资回收期以及固定资金和流动资金百元投资提供的利税和工业总产值的预测等。

(二) 成本预测

成本预测是指运用一定的预测技术,综合考虑各种因素,来推断和估计某一成本对象(一个项目、一件产品或一种劳务)未来的成本目标和水平。它包括以下内容:

(1) 产品成本水平的预测。它主要是指新产品以及经改造的老产品,在正常生产状况下应达到的成本目标或水平的预测。

(2) 因素变化对成本影响的预测。它具体包括材料、人工、费用、产量等因素变化对成本影响程度的预测。

(3) 质量成本的预测。质量成本是指企业为了保证和提高产品质量而支出的一切费用以及因未达到质量标准而产生的一切损失。

(4) 使用成本的预测。使用成本是指产品进入消费领域后,为了保证正常使用,或因质量问题而发生的有关维护、保养、运转所发生的成本。

(三) 利润预测

利润大小取决于价格、销售、成本等诸种因素。在价格既定情况下,扩大销量、降低成本,可提高利润;在销量难以扩大,价格不能提高的情况下,降低成本就是扩大利润的唯一途径。因此,利润预测是建立

在销量、价格和成本的基础上的,是对未来一定时期企业实现的利润目标进行的一种预计。它具体包括:

(1) 产品销量预测。

(2) 产品价格预测。

(3) 产品盈利水平预测。

(4) 各因素变化对利润影响的预测。

经济效益往往受到价格影响或者决定于价格形式。因此,会计预测还应包括价格预测和经济效益预测。

四、会计预测的程序

会计预测的程序一般可分为五步。

(一) 确定预测对象与目标

会计预测首先要明确预测的对象与目标,即预测的对象是什么,要达到什么要求,解决什么问题,以及预测的范围和时间等等。

(二) 收集与分析资料数据

会计预测要广泛收集影响预测对象未来发展的企业可控制与不可控制的一切资料,即内部与外部环境的历史与现状的资料,对收集的资料,要按预测模型的要求,进行必要的整理、加工与分析。

(三) 选择预测方法,建立预测模型

预测方法的选择要服从于预测目的、占有资料的数量和可靠程度、精度要求以及预测费用的预算。因此,应同时采用两种以上的方法,以资比较和鉴别预测结果的可信度。

(四) 分析与修正预测值

预测值是按一定的数字模型并根据历史资料推算出来的,它不可能与未来的实际情况完全相符,预测值只是对未来情况的估计值,具有一定的假定性和近似性。为了提高预测值的可靠性,应对事物未来发展变化的情况进行分析,对预测值加以修正,确定出最佳预测值。

（五）提出预测报告和建议

预测结果应按不同要求、目的编成书面报告，送交有关部门和人员，并同时提出策略性建议，以供决策之用。

会计预测程序图，如图10-1所示。

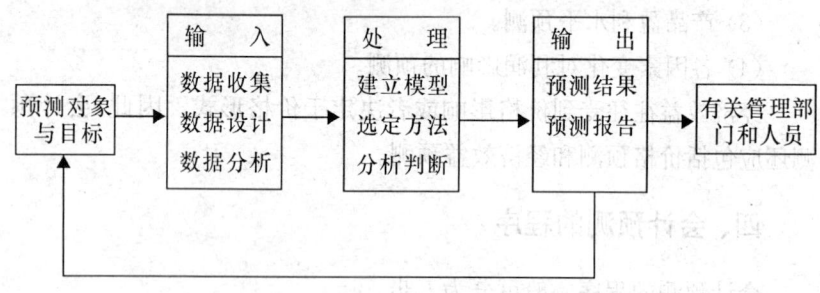

图10-1　会计预测程序图

五、会计预测的方法

会计预测方法，按其来源可分会计预测技术方法和数理统计预测方法两大类；按其性质又可分为定量预测分析法与定性预测分析法两大类。

定量预测分析法，是根据预测变量之间存在的某种关系，如时间关系、因果关系、结构关系等建立数字模型，然后据以计算分析的方法。具体可分为因果预测分析法和趋势预测分析法。

定性预测分析法，是预测人员运用调查研究、分析判断等方法对预测对象的发展性质和趋势加以估计和推测的方法。采用这类方法进行预测，由于主要依靠会计人员的经验、判断力、洞察力和预见能力，因而受预测人员主观意志的影响，因此，在可能的情况下，应尽量与定量预测法结合使用。常见的定性会计预测方法一般包括调查研究法、主观分析法、直接推算法等。

会计预测方法构成了一个比较完整的方法体系，它们既有不同的适用条件和用途，又相辅相成，相互补充。在实际工作中，为保证会计预测的科学性、准确性,定量预测与定性预测应结合起来使用。

第三节 会 计 决 策

一、会计决策的意义

决策,一般是指一定组织和单位,为了达到特定的目标,运用一系列专门的科学方法,从两种以上的备选方案中选择最优方案的过程。

会计决策可以从两方面理解:一是会计人员为了达到会计目标,对不同的会计方法和程序的合理抉择;二是会计人员为了帮助管理人员进行明智的决策,而运用特有的会计方法或借助于其他方法,来分析比较不同方案,并协助选择最优方案的过程。我们这里指的是后一种意义上的会计决策,即会计参与经营决策的过程。

会计决策作为现代会计的一项独立职能和方法体系,有其本身的特点,在企业经营管理中有其特殊地位和重要作用。

(一) 会计决策是企业经营决策成功的重要保证

企业进行各种经营决策,其信息主要来自会计系统。会计人员通过信息的收集、分类、汇总、加工以及有关建设性方案的提出和比较,可以协助有关管理人员真正了解、掌握企业历史的和现在的情况,预测未来的发展趋势,使经营决策建立在切实可行的基础上。

(二) 会计决策有助于提高企业经济效益

经济效益是投入与产出、劳动耗费与劳动成果之比。会计决策的实质就是通过对不同方案的收入、成本、利润的比较,选择经济效益好的方案的过程。因此,进行会计决策,有助于提高收入,降低成本,增加利润,最终提高企业的经济效益。

(三) 进行会计决策有助于提高会计人员素质

会计不仅要反映过去,而且要预测未来、参与决策。通过会计决策工作,一则可强化会计人员直接参与企业管理的意识,使其树立经营观念、竞争观念、市场观念和时间观念；二则客观上也可提高会计人员的分析能力、判断能力、预测能力，强化其会计基础工作，提高整体会计工作速度、质量与效率。

二、会计决策的方法

（一）差量分析法

差量分析是指通过比较各种方案的收入、支出和效益，来确定最优方案的方法。差量分析是最基本的会计决策方法，其内容包括收入差量分析、支出差量分析和效果差量分析。

（二）决策表法

决策表法是采用表格的形式，将各种自然状态下不同方案的数据列示出来，以便选择最优方案的方法。

（三）决策树法

决策树法是把会计决策的各个要点、抉择方案、可能事件和机遇结果，一步一步按顺序展开，列成树枝形图表，然后计算决策树中各个方案的期望值，并比较期望值的大小，以找出较好方案的决策方法。

三、会计决策的程序

会计决策是一项重要的会计管理活动，是一种行为选择的过程。为了使决策工作有条不紊地进行，在进行会计决策时必须遵循一定的基本程序。

（一）发现和确认问题

只有发现问题，才能明确决策目标，也才能解决问题。因此，会计人员要经常开展调查研究，充分掌握有关资料和信息，善于发现问题，并力争确认问题的性质和症结所在，为决策目标的确立界定范围。

（二）明确决策目标

明确决策目标即明确会计决策目的和解决问题所达到的程度和标

准。它应有以下三个标志：一是可以计量其成果；二是可以确定其时间；三是可以明确其责任。

（三）拟订决策方案

按照会计决策的目标和会计预测的结果，要从各个角度提出各种可行的备选方案，并收集足够的影响因素，择优有关资料和会计信息。备选方案的多少和质量的好坏，直接影响着决策效果，备选方案过少，缺乏比较、鉴别、择优的余地窄小；备选方案过多，良莠混杂，比较、鉴别工作量大，且难以集中统一，择优无所适从。

（四）评价决策方案

应以决策目标为出发点，通过编制分析表，运用可行性分析和决策技术等专门方法，对备选方案进行探讨，从中选择最有希望达到决策目标的若干方案，以供择优之用。在评价备选方案时，还要通过定性和定量的分析、论证，看备选方案技术先进性、经济合理性和客观可能性如何，评价它们的综合社会效益及对环境的影响等。

（五）选择最优方案

在评价决策方案的基础上，应遵循择优原则，从全部备选方案中选出最符合决策目标的最优方案。优选方案的关键在于确定优选标准。优选标准视决策性质而定，可以是成本最低，利润、收入最高；或者是期望值最大，损失值最小等。

（六）试验实证方案

备选方案选中后，必须经过试验实证，以验证方案运行的可靠性。因为选中方案后，不经过试验实证就付诸实施，常带有较大的盲目性，只有经过试验实证，方可证明方案是否最优。

（七）实施决策方案

方案一旦试验实证，证明是最优方案，就可付诸实施。实施方案，必须作好几项工作：① 制定会计决策实施的具体措施和计划；② 组织发动有关单位或部门的职工一起努力实现会计决策方案和实施计划；③ 建立跟踪控制制度；④ 把会计的反映、控制诸职能协调起来，组成一个会计决策方案实施的科学体系。

(八) 检查反馈

在会计决策方案实施过程中,要实行跟踪制度,随时反映实际行动与决策目标的偏差,分析原因,修正原定目标和实际行动,以保证决策目标的实现。

以上会计决策程序图,如图10-2所示。

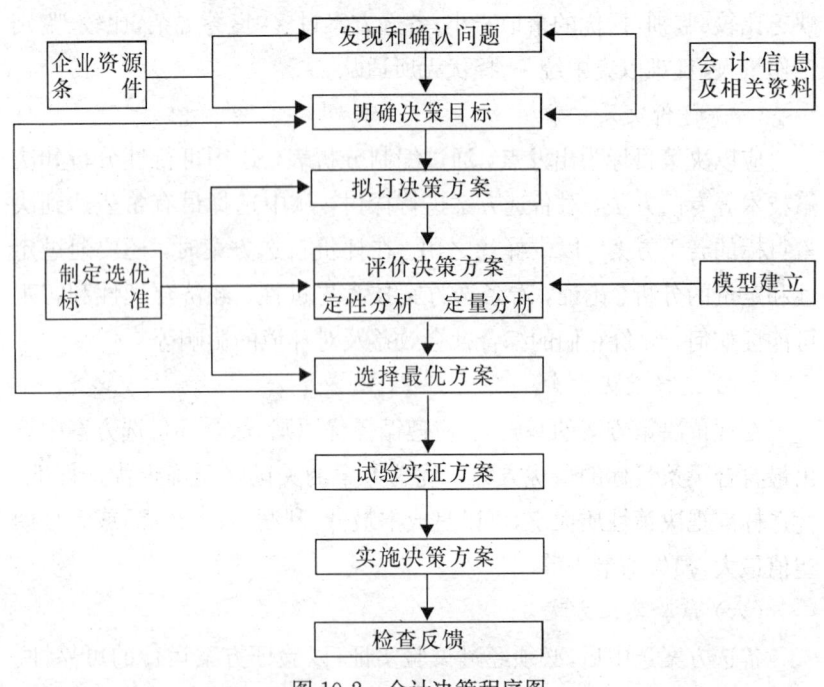

图 10-2 会计决策程序图

四、会计决策的内容

会计决策具体表现为资金、成本、利润三大决策。

(一) 资金决策

及时、足量、经济地取得资金,并合理有效地运用资金,是会计决策的主要内容。

1. 资金筹集决策

该类决策主要研究和解决以下问题：① 必须筹集多少资金；② 应于何时筹集这些资金；③ 从何种渠道筹得资金（从投资者手中还是从债权人手中）；④ 应采用何种方式筹集，各种方式筹资比例应占多大等。

2. 资金运用决策

该类决策主要研究和解决以下问题：① 资金如何分布？固定资产与流动资产占多大比例？② 资金应投向何种方向？是购买土地、厂房、设备或购买原料、燃料？还是投放在股票、公司债券上？③ 每种投资方向效益如何？几种投资方案哪种可行？

（二）成本决策

成本决策其实质是企业资源合理配置与利用的决策。目的是降低资源消耗，提高企业利润。因此，成本决策应包括三方面主要内容。

1. 产品品种决策

该类决策按照技术上先进、经济上可行的原则，主要研究解决以下问题：① 开发、设计、生产何种新产品的决策；② 老产品是否更新换代的决策。

2. 产品数量决策

该类决策主要研究解决在资源有限的条件下，最大限度地利用资源的问题：① 各种产品数量如何安排的决策；② 如何科学合理地配料的决策。

3. 生产组织决策

该类决策主要从成本角度出发，研究如何合理地组织生产的决策：① 生产工艺选择决策；② 设备租赁或外购决策；③ 零部件自制或外购决策；④ 最佳生产批量确定的决策；⑤ 是否进一步加工的决策。

（三）利润决策

利润大小，取决于成本、产量、设备利用、劳动生产率等许多因素。在成本、产量既定的条件下，利润主要取决于价格高低和销量大小，而销量与价格又有一定的依存关系。一般而言,降低价格,可扩大销量;提高价格,销量减少。价格决策具体又包括定价策略与定价技术(方法)两种。

1. 定价策略决策

它主要研究解决对不同产品以及同一产品在不同地区、不同时间、不同消费者采用何种策略推销产品的问题。定价策略包括:① 渗透定价;② 撇油定价;③ 整数定价;④ 尾数定价等策略。

2. 定价方法决策

它主要研究解决价格制定的基础与依据问题。具体包括:① 按完全成本法定价;② 按变动成本法定价;③ 按市场供求关系定价;④ 按目标利润模式定价等决策。

第四节 会 计 控 制

一、会计控制的特点和作用

控制论认为,控制是指系统主体采取某种强制性的措施,促使系统内某些要素自身或要素之间的联系方式按照一定的目标运行。

会计控制是会计的一种重要职能,是经济控制中的一部分。其目的在于尽力保障预期内经济目标的顺利实现。所谓会计控制,主要是通过会计工作,运用会计特有方法,采取政策、制度、定额、计划、标准、责任和流程等控制方式和手段,对企业经济活动或资金运动进行协调、监督、调整的过程。

(一)会计控制的特点

1. 全面性

全面性即对企业生产经营全过程的控制,包括供产销、资金投入与退出等方面的控制。它既有纵向控制,又有横向控制,有总指标控制,也有分指标的控制。

2. 及时性

及时性是指控制目标、计划、措施的执行,计划指标的分解,信息的反馈,结果的处理等,讲求效率,提高速度,做到及时。

3. 准确性

准确性就是指控制的指标、数据结果真实可靠,正确无误。

4. 群众性

群众性就是通过目标、计划的制定、分解,经济责任制和责、权、利结合,激励职工的动机与实施,实现群众性的自我控制。

(二) 会计控制的作用

1. 会计控制有助于经营决策目标的实现

企业经营决策目标一经确定付诸实施,在执行过程中必然会出现一定差异。会计通过其信息系统,随时记录、反映这些差异,并及时进行反馈,督促有关人员采取对策,纠正其偏差,保证目标的实现。

2. 会计控制有助于挖掘企业内部潜力

会计控制通过事前的测算控制,使费用预算做到节约、合理;通过事中的成本控制,使目标成本得以实现;通过事后的检查控制,使报告期的成本费用状况得到科学的评价,有利于把成本管理提高到一个新水平。

3. 会计控制有助于协调各部门的关系

企业各部门都具有相应的职能、目标、权力和责任。会计通过目标的制定、分解、落实,并随时反映其执行情况,就可以及时发现问题,解决问题,协调各部门的关系,使各部门的目标与企业的总目标保持一致,起到一种神经中枢的协调、沟通作用。

4. 会计控制有助于查错防弊,纠正违法行为

企业经济活动是否合法、合理,有赖于会计的监督与检查。通过会计监督与检查,可以保证企业按国家法令、政策、制度开展经济活动,同时也可以堵塞漏洞,查错防弊,建立、健全和完善企业的内部控制制度。

总之,会计控制的意义在于强化会计管理,是提高企业经济效益的重要手段。实行不实行会计控制,会计控制是否科学严密,直接关系到会计管理的水平与成效。会计控制,是控制论在会计管理中的具体应用,它使会计管理具有时代特征。

二、会计控制的种类

会计控制从不同的角度可以有不同的分类方法。

(一)按控制的时间分类

按其控制的时间可分为事前控制、事中控制和事后控制。

1. 事前控制

事前控制是在企业的经济活动进行之前,从价值管理的角度,进行不同方案的选择、可行性研究以及对效益的评价。具有典型意义的事前控制包括预测控制和计划(预算)控制。

2. 事中控制

具有典型意义的事中控制有定额控制和责任控制。事中控制,就是对企业经济活动与资金运动进行过程的控制,使其按既定方向、规模、速度,以最佳状态运行。

3. 事后控制

事后控制是资金运动和经济活动在控制运行告一段落时,通过取得有关的会计资料,测定财务成本指标的实际完成数据,并与控制标准进行对比,检查考核其执行情况的过程。事后控制并非是"马后炮",而是会计控制的重要组成部分。通过检查和考核,不仅可以了解事前控制的科学性和事中控制的有效性,而且为以后的会计控制指明努力的方向。

(二)按控制内容分类

按其控制的具体内容可分为资金控制、成本控制和利润控制。

1. 资金控制

资金控制的主要内容包括:控制资金总量、资金的构成、资金的分布、资金的流速与流量等。

2. 成本控制

成本控制的主要内容包括：成本的前馈控制，进行成本预测、决策，编制成本计划，制定成本标准和定额，成本的反馈控制，控制费用的发生，成本差异的揭示与调控以及成本的考核与分析。

3. 利润控制

利润控制的主要内容包括：利润预测、目标利润的确定及落实，利润计划的下达与分解，利润实现进度的控制，实现利润与计划利润差异的分析与调控，利润的检查与分析等。

（三）按控制范围分类

按其控制的范围可分为狭义会计控制和广义会计控制。

1. 狭义会计控制

所谓狭义会计控制，主要是指反馈会计控制，即重点在于严格执行既定目标计划，并通过差异信息调整实际经济活动，使其趋向于目标的控制。

2. 广义会计控制

所谓广义会计控制，即不仅要控制正在进行的经济活动，而且要控制尚未发生的经济活动。它包括反馈、前馈与防护性控制的完整会计控制。

（四）按控制手段分类

按其控制手段可分为绝对会计控制和相对会计控制。

1. 绝对会计控制

绝对会计控制就是严格按政策、制度、纪律要求进行的预防性和限制性控制，即所谓节流控制。

2. 相对会计控制

相对会计控制就是指不仅要采取预防性与限制性的控制，而且要采取指导性、开拓性、超前性的控制，如开展事前成本功能分析，消除多余功能，从根本上降低成本的控制。

三、会计控制的原则

会计控制是会计管理职能的重要内容,应根据控制对象的特征、时间、范围和目标进行。为了使会计控制科学有效地进行,必须遵循六个原则。

(一)坚持标准

控制标准是进行会计控制的尺度和准绳。没有标准,就无从进行控制,对经济活动与资金运动进行检查分析就没有依据。控制标准是否科学,直接影响会计控制的科学性和有效性。因此,进行会计控制,必须制定和坚持科学的控制标准。

(二)实事求是

控制目标是总结过去、评估现在与预测未来的综合结果。总结是否真实,评价是否客观,预测是否准确,都会影响目标的可行性与科学性。因此,会计控制应当考虑有关因素的变化,适当修改目标,既做到目标的严肃性、一致性,又使目标具有灵活性、适应性,使目标符合客观事实。

(三)全面控制与重点控制相结合

会计控制一方面要对企业经济活动的全过程以及企业内部所有的职能部门进行全面控制;同时对易于发生问题、政策性强、数量多、影响大的项目进行重点控制,使会计工作既做到规范化、程序化,又做到控制有重点、有范围。

(四)专业控制与群众控制相结合

专业控制是会计部门和会计人员进行的会计控制。这种控制具有一定的规律性和全局性。群众控制是群众参加管理和核算的重要内容。群众控制应与企业经济责任制和企业内部经济核算结合进行。因此,会计控制要贯彻专业控制与群众控制相结合的原则。

(五)坚持例外管理原则

所谓例外是指某项经济活动超出常规的事项。诸如一些重大性质的费用开支,连续经常出现的失误或差错,以及一些重要控制项目等。会计控制不仅要注意经常性的重复活动,而且要更注意特殊情况的发生,一旦出现例外,对此应实行例外管理并及时处理,严加控制。

(六) 实行内部牵制制度的原则

会计应当通过控制程序的建立,使每项经济业务都由两人或两个部门以上参与。实行和建立内部牵制制度,一则可避免贪污、盗窃等行为发生;二则可明确经济责任,便于考核有关部门与人员的工作成绩。

四、会计控制的内容

会计控制的内容一般来说是由时间与空间综合构成的。

(一) 按时间划分会计控制的内容

企业的价值运动按时间划分,可分为资金投入、资金的循环和周转以及资金退出等内容。

资金投入企业时,会计应当控制资金投入的数量、时间、方式、渠道以及筹资代价等。

资金在企业内部的循环与周转也是资金在企业内部的耗费与收回。工业企业资金运动要经过供应、生产、销售三个过程,而商业资金运动只经过购进和销售两个过程。以商业为例:在购进阶段,会计应当控制商品采购的数量、进价、资金占用量及进货渠道、运输方式等;在销售阶段,会计应当控制销售费用的发生、销售收入的实现以及货款的收回等。

资金退出企业时,会计应当控制资金退出的数量、时间、方式和去向等。

(二) 按空间划分会计控制的内容

会计不仅应从时间上控制企业价值运动,而且必须同时在空间上进行严格控制。会计按空间划分控制内容,可分为供应部门、生产(业务)部门、销售部门和其他部门的控制。

会计对供应部门的控制,主要内容是控制其储备资金定额,监督其采购成本发生,督促其按计划采购材料,加速其资金周转。

会计对生产部门的控制,主要内容是控制其生产费用发生,生产成本形成,督促其生产计划执行情况,节约一切费用开支,降低成本,减少在产品资金占用等。

会计对销售部门的控制,主要内容是控制其收入形成,费用发生,货款结算及收回等。

会计对其他部门的控制,主要内容是制定各种定额,监督检查执行情况,压缩开支,节省资金等。

五、会计控制的程序

会计控制程序一般可分为:确定标准、对比检查和结果处理三个步骤。

(一)确定标准

会计控制的标准是进行会计控制的依据。会计标准有的是由国家有关部门和主管部门制定的,称为外部标准。有的是由本单位按有关规定制定的,称为内部标准。一般来讲,外部标准是不可任意改变的,具有权威性、强制性和约束性,而内部标准则具有灵活性、适应性和可改变性。

会计控制的标准主要有:国家的政策、法律、法令和财经纪律;业务方面的制度、规定和办法;企业单位制定的各种定额,如材料消耗定额、库存材料(或商品)定额、劳动定额、费用定额、成本定额和资金定额等;企业单位编制的计划或预算,如资金计划、费用计划、利润计划及费用预算。确定了控制标准,就能使会计控制具有客观性、统一性和强制性。

进行会计控制时,要严格掌握控制标准,使经济活动与资金运动在控制标准内正常运行。有的标准由财会部门掌握、实施控制;有的标准则根据职责分工,交由其他职能部门和群众掌握、实施控制。比如,材料耗用定额标准,不仅仓库保管部门要掌握并据以发料,有关生产班组及生产工人更需要掌握,据以领料、投料,按定额标准控制生产。财会部门或其他有关职能部门实行总括控制。

(二) 对比检查

控制标准一经确定,应分解落实到各职能部门予以执行,且不能任意改变。在执行中,会计应通过信息系统,随时反映结果,分析偏差,并及时调整实际行动或酌情修改目标,保证实际活动按计划执行。

企业单位通过会计管理的反映系统取得有关经济活动与资金运动的资料,测算财务成本指标的实际完成数据,与控制标准(主要是计划、预算、定额标准)进行对比,检查执行情况。

进行对比检查,应注意系统性、协调性,使对比检查科学化。一方面,对比检查应与经济活动在时间上相协调,适时进行控制,还要适时进行检查对比;另一方面,对比检查的执行应与实施控制的执行在责任分工上统一起来。就某一指标或某一活动而言,谁负责控制,谁就负责对比检查。这样,有利于信息的及时反馈,并及时进行再控制。

将实际与标准进行对比,可测定和分析实际脱离标准的差异。差异的计算公式如下:

$$差异数 = 实际数 - 标准数$$

$$差异度 = \frac{差异数}{标准数} \times 100\%$$

差异按其控制对象的性质,又分为不利(如成本升高、利润下降)和有利(如成本降低、利润提高)差异两种。发现差异后,应采用专业分析与群众分析相结合的原则,从实际出发进行分析,确定偏离标准的原因,并采取有效的控制措施。

(三) 结果处理

经济活动结束后,应根据有关差异报告,以标准为依据,进行具体分析,分别予以惩罚或奖励,以求新的会计控制更加合理化和可行化。

通过对比检查,所得到的会计控制结果有两种情况:一种是受控;一种是失控。所谓受控,是指经济活动与资金运动的实现符合或基本符合标准。就其指标而言,表现为有利差异,或者不利差异在允许范围之内。所谓失控,是指经济活动与资金运动的实际偏离标准,就其指标而言,表现为严重的不利差异。

对于受控情况,应总结会计控制的经验,探求会计控制的规律,使会计控制规范化、科学化。对于失控情况,应严肃认真、实事求是地分析产生偏差的原因,并会同有关部门研究纠正偏差的措施。如果因为情况发生了较大变化,原来的标准或计划不符合变化了的实际情况,就应该修订标准或计划,使其成为会计控制的科学依据。

会计控制随资金运动而形成一个不间断的过程,循环往复。会计控制的三个程序与会计预测和计划,会计核算及数据提供,会计分析与检查的日常工作有着密切的关系。

会计控制程序图,如图11-3所示。

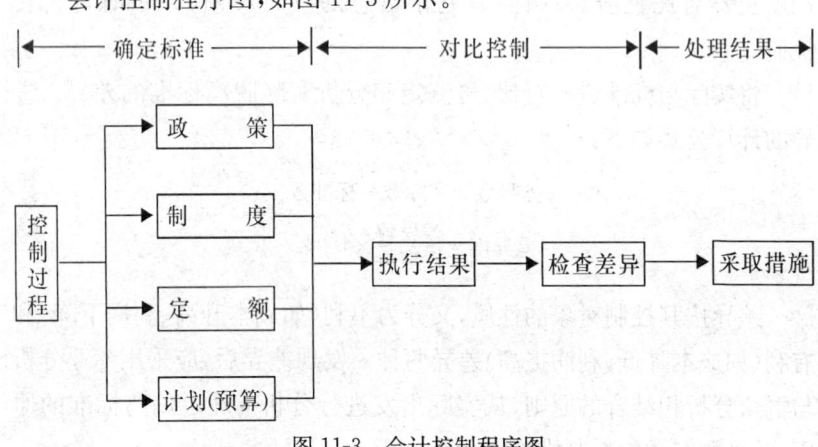

图11-3 会计控制程序图

六、会计控制的方法

会计控制的方法,也就是进行会计控制所采用的基本手段。根据控制对象的不同特点,会计控制可以采取不同的控制方法,也可根据控制对象的共同特征,综合采用几种方法进行控制。

(一) 政策控制

企业要按照党和国家制定的方针政策对经济活动或资金运动进行检查,凡是符合方针政策的就执行,不符合方针政策的就立即纠正,以保证党和国家方针政策的贯彻执行,维护国家利益。政策控制最重要的内容是:企业单位的经济活动应坚持社会主义的正确方向,认真贯彻执行各项政策,正确处理好国家、集体和个人三者之间的关系。企业开展各项经济业务活动,应严格执行税收政策、物价政策等。

(二) 制度控制

企业要按照国家和业务主管部门颁发的制度、规定、办法、法令、法律等进行控制。企业的经济活动或资金运动,是受国家财经制度和法令制约的,如现金管理制度、工资基金管理制度、成本条例等,都是企业进行经济活动的依据。建立企业内部会计控制制度,是制度控制的主要内容。企业内部控制制度涉及面较广,有行政控制、人事控制、技术控制、质量控制和内部会计控制等。

1. 建立日常分工负责制度

日常处理每项经济业务时,都要进行适当分工,至少应由两人以上相互制约地进行。如材料进行外加工时,要做到加工有计划,合同、质量有要求,进出库有手续,结算有标准,形成一套材料委托加工管理制度。

2. 严格实行账、财、物分管制度

运用分工原理,对账目记载、银钱收付、实物进出三方面的人员分工,做到职责分明,发挥相互制约和监督的作用。

3. 建立凭证填制和传递制度

每项经济业务发生后都要填制相应的必要凭证,作为经济业务的书面证明。其中,销货发票、收据等都要事先编号,每项凭证均要由有关人员签名盖章,规定凭证的份数、传递程序和时间,并按规定存档保管备查。

(三) 预测控制

所谓预测控制,就是对即将发生的资金运动等经济活动所进行的会计控制。财务人员要采用各种会计预测方法,在经济活动开始之前和进行之中进行预测控制,如有差异,应采取措施以避免损失,提高经济效益。

预测控制的主要目标是单位的重大策略、主要计划指标、新产品试制、专项工程、基建项目以及日常生产经营过程中的产品销售、成本、利润等内容。通过预测控制,为制定科学的销售计划、成本计划和利润计划奠定基础。

(四) 定额控制

所谓定额控制,就是以定额为标准,对经济活动和资金运动所进行的会计控制。实行定额控制,要求在经济活动的各个环节和各个方面,凡是能够制定定额的都要制定定额,以核定的定额作为标准加以控制。企业的定额控制的内容主要包括:商品、材料、储备定额、劳动定额、费用定额、成本定额和资金定额等。在进行定额控制时,凡符合定额的经济业务,要积极支持,保证资金需要;凡超过定额的经济业务要分析超过的原因,分别不同情况进行处理。实行定额控制,并充分发挥定额控制的作用,就要使定额水平先进合理。如果定额水平过高或过低,都会影响企业的经济效益。

(五) 计划控制

计划控制是以计划为标准,对经济活动与资金运动所进行的会计控制。企业要通过制定计划、执行计划、检查和分析计划的完成情况,达到总结经验,拟订措施,提高经济效益的目的。实行计划控制,特别要注意计划的科学性和准确性。计划控制要求按计划去组织经济活动,通过职工群众去实现计划所规定的目标,并对计划执行过程进行检查,对计划执行中出现或可能出现的差异,采取措施,加以纠正,从而达到计划目标的完成。

（六）责任控制

所谓责任控制，就是通过职工和责任部门履行岗位责任制对经济活动与资金运动所进行的会计控制。上述政策控制、制度控制、定额控制、计划控制等都需要通过责任控制来落实。责任控制必须坚持职责分明，责、权、利相结合，实行职务分管、钱账分管、账物分管。要执行赏罚分明的政策，要将企业内部的经济责任制与企业内部的经济核算制有机地结合起来，真正使责任控制成为会计管理的重要手段。

会计控制的方法除上述所介绍的六种外，还有其他一些控制方法，如流程控制法，即把企业经济业务按其岗位分工、目标责任、经办和审批层次等，制成标准化的流程表或流程图，直观地反映会计控制的全过程的一种方法。会计控制按其控制对象的不同，又有不同的方法，如材料采购的"经济订货量法"、库存材料的"ABC 分类法"、生产成本的"标准成本法"、生产批量的"最佳批量法"以及目标管理、责任会计等方法。

总之，会计控制不仅贯穿于经济活动过程的始终，涉及管理活动的各个方面，而且在实践中也是极其复杂而严密的。它要求对经济活动的全过程进行有效、连续、综合和全面的控制，以达到会计控制的最终目的。

第五节　会　计　分　析

一、会计分析的意义

会计分析，是企业经济活动分析的组成部分，是会计核算的继续和发展。

会计分析以会计核算资料为主要依据，结合统计核算、业务核算和其他有关资料，采用专门的方法，从相互联系的各项经济指标中进行分析对比，查明各单位经济活动和财务收支的执行情况和结果，客观地评价计划和预算完成或未完成的原因，肯定成绩，找出差距，总结经验教训,提出改进措施,借以改善经营管理,提高经济效益。

一般而言,会计核算只能回答"是什么",而不能回答"为什么"的问题。如果说会计核算就是记账、算账和报账,那么会计分析则是用账。所以,在会计核算的基础上,进一步利用会计核算资料进行分析,对于更好地发挥会计的作用,提高企业的经营管理水平,具有重要的意义。

(一)通过会计分析,督促企业遵纪守法

企业的一切经营活动,都必须遵守国家的政策法令,执行国家的规章制度,以保证企业经营活动在国家的指导和群众的监督下健康地进行。分析企业的财务成本状况,必须对企业经营活动的合理性、合法性、效益性作出正确的评估。因此,通过经常性的会计分析就能够对企业遵守国家政策法令和规章制度起到一定的监督作用,增强企业遵纪守法的观念。

(二)通过会计分析,促进企业提高经济效益

会计分析是会计管理的重要内容。通过会计分析,可以促进企业内部经济责任制和经济核算制的健全和完善,可以查明企业资金的管理和使用是节约还是浪费以及造成节约或浪费的原因,还可以查明成本、费用和盈利水平的高低以及原因,从而肯定成绩,发现问题,找出差距,提出改进措施,促使企业改善经营管理,以达到提高企业经济效益的目的。

二、会计分析的原则

(一)以党和国家的方针政策、法规为评价企业工作的依据

贯彻执行党和国家有关的方针、政策和财经制度,是每个企业必须坚持的基本准则。进行会计分析,必须以党和国家的方针、政策和财经制度为依据,来评价企业的全部工作。

(二)坚持实事求是的原则

实事求是是党的思想路线,也是会计分析的一个重要原则。只有一切从实际出发,实事求是地进行分析,才能得出正确结论。在占有会

计核算资料的基础上,还要进行深入细致的调查研究,掌握大量的第一手资料,将会计核算的数据资料同调查的实际资料结合起来,才能使会计分析具有实用价值。

(三)坚持唯物辩证的观点

在会计分析中,要运用唯物辩证法的观点,对具体问题进行具体分析。在会计分析中,既不能肯定一切,也不能否定一切;既要看到成绩,也要看到问题,不能报喜不报忧,切忌主观片面性。只有这样,才能通过会计分析,解决工作中的实际问题。

三、会计分析的种类

(一)按分析时间分类

会计分析按其分析时间的不同,可分为定期分析和不定期分析两种。

1. 定期分析

所谓定期分析,是指在生产经营的一定阶段(旬、月、季、年)结束时,对企业的资金、成本、利润所进行的分析。其特点是在时间上比较固定。

2. 不定期分析

不定期分析又称日常分析,是指对生产经营活动中出现的问题,随时进行的分析,以保证生产经营活动的顺利进行。其特点是没有固定的时间,而根据实际需要进行分析。

定期分析与不定期分析是密切相关的,定期分析必须是建立在不定期分析的基础上,而不定期分析也要结合定期分析的要求,为定期分析提供必要的资料。

(二)按分析范围分类

会计分析按其分析范围的不同,可分为全面分析、专题分析和典型分析三种。

1. 全面分析

全面分析也称综合分析,是指对资金、成本、利润计划和预算收支情况及其结果进行的全面、系统的分析,借以全面考核计划和预算的执行情况,总结经验,改进工作,同时也为编制下期计划和预算提供依据。全面分析一般适用于年终决算的分析。

2. 专题分析

专题分析,是指根据生产经营管理的需要,对某一重要问题或专门问题所进行的重点和深入的分析。这种分析,适用于总结某一方面的经验或揭露某一方面的问题,以便采取措施加以改进或及时推广。它可以为定期的全面分析提供必要的资料。因此,专题分析是全面分析的继续和深化。

3. 典型分析

典型分析,是指对单位内部某一部门或上级机关将某一先进或后进的单位作为典型所进行深入细致的分析,以便从中总结经验和教训,用以指导一般、推动全面工作。

(三)按分析形式分类

会计分析按其分析形式的不同,可分为书面分析、图表分析和现场分析三种。

通过多种多样的会计分析形式,能更清楚地说明情况,有利于调动单位内部的积极性,充分发挥会计的作用。例如召开有关人员参加的现场会议,用形象化图表配以扼要的数字说明等。

上述会计分析的种类,既有区别又有联系,在实际工作中是相互结合、相互补充的。例如,定期分析可以是全面分析,也可以是专题分析,不定期分析也是如此。典型分析同样可以采用全面分析和专题分析相结合的办法。总之,会计分析应根据生产经营中的实际需要,确定其重点,然后决定采用何种会计分析形式,从而充分发挥会计分析的作用。

四、会计分析的程序

会计分析的一般程序是:分析前的准备;进行基本数量对比;分析

后的评价与处理。

(一) 分析前的准备

分析前的准备是指拟订会计分析工作计划;熟悉和了解有关政策法令、规章制度和计划定额;占有详细的核算资料和有关经济信息。

收集和掌握分析对象的各种会计核算资料,全面了解各种情况,这是进行会计分析的基础。这里要求占有的主要资料包括:

(1) 各种核算资料。

(2) 各种计划资料。

(3) 历史资料及行业或国外的有关资料等。

只有熟悉有关政策法令、规章制度,会计分析才有准绳;只有详细地占有核算资料,会计分析才有正确的评价标准。

(二) 进行基本数量对比

在占有大量资料的基础上,要运用会计分析的专门方法,对经济指标进行数量分析,从中寻找差距,揭露矛盾,评价发生差异的原因。同时结合调查研究,收集典型事例,以便为进一步深入分析提供数据。诚然,这种方法只能从数量上一般地评价企业的财务状况,要查明其影响原因,还要作进一步具体分析。

(三) 分析后的评价与处理

分析后的评价与处理包含核实情况、编写分析报告等内容。

通过会计分析,检查出有关指标增减变动的差异,然后与掌握的情况进行对比核实,查明真相,以保证数字资料的真实、准确,符合客观实际。在此基础上写出总结分析报告,提出措施,指导以后的工作。

财会部门进行会计分析以后,要做好处理工作。对于分析的情况,应写成书面报告或采用口头形式向领导或群众汇报,使领导和群众齐心协力,重视并积极参与会计分析。在编写分析报告时,应突出重点,用唯物辩证法的观点,把观点同材料统一起来。分析报告的内容要视分析的项目和分析目的而定,但要力求简明扼要,情况说明要真实、准确,措施意见要具体,文字、图表要清晰。

五、会计分析的方法

进行会计分析,必须采用一定的技术方法。可利用的统计和数学知识的技术方法是多种多样的。在进行会计分析时,需要采用哪种方法,要依据分析的目的、企业的特点以及所掌握的资料的性质和内容来决定。进行会计分析的方法主要有:对比分析法、因素分析法、结构分析法、动态分析法、平衡分析法、预测分析法、相关分析法、线性规划法等。会计分析的各种具体方法将在其他课程中专门讲授,因此,此处只简括地介绍几种常用方法。

(一)对比分析法

对比分析法又称比较分析法,是将两个或两个以上相关的经济指标进行数量上对比的方法,通过经济指标间的对比,找出差距,分析形成差距的原因,从而说明差异的性质和程度。这种方法是会计分析中较为广泛运用的方法。在实际工作中,对比分析法一般有以下几种对比形式:

(1)实际数与计划数比较,借以检查计划的完成情况。

(2)实际数与定额数比较,借以检查定额的执行情况。

(3)本期实际数与上期实际数或上年同期实际数或历史最高水平比较,借以分析有关指标在不同时期的发展趋势,从中探索其变化规律。

(4)实际数与国内或国外同行业先进水平比较,找出差距,从而赶超国内外同行业先进水平。

对相关的经济指标进行对比分析,各经济指标本身应具有可比性,也就是用来进行对比分析的经济指标计算口径须一致,指标的计价基础要一致,指标的计算时间单位要一致。只有具备可比性的经济指标,才能进行对比分析。

（二）因素分析法

通过对比分析,确定量的差异后,还要进一步研究形成这种差异的原因。在实际工作中,由于经济活动错综复杂,影响经济指标完成或未完成的因素是多种多样的,往往是若干因素共同发生影响的结果。为了测定有关因素对某项经济指标完成情况所发生的影响和影响程度,就要采用因素分析法。

因素分析法按计算方法的不同,可分为连锁替代法和差额计算法两种。这里着重介绍连锁替代法。

连锁替代法是因素分析法中常用的一种方法,它是在几个相互联系的因素中,以数值来测定各个因素对计划指标完成结果的影响程度的方法。其结果,可以衡量各影响因素的主次,为评价企业工作、进一步挖掘潜力指明方向。

连锁替代法一般按下列计算程序进行:

(1) 以计划数为基础,根据各个因素的计划数,求得被分析指标的计划数。

(2) 各个因素的实际数依次替换计划数,每次替换后,实际数就被保留下来,如有两个因素就替换两次,三个因素就替换三次,以此类推,直到所有因素都变为实际数为止。

(3) 将每次替换所得的结果,与前一个计算结果相比较,两者的差异就是某一因素对计划完成结果的影响程度。

(4) 求出的各因素影响数值的代数和,应等于分析指标的实际数与计划数之间的总差异额,即分析对象。

下面以运输费的分析为例,说明连锁替代法的运用。

要对运输费进行因素分析,先要考虑运输费支出的多少受哪些因素的影响。通常运输费的多少取决于货物运输量的多少和运输单价的高低两个因素。其计算公式如下:

$$运输费 = 货物运输量 \times 运输单价$$

运输费资料分析表,如表10-1所示。

表 10-1

运输费资料分析表

项 目	计划数	实际数	差异(＋、一)
货物运输量(吨/公里)	10 000.00	11 000.00	＋1 000.00
运输单价(元/吨公里)	0.18	0.20	＋0.02
运输费(元)	1 800.00	2 200.00	＋400.00

  根据上列资料可知，运输费实际数超过计划数 400 元，其原因是受货物运输量和单位运价两个因素的影响。现用连锁替代法来测定这两个因素的变动对运输费发生超支的影响数值。

  先列出计划数，然后将货物运输量换算成实际数，运价仍是计划数。计划所得结果与计划数的差异便是货物运输量这一因素变动的影响数值，然后再将单位运价换算成实际数。计划结果与临近一次替换数字相比的差异，即为运价这一因素变动的影响数值。其计算结果如下：

$$
\begin{aligned}
&\text{计划数}:10\,000\times0.18=1\,800\,\text{元} \\
&\text{替换数}:11\,000\times0.18=1\,980\,\text{元} \\
&\text{实际数}:11\,000\times0.20=2\,200\,\text{元}
\end{aligned}
\left\{
\begin{aligned}
&+180\,\text{元} \\
&\text{(货物运输量变动的影响)} \\
&+220\,\text{元} \\
&\text{(单位运价变动的影响)}
\end{aligned}
\right.
$$

合计   ＋400 元

  由此可以得出结论：运输费实际比计划增加 400 元，其原因是：由于运输量的增加，影响运输费增加 180 元，又由于单位运价的提高，影响运输费增加 220 元。两个因素共同影响的结果，使运输费增加了 400 元。

  运用连锁替代法时，必须注意各因素在计算中指标替换的先后次序，如果任意变更次序，虽然各因素影响数值的代数和也等于分析指标的实际数与计划数之间的总差异额，而且每个因素影响的方向也不变，但是各个因素的影响程度却不同。因此，必须正确确定指标的替换次序，这要根据各个因素之间的相互依存关系和替换的经济意义来确定，通常是先测定数量指标的影响，然后再测定质量指标和价值指标的影响。

第六节 会计检查

一、会计检查的意义

会计检查是会计部门在企业内部实施会计监督的职能,是指由会计人员对会计资料的合法性、合理性、真实性和准确性进行的审查和稽核。

会计检查是对经济活动和财务收支所进行的一种事后监督,是会计核算和会计分析的必要补充,是会计工作的重要组成部分。加强会计检查,对于更好地完成会计的任务,发挥会计的作用,具有重要意义。

(一)查错防弊

这是会计检查的首要目的。影响会计信息失实的最大问题,就是会计核算工作中的各种弊端,如计算错误、书写错误、贪污挪用以及各种违法乱纪行为。尽管造成这种弊端是因为过失或故意,但对会计核算资料的影响却是一样的。要保证会计核算质量,必须毫无遗漏地将这些错误揭露出来,并加以更正,达到防患于未然的效果。

(二)防护财产

通过会计检查可以防护财产不受损失。如果发现账实不符,应详细追查不符的具体原因,分别情况予以处理。对因过失以及贪污盗窃所造成的财产损失,要追回实物并予严肃处理,以保护国家财产不受损害。

(三)强化监督

会计工作中的日常稽核作为一种会计检查工作,是会计监督职能发挥实际作用的具体表现。通过会计检查,强化监督,提出建议或措施,以达到改进和总结工作,提高会计工作水平的目的。

二、会计检查的种类

会计检查可按不同的标准进行分类。

(一) 按检查单位分类

1. 内部检查

内部检查是指由单位领导组织专人或查账组织，对本单位的会计核算资料、财产物资和各项经济业务所进行的检查。

2. 外部检查

外部检查是指由单位上级主管部门或财政、税务、审计、银行等部门，根据工作需要，对单位的会计资料、财产物资和各项经济业务所进行的检查。

(二) 按检查范围分类

1. 全面检查

全面检查是指对单位有关经济活动、财务收支和经营成果等方面的会计凭证、账簿记录和会计报表进行全面彻底的检查。

2. 局部检查

局部检查是指对单位一部分财产物资和会计资料进行的检查。

(三) 按检查时期分类

1. 定期检查

定期检查是指按照规定的时期，由检查单位对被查单位在被查期间的会计核算资料进行的检查。

2. 不定期检查

不定期检查也称抽查，是指根据某种特定需要或被检查单位所发生特殊问题时所进行的专门检查。

三、会计检查的程序

会计检查的工作程序一般分为三个阶段。

(一) 准备阶段

这个阶段要求了解检查对象的大体情况以及有关背景材料，确定检查的重点并选择适当的检查方法，取得检查所需要的各种直接与间接的资料，备好检查所需要的各种用品用具，并熟悉与检查有关的各种政策、法令、制度与规章,做好进行检查的思想准备工作,配备合适的检查人员。

(二) 审查阶段

这个阶段利用适当的检查方法对被检查事项从合法性、合理性、真实性与准确性等方面进行全面的审查。它要求寻找存在的问题以及与其相关的证据,并作出详细的检查记录。一般的检查记录包括:检查内容、检查范围、检查目的、检查程序、检查重点、检查时间、检查中发现的问题以及出处、检查人员等。

会计检查主要是对会计资料进行检查,因而审查包括三个方面。

1. 凭证审查

凭证审查主要是对原始凭证与记账凭证的审查。

(1) 原始凭证的审查:① 形式上的审查,主要审查格式是否标准,要素是否完整,手续是否齐全,数量是否正确,填制是否清楚、规范等;② 内容上的审查,主要是审查经济业务是否合法、合理,以及反映情况是否真实可靠。

(2) 记账凭证审查:① 审查记账凭证反映内容是否与原始凭证一致;② 审查所用账户是否恰当;③ 审查记账凭证上所列附件数与原始凭证张数是否一致等。

2. 账簿审查

账簿审查包括:

(1) 核对账簿及其登记所用的凭证。

(2) 核对总分类账,各明细分类账以及有关日记账。

(3) 清查财产,审查账实是否相符。

(4) 账簿记录是否合法、合理与真实。

3. 报表审查

会计报表的审查主要包括:

(1) 核对会计报表及相关账簿。

(2) 检查会计报表的种类是否齐全,项目是否完整,计算是否准确,内容是否合法、可靠。

(3)审查会计报表的编制是否及时,有关人员的签章是否齐全等。

会计检查并不是仅就凭证、账簿与报表本身进行审查,而是透过它们对会计核算所反映的经济活动过程进行审查。

(三)报告阶段

这个阶段主要是对审查阶段发现的问题进行总结,归纳出带有普遍性的现象,然后进行客观公正的评价,并针对问题提出解决办法或改进工作的建议。在会计检查中,常常需要编制查账报告。查账报告一般应包括三方面内容。

1. 检查工作概况

它主要说明在何时何地,对什么业务,在怎样大的范围,采用什么方法,遵循什么目的,以什么为重点,按什么顺序进行了检查。

2. 检查结果详细情况

对检查中发现的各类问题,分别作总括性说明,并简介其根源所在。这一部分叙述应使定性与定量结合,文字与数字结合,事实与证据结合,现象与本质结合。

3. 处理方法与建议

针对存在的不同性质问题,对症下药,提出妥善的解决办法,问题严重的应按国家有关法律、法规处理,还应提出改进会计工作或管理工作的措施。

在编写查账报告时,要认真做好查账资料的整理、分类、归纳与精选工作。

四、会计检查的标准

会计检查的实质是寻找问题,而问题的发现,主要是利用一定标准进行衡量的结果,这些标准一般包括四个方面。

(一)法律

如《会计法》、《审计法》以及各种税收条例、其他有关法律。

(二）行政法规

如《企业会计准则》、《会计人员职权条例》及其他有关经济法规,会计制度亦属此列。

(三）会计及经济管理的基本原则

如真实性原则、群众性原则、体现经济规律要求的原则、经济责任原则、计划管理原则等。

(四）会计的技术规则

如记账规则、账簿设置规则、账簿登记规则、账务处理程序的规则、编制会计报表的规则等。

在这四种检查的标准中,前两种有较强的强制性,而后两种仅有一般的约束力。会计检查中,常常会发现合法不合理、合理不合法的现象,会计检查人员应将原则性与灵活性结合运用,求得较妥当的判断、结论和处理方法,不合法的现象应严加制止,但如果程度不大,情节不严重,并能取得较高的经济效益,无损国家与职工利益,在检查时应与一般性违法行为区别对待;对于合法不合理的现象,也不能一概认可,一方面应检查"法"是否可行;另一方面应详细追究不合理的根源,特别应注意那些貌似合法,披着合法外衣的违法与不合理的现象。

五、会计检查的内容

会计检查的主要内容是指基本的检查事项。一般来说,它是会计的各种资料,也包括会计核算形式、会计行为、会计组织等。但就会计检查的实质性内容而言,应是通过资金运动所表现的经济活动。

(一）检查法规执行情况

会计工作的政策性很强,每一项业务的处理都可能涉及有关法规的遵守与否。会计检查的任务之一,就是督促会计部门严守法纪,保证经济业务的合法性。如果发现违法行为,检查人员可以责成有关人员予以纠正;会计部门内部的检查人员,应敢于坚持原则,不讲情面,敢于同一切违反法纪行为作斗争。

(二)检查计划执行情况

这里主要是指财务成本计划。在我国各企业单位的经济管理工作中,企业单位经营情况如何,可以通过计划执行的结果表现出来。会计作为一种价值管理的手段,必然要求会计检查为财务成本计划的执行情况作一分析研究,并加以客观评价,用于强化财务管理。

(三)检查财物保管状况

虽然会计部门并不是各种财物的直接负责或者保管者,但在客观上却要求会计人员监督各种财物价值变动及结存情况,定期检查各种财产物资的保管状况,如财物数量是否完整,质量是否合格,有无超储积压,有无严格的验收与出库手续等。检查财物保管状况,可以达到账实相符和保护财产物资的安全与完整的目的。

六、会计检查的方法

会计检查的技巧性体现在它采用科学、简捷、实用、有效的方法。会计检查的方法是完成检查任务,达到检查目的的重要手段。所以会计检查的方法就是查账的方法,也就是检查会计凭证、会计账簿和会计报表等核算资料的方法。

(一)顺查法和逆查法

1. 顺查法

顺查法又称正查法,是指按照会计账务处理程序的顺序,依次对原始凭证、记账凭证、日记账、明细账、总账以及会计报表进行的检查。这种方法的优点是全面、系统;缺点是工作量较大、费时,抓不住问题的重点。

2. 逆查法

逆查法又称倒查法,是指按照会计账务处理程序的反顺序进行的检查,也就是对会计报表进行扼要的分析,从中发现问题,进而检查会计账簿和会计凭证。这种方法的优点是能抓住重点,进行深入细致的检查,节约人力和查账时间;缺点是容易疏忽、遗漏一些问题。

(二) 全查法和抽查法

1. 全查法

全查法又称详查法,是指对被检查单位在被查期间内所有的会计核算资料进行系统、全面的检查,对账目进行周密和精细的检查。这种方法的优点是不易发生遗漏和错误;缺点是费时费事,需要投入较多的人力。全查法一般适用于经济问题严重的单位或经济业务较简单的单位。

2. 抽查法

抽查法是指有选择地抽取某一段期间内某一部分账目进行重点的检查。如果抽查的结果没有发现问题,就可以推断其全部会计记录是基本正确的。否则,就要扩大抽查面,或对某一问题进行详细的检查。

除了以上检查方法以外,还有其他的方法,如比较法、分析法、综合法、询证法、审阅法、核对法等。随着科学技术的进步以及检查对象的扩展,检查方法将更加多样化。

上述会计检查方法,在实际工作中往往相互结合运用。这样,能以最少的时间与手续,取得最大的效果。

第七节 会计电算化

一、会计电算化的概念

会计电算化是指现代电子计算机信息技术在会计实务中的应用,它是实现会计管理科学化的一种技术方法。

会计电算化是会计史上一项突破性的变革,它在西方一些发达国家兴起,并在世界范围内迅速发展。我国会计电算化起步较晚,20世纪70年代末才开发。1981年,财政部和中国会计学会在"应用计算机专题讨论会"上提出"会计电算化",1996年,财政部又颁发了《会计电算化工作规范》,会计电算化才逐步发展起来。

二、会计电算化的意义

在市场经济条件下,实现会计电算化是提高会计工作效率和质量的重要途径,在企业转换经营机制、增强竞争能力,节约人力、时间和提高管理水平等方面发挥了重要作用,主要表现在三个方面。

(一)提高会计核算工作效率

电子计算机具有高速度、高效率和高容量的特点,现在的计算机每秒钟可以进行上亿次运算,其计算速度是其他任何计算工具所无法比拟的。因此,在会计电算化条件下,无论在数据的记录、计算归类、汇总排列、查询核对、存储分析和打印等方面都比手工操作的速度提高几十倍甚至几百倍,并随时能从计算机中获得有关数据,使会计人员从繁重的记账、算账、报账工作中摆脱出来,用更多的时间从事管理。

(二)增强会计数据处理正确性

电子计算机具有对数据的逻辑运算、"记忆"和分析的功能,而且可以采用各种方法校对数据。在电算化条件下,数据通过合法、规范的软件处理,保证了输入数据的正确、及时,减少了人为差错,提高了工作质量。

(三)提高现代化科学管理水平

电子计算机的许多复杂的计算工作和决策能力是人工操作所不及的,例如企业的日常管理和决策,因受人工处理信息能力的限制,具有一定的随意性,且事后问题较多。在会计电算化深层次发展条件下,日常的会计数据处理和信息输送均由计算机自动进行,通过网络向企业管理系统传递信息和接受传递的数据,能准确提供所需各类管理综合信息,实现信息资料共享。

三、电算化会计信息系统的构成

电算化会计信息系统是一个人、机系统,是由数据处理程序、软件和硬件设置、人员配备以及管理规程等方面组成的。

（一）会计数据处理电算化

会计数据是在经济活动发生时的记录，包括各种会计凭证，会计数据处理电算化就是按照会计制度的要求，利用电子计算机处理技术，对原始会计数据进行收集、加工转换为会计信息，包括会计数据的输入、储存、加工、传递和输出，均通过电子计算机操作，实现账务、报表、核算电算化。

（二）配备电子计算机系统人员

实现会计电算化需要配备直接开发、使用、维护计算机系统人员，包括掌握数据输入、操作管理、维护硬件等工作人员，特别需要培养既有会计专业知识又懂计算机技术的复合型人才。

（三）配置电子计算机硬件设备和应用软件

电子计算机的硬件设备和软件是实现电算化的物质基础。在硬件设备方面，各单位可根据自身业务规模的实际情况，选择与本单位会计电算化相适应的机种和机型，如单机结构、多用户联机以及网络结构等，在应用软件方面，可根据单位内部管理需要及自身技术力量，采用自行开发或购买商品化软件。一般来说，单位在开展会计电算化初期，以选择通用应用会计软件为宜，以后逐步提高。单位在软件设计中，应该按照《会计法》的规定，对其软件及其制成的会计凭证、会计账簿、财务会计报告、其他会计资料和对会计账簿的登记、更正，应当符合国家统一的会计制度的规定，保证各项资料的真实和完整。

（四）建立会计电算化内部管理规程

为了规范会计电算化的操作，各单位需要建立一套内部管理和控制系统运行的各种规章制度，包括会计电算化岗位责任制；会计电算化操作管理制度；计算机硬件、软件和数据管理制度，以及电算化会计档案管理制度等。

四、会计电算化与会计手工操作的比较

会计电算化与会计手工操作，两者有相同点，也有不同点。一般来

说,它们所遵循的会计理论和会计原则是一致的,所区别的是它们的操作技术方法不同。

(一)会计电算化与会计手工操作的相同点

(1)遵循同一会计理论和会计原则。

(2)遵守同一会计政策、会计法律、会计准则和会计制度。

(3)执行同一会计规则、会计档案管理办法等方面。

(二)会计电算化与会计手工操作的不同点

1. 会计核算程序不同

会计手工操作的核算程序由原始凭证→编制记账凭证→登记各种账簿→编制会计报表,对账、结账操作复杂;而会计电算化则是平时只需输入会计凭证,不需要登记各种账簿,直接输出各种会计报表,对账、结账操作简单。

2. 工作岗位划分不同

会计手工操作的岗位划分较细,包括制证、记账、编表以及各种单项的项目核算岗位,如工资、材料、商品、固定资产等,而会计电算化则只需划分数据输入、审核及维护等几个岗位。

3. 更正错账的方法不同

会计手工操作对账簿记录的错误,应按规定采用划线更正、红字更正和补充登记的更正错账方法,而会计电算化对输入的数据都通过逻辑校验,输出各类账目一般不会发生差错,如果有差错,一般是会计凭证的错误,只需更正凭证。

参 考 文 献

1. 企业会计准则编审委员会.企业会计准则——应用指南.上海:立信会计出版社,2006.
2. 李永军.票据法.北京:中国方正出版社,2004.
3. 赵保卿.出纳基础与实务.北京:中国统计出版社,1996.
4. 祝雪红.结算实务.上海:立信会计出版社,2004.
5. 康国彬.银行会计学.北京:清华大学出版社,2004.
6. 张文贤.会计学.北京:高等教育出版社,2004.
7. 李凤鸣.会计制度设计.上海:复旦大学出版社,2005.
8. 贺志东.纳税会计.上海:复旦大学出版社,2004.
9. 陈宝定.现代珠算教材.上海:立信会计出版社,1999.
10. 单惟婷.基础会计学.北京:中国金融出版社,2007.
11. 马海涛.中国税制.北京:中国人民大学出版社,2007.
12. 刘永泽,陈立军.中级财务会计.大连:东北财经大学出版社,2007.

李海波工作室

　　李海波工作室由我国著名会计学专家李海波教授创办,多年来,李海波会计系列、财经系列教科书在图书市场声誉卓著,深受广大读者的欢迎和有关专家的好评。李海波工作室经政府有关部门批准,已经正式注册,工作室的图书及相关业务呈现了新的发展势头。

　　李海波工作室邀集会计、经济等各路专家、教授及出版人才,专门从事图书的选题策划和书稿的创作编写以及相关出版业务,兼做有关教育培训、财务咨询等业务。

　　李海波教授、研究员毕业于中央财经大学,中国注册会计师,享受国务院特殊津贴专家,长期从事会计、财经等专业的教学、研究和高校管理工作;先后兼任中国会计学会理事、中国审计学会理事、中国生产力学会常务理事等职;曾受聘担任国家教育部全国专科教育人才培养工作委员会副主任,并被收入《中国大学校长名典》和《中国教育名人录》。

　　多年来,李海波工作室策划了许多高质量的图书。李海波教授主编了《新编会计学原理》、《公司会计》、《企业会计》、《新编成本会计》、《新编小型企业会计》、《新编审计学》、《财务管理》、《经济法》、《财政与金融》、《金融会计》、《管理会计》、《会计电算化》、《统计学》、《生产力词典》等九十多部著作、教材和词典,论文六十多篇。他主编的图书获得过许多荣誉和奖项,包括"全国优秀畅销书一等奖"、"全国优秀教材奖"、"优秀教材学术专著奖"、"双效书荣誉奖"、"建国精品图书奖"等。李海波会计系列、财经系列教科书经受了市场的检验,正在不断地完善和丰富。许多书不断重版、重印,其中《新编会计学原理》再版几十次,重印90多次,发行全国各地,单本发行量多达300多万册。

　　以李海波名字命名的李海波工作室,在会计、财经等专业图书的策划、编辑、出版等方面积累了丰富的经验,有独特的优势,与出版社有着长期的、良好的合作关系。

立信会计出版社

李海波工作室系列教科书

	定价
新编会计学原理——基础会计(第13版)	24.00元
新编会计学原理——基础会计习题集	16.00元
会计基础习题练习集	16.00元
新编财务会计(第五版)	30.00元
新编财务会计习题与解答	18.80元
新编管理会计(第二版)	26.00元
新编预算会计(第六版)	28.00元
新编预算会计习题与解答	14.00元
行政事业会计(第五版)	20.00元
行政事业会计习题与解答	11.00元
新编企业会计(第三版)	34.00元
新编企业会计习题与解答(新版)	17.00元
新编商业会计——商品流通企业会计(第七版)	28.00元
新编商业会计——商品流通企业会计习题集	8.60元
金融会计——银行会计(第二版)	20.00元
新编税务会计(第三版)	24.00元
新编税务会计习题与解答	15.40元
新编成本会计	18.00元
新编成本会计习题与解答	14.00元
新编施工企业会计(新企业会计准则版)	24.00元
外商投资企业会计(第四版)	21.00元
股份有限公司财务会计	21.00元
市场营销学	28.00元
新编金融概论	18.00元
新编小企业会计实务	18.00元
新编税法实务	16.00元
新编小企业统计实务	22.00元
新编会计电算化	28.00元
新编审计学(第四版)	15.60元
珠算(第二版)	15.00元
财务管理(第七版)	20.00元

	定价
财务管理习题集	9.00元
企业管理概论(第二版)	23.60元
中国税制(第三版)	18.00元
中国税制习题与解答	11.00元
新编经济法(第五版)	26.00元
新编经济法习题与解答	12.80元
新编财政学(第三版)	22.00元
新编财政与金融(第四版)	28.00元
新编统计学	24.50元
新编国际金融	20.00元
新编经济应用文写作教程	18.00元
资产评估	19.00元
出纳实务新编	22.00元
国际贸易新编	21.00元
税法	17.50元
基础会计	19.00元
新编财经职业道德	13.50元
预算会计	19.00元
经济法基础	20.00元
经济应用文写作	26.50元
基础会计仿真操作指导	13.50元
高等应用数学(上册)	19.50元
高等应用数学(下册)	18.00元
成本会计	16.00元
税务会计	估18.00元
统计学	20.00元
货币银行学	估19.00元
会计基础与记账技术	16.00元

李海波工作室系列教科书内容新颖、科学规范、富有特色、实用性强。全国各地新华书店、经济书店、本社发行科均有售。

发行科电话:021-64388409　　传真:021-64391885
地址:上海市中山西路2230号　　邮编:200235
邮购汇款额为:书款＋邮资(书款总额10％)＋邮挂费(3.00元)